本书为国家社会科学基金西部项目"《东方杂志》与新文学

运动的关系研究"（编号11XZW014）的结项成果，并受到佛

山科学技术学院高层次人才科研启动经费资助。

《东方杂志》与
中国新文化运动

DONGFANGZAZHI YU
ZHONGGUO XINWENHUA YUNDONG

赵黎明 / 著

人民出版社

目　录

导　论

一

　　《东方杂志》是近现代中国存在时间最长的综合性杂志，它创刊于1904年，终刊于1948年，共出刊物44卷819号（期）；如果把1967年台湾商务印书馆出版的同名杂志（王云五任发行人）加在一起，总卷数达到50卷，可谓历时久远，卷帙浩繁。作为一家百科全书式的现代期刊，《东方杂志》记录了近代以来中国发生的所有重要事件，内容涉及政治、军事、外交、经济、文化、文学、艺术等所有方面，堪称"创刊最早而又养积最久之刊物"（王云五），是中国杂志中"最努力者"（戈公振），是现代历史的忠实记录者和评价者，在现代报刊史、文化史上都有不可替代的地位，具有重要的史料价值与学术价值。

　　近年以来，学界对《东方杂志》的研究呈现出繁荣景象。不同学科、不同学者从不同的角度，用不同的方法，对刊物进行多侧面、多层次的探讨，积累了相当丰硕的成果，《东方杂志》研究一度成为传播学、文化学、文学研究等共同的"显学"。概括起来，这些研究大体上是从两个"体"入手的，一是编纂主体，二是杂志本体。就编纂主体研究来说，这部分成果多聚焦于对"东方"诸子的专题考察。关于此类研究，高力克和王元化是不应该被忘记的。在《调适的智慧：杜亚泉思想研究》，高力克通过现代视野反思杜亚泉的"调适"思想，对他的观点颇有"同情之理解"，重新认识了"调适"思想的现代价值；王元化在为《杜亚泉文存》所作的"导言"中，也对加诸其身的所谓"反对革新"的"误解"进行了多方辩驳，重新检讨了杜亚泉文化思想的历史合理性。这两部为杜亚泉"翻案"的著作，对后来的研究影响不小。另外也有一些著作，立足于东西文化比较的视角，对杜亚泉文化思想进行多方梳理与价值认定，如杨思信《文化民族主义与近代中国》论及杜亚泉在"中西医之争"的文化站位，刘黎红《五四文化保守主义思潮研究》也列专章讨论"调和论"与新文化创造的关系，二者虽均将杜氏认作是"文化保守主义"的代表，但对其历史与当代价值却有新的认知。

而对于杂志的"本体"研究，侧重点主要集中在现代新闻史和舆论学等领域。在近代报刊发展历史框架中探讨《东方杂志》历史贡献的，先后有戈公振的《中国报学史》、方汉奇的《中国新闻通史》等；而从舆论学角度论述杂志编撰思想、舆论导向以及社会影响的，较早有黄良吉的《〈东方杂志〉之刊行及其影响之研究》(台湾)，稍后有洪九来的《宽容与理性》和丁文的《"选报"时期〈东方杂志〉研究（1904—1908)》等。黄著成书于20世纪60年代末，其对杂志的编辑、出版及传播情况有较为翔实的介绍，"对《东方》的整体性研究工作有前驱之功"[①]；洪著对杂志的公共舆论属性和文化品格进行了探索。其特色是将《东方杂

志》的编纂群体冠以"政治理性主义"、"变革渐进主义"、"世界民族主义"、"文化调和主义"、"文学现实主义"及"学术进步主义"六大"主义",并分别在这些"主义"的统摄之下,对"东方"同人从 1904 年到 1932 年近三十年的政治主张、文化思维及办刊理念等进行系统挖掘和爬梳。其对"东方"知识群体所概括的"自由"、"理性"、"调和"等文化品性为学界认同,应该说此书是《东方杂志》研究的重要收获。《"选报"时期〈东方杂志〉研究(1904—1908)》是在博士论文基础上修订成书的(商务印书馆 2010 年版)。以杂志创刊伊始前四年即"选报"时期的"文选"为研究对象,利用"选报"的独特言说方式,一方面还原 1904—1908 年间晚清舆论的原生图景,另一方面彰显杂志独特的舆论理念及其从传统到现代的转换历程。选题精审、考据详备、定性恰当,是近年涌现的一部不可多得的力作。

限于学科背景、研究侧重等因素,上述研究未过多地涉及文学领域,如《宽容与理性》就只辟一章篇幅,讨论《东方杂志》的文学内容。其所发现的《东方杂志》推助文学发展的线索——由启蒙民智的改良文学(1904—1920),到关注现实的人生文学(1921—1925),再到革命文学(1926—1932),以及这条文学主线所标示的现实主义文学精神等,也是为体现"东方"知识群体"稳健持重"之文化品性服务。虽然论者也发现,《东方杂志》"文学活动之积极、文学作品之丰厚、文学主张之醒目",可以与《小说月报》一样,成为"传播中国现代文学思想的一个重要载体"[①],但并未在这个载体上下过太大的功夫,因而留下较多的探究空间。而丁文的《"选报"时期〈东方杂志〉研究(1904—1908)》,

① 洪九来:《宽容与理性〈东方杂志〉的公共舆论研究》,上海人民出版社 2006 年版,第 292 页。

诚如题目所示，论题锁定在 1904 年至 1908 年这个特定年份，且论证对象也仅仅囿于当时的"时论"，对"文学"特别是"现代文学"始终未曾论及。

真正从文学本位研究《东方杂志》，要数王勇的博士论文《〈东方杂志〉与现代中国文学的发生》①。这是从刊物与现代文学关系入手，研究《东方杂志》对现代文学发生学意义较为全面系统的一本专论。作者借用哈贝马斯的"公共领域"概念，将《东方杂志》看作是自由主义知识分子的"公共空间"，而将文学看作是这个"公共空间"的有机构成，在此基础上考察《东方杂志》在中国现代文学发生过程中的独特功能和价值。论著的显著特色是并未将文学看成一种孤立因素，而是看成与具有多种关涉性的复合存在，力图在纵横交错的时空坐标上探寻：长达半个世纪之久的文学栏目如何与中国近现代文学发生深度关联？作者运用发生学理论，从编辑与杂志的文学面貌、杂志与新文化运动的关系、翻译文学及原创作品的发表等五个方面，还原了《东方杂志》参与现代文学建设的生动过程，重新评价了《东方杂志》在现代作家群体的形成、文学生态的营造以及文体的建构等方面不可替代的历史价值。

《东方杂志》的丰富性和复杂性，当然远非上述几项研究所能穷尽。就其与新文化及新文学的关系而言，值得深入探寻的地方其实还有很多，比如 1911 年至 1932 年间与新文化及文学的关系问题就还有发掘的价值。这个时段，正是新文化、文学运动从萌蘖到发生再到发展的关键时期。作为一家与新文化运动有着不同文化愿景的舆论刊物，《东方杂志》与新文化派有着不同诉求，其文化态度、文化策略，对"古今中外"

---

① 本书立项之时（2011 年），王勇的博士论文《〈东方杂志〉与现代中国文学的发生》尚未出现，其在南开大学的答辩时间为 2012 年 6 月。

文化关系的处理，均与新文化派有着不太一致的主张，二者之间不乏对话，但对话也充满紧张——这种张力体现最明显的当然是在杜亚泉时期（1911—1919）；不过，即使在杜氏"下野"、刊物改版、杂志态度日益倾向于新文化期间（1920—1932），她也仍以某种微妙的方式坚守自己的文化姿态。这一与新文化"貌合神离"（至少是一定程度）的现象，是值得认真研究的。

二

作为一家延续数十年、横跨多个历史时期的老牌刊物，《东方杂志》的文化态度、编辑方针当然并非铁板一块，期间的几次变化是非常明显的。从创刊的 1904 年 3 月到 1908 年 7 月，这四年是所谓"选报"时期。在此时段，编辑方针具有鲜明的"东亚色彩"，创刊号推出的《新出东方杂志简要章程》，首款便提出"以启导国民联络东亚"作为刊物宗旨，而在体例上则"略仿日本《太阳报》，英美两国而利费体裁"。在内容方面，不仅不少文章直接摘自日本报刊，就是在中日关系问题上也极力营造"东亚关系共同体"的氛围。此类例子举不胜举，且以创刊号第一页发表的"本社撰稿"（署名别士）《论中日分合之关系》为例略加说明。文章全面检讨了历史上中日分合恩怨的关系历史，其最引人注目的看点是，站在"东亚一体"的视角看待近代列强在华殖民活动。第一，将日本列为东方"文明之族"抗拒西方"野蛮之族"入侵的典范，将 1904 年日本对俄国的战争理解成为保留"古之文化"而进行的抗争行为，因而把两个帝国主义国家在中国土地上进行的战争，比况为东方民族抗拒

"胡马之蹂躏"的正义之举。"今日拒俄之事乃拒元之事之结果"①，在论者眼里，日俄战争就是东方与西方的较量，是"黄种"与"白种"的较量，日本的胜利也就成为"黄种"打破"白种"神话的力证，"日俄交战，俄罗斯以四十余倍之地，三倍之人，历数年之经营，据形胜之要地，竟为区区日本所大困，种族强弱之说，因之以破，凡吾黄人其亦可以自奋矣。"② 很明显，之所以产生这种毫无民族尊严、毫无是非的糊涂观点，根本原因就在于其"东亚一体"的观察角度。

"选报"之后，经过了大约三年的过渡期，《东方杂志》迎来了它较为开放的杜亚泉时期。在杜任主编的近十年时间（1911—1919）内，《东方杂志》以"知世界大势"、"适应现在时时事势"、"切于人生实用"、"以将来进化之世界作预备"等为"杂志界之职务"③，对西方各种现代思潮，进行了长时间、大规模的译介，为国人了解世界大势提供了极为丰富的材料。这一段时间是《东方杂志》"世界视角"逐渐形成的时期，也是文化态度更为鲜明的阶段。创刊二十周年之际，《东方杂志》对此仍有清晰的记忆：

> 本志出世后的二十年间，学术界交通的便利，和思想界转变的强烈，亦开我国空前之创局。本志在这新生时代的思想战中，自愧不能为冲锋陷阵的先登者；但本志从不敢自弛其忠实的介绍的责任。如各派的社会主义，本志在十余年前，即已有系统的译述；柏格逊和欧根的哲学说，也由本志最先翻译。而

① 别士：《论中日分合之关系》，《东方杂志》1 卷 1 号，1904 年 3 月 11 日。
② 本社撰稿：《论中国民气之可用》，《东方杂志》1 卷 1 号，1904 年 3 月 11 日。
③ 景藏：《今后杂志界之职务》，《东方杂志》16 卷 7 号，1919 年 7 月 15 日。

黄远庸先生运其融合文言文的新文体，对于社会政治为沉着深刻的批评，曾为本志馆外记者一年；其所著的想影录，是虽在十年以后的今日读之，尚有"新发于硎"的锐气的。至于物质科学方面，因科学界的老宿杜亚泉先生，曾主编本志十年，所以对于世界的新发明和新发现，从来不会忽视①。

基于这种世界性眼光和启蒙主义态度，不管在杜亚泉时期（1911—1919）还是在钱智修时期（1920—1932），《东方杂志》高举"科学"与"民主"两大旗帜，对中国大众进行不遗余力的思想启蒙。从启蒙内容来看，其与"新青年派"有着相当多的重叠。"本志虽涵有多方面的内容，但并不是说我们预备做一个上下古今无所不包的杂拌；也不是说，我们只想做牛溲马勃兼收并蓄的栈房。我们所占着的时间，既然是被科学精神与民治主义所支配的二十世纪，则我们估定一切言论和知识的价值，当然对于这两大潮流的向背为标准；欲追求世界知识而无暇阅读专书的人，做一种简明的报告"②。当然，这种"一致"只是方向一致，在处理方式的选择上（如激进还是渐进），在对待"古今中外"关系问题上，《东方杂志》坚持了自己的特色，从而与新文化派拉开了距离。

首先，不忘向读者表明态度，但更注重为其提供"事实"，以便读者"做自下主张的底子"。这种"事实"优先、靠"事实"说话的"事实主义"，一直是杂志引进世界思潮、从事启蒙教育的重要指导思想。改版之后，在跟进世界新潮方面确实比以前更为积极，然而这个原则不仅没有因此而减弱，反而有进一步明确和强化的趋势，在杂志的第二十

①　坚瓠：《本志的二十周年纪念》，《东方杂志》21 卷纪念号（上），1924 年 1 月 10 日。
②　坚瓠：《本志的第二十年》，《东方杂志》20 卷 1 号，1923 年 1 月 10 日。

年卷首，编者"坚瓠"这样表述：

> 今后所陈情于社会者，尤当注重于切实可行之具体问题……言论固以事实为归宿，然言论之托为根据者何物乎，则亦事实而已。凡吾人所主张，其仅凭主观之理想者，断不如凭客观之事实者之真切。而当兹世界历史，自旧时代而转入新时代之际，则尤非开拓心胸、旷观域外，不足以见事实之全体而定吾人立身处世之方针。本志之内容，向以记述世界大事为一大宗，今后将益努力于此，务期以最经济之方法，将世界发生之事实，为有系统之叙述……①

而在创刊二十周年的纪念文章中，编者再一次明确提出"提供事实的真相，给读者做自下主张的底子"的启蒙策略：

> 杂志的本意是"仓库"，本来可以容纳复杂的材料；而本志则尤其自始以来，是一种普通社会的读物。所以，有许多人说，我们内容的不统一，说我们不能多发表政治问题的主张，我们是不能任咎的。据我们的意见，欲对现代的任何问题下一个公开确当的批判，其有待于知识之积储与事实之观察者，其种类和数量，皆至为繁颐；而逞臆悬谈，凭空立论，尤其是中国人传统的习惯。所以我们与其以感情的言论，刺激读者之神经，毋宁以有用的知识，开拓读者之心胸；与其发表未成熟的

---

① 坚瓠：《本志之希望》，《东方杂志》17 卷 1 号，1920 年 1 月 10 日。

主张，使读者跟着走错路，毋宁提供事实的真相，给读者做自
下主张的底子。换一句话说：我们是希望为舆论的顾问者，而
不敢自居为舆论的指导者①。

　　其次，尽管杂志取向鲜明，但在呈现态度时，善于将不同立场对等
编排，以免读者陷入"先入之见、偏倚之心"，"本志仍不敢揭一派之旗
帜以自限域，有时且故列两派相反之学说，以资比较。此非本志欲托于
调停两可间，以为藏身之固也。调停两可者，于甲说取其半，于乙说亦
取其半，其结果必至甲说乙说皆失其真相，而本志不然。其介绍甲说
也，务存甲说之真相；其介绍乙说也，亦务存乙说之真相。两方面之真
相既存，则吾人欲为最后之从违抉择，亦庶几不大背乎事实。惟当其寻
求真相以为从违抉择之预备之时，则甲说乙说，必俱作平等观而后可。
科学家之立断案也，必搜集各种证据，以验其有无反对之理由，不敢有
先入之见、偏倚之心也。今日则正吾人搜集各种证据之时也。此本志不
敢以一派之学说为定论也"②。因此，《东方杂志》对于"世界之学术思
想社会运动"，力求"以公平之眼光，忠实之手段，介绍于读者"③，使
其在比较之中选择，在选择之中比较，对于各种学说的"真相"有一个
客观的判断。

　　1920 年的改版，一般认为是整个编撰群体放弃"文化调和论"的
标志，事实并不全是如此，实际情况要复杂得多。第一，《东方杂志》
编者一直不承认自己是"文化调和派"——不仅杜亚泉不是，整个杂志

---

① 坚瓠：《本志的第二十年》，《东方杂志》20 卷 1 号，1923 年 1 月 10 日。
② 坚瓠：《本志之希望》，《东方杂志》17 卷 1 号，1920 年 1 月 10 日。
③ 坚瓠：《本志之希望》，《东方杂志》17 卷 1 号，1920 年 1 月 10 日。

同人也不是，他们认为自己不过是"事实派"；第二，改版之后，《东方杂志》的编者不仅没有放弃杜亚泉的思想，甚至还觉得"伧父"先生在文化问题上有先知先觉的英明。1924 年杂志二十周年纪念号上，来自编辑部的一篇文章透露了这个玄机：

> 本志虽素不主张夸大的国粹论和"中外古今派"的调和论，而立言造论，要自有其历史的根据。如颜李学派，经戴子高绍述以后，到最近几年，始有重光的机运，而本志则在二十年前，即有提倡颜李的文字。此外尚有一桩值得回忆的事，就是：欧战以后，伧父先生继续发表的东西文化论。此事虽曾经引起论坛的反驳，而且在今日时代落伍的中国，是不是可以提倡东方文化，也是一个问题，但是西洋文明的已露破绽，要为不可掩的事实。伧父先生在罗素尚未来华之前，即已有此种大胆的批评；而其批评的观点，基于中国正统派的儒家思想，亦较罗素之仅能窥见老庄一派的皮毛，更为切题：就文字的本身而言，终是可以佩服的①。

这些文字从一个侧面说明，作为一个有立场的知识群体，面临舆论和市场的双重压力，它不得不做出某种观念上的妥协和调整，但整个文化立场和编辑理念还是在顽强地坚守自己的底线。

当然，改版之后，言其编辑态度前后一贯，并不否认杂志编辑方向的某些调整。1921 年 18 卷 3 号，"编辑室杂话"说明拟将刊登内容，

① 坚瓠：《本志的二十周年纪念》，《东方杂志》21 卷纪念号（上），1924 年 1 月 10 日。

做一些调整的顺序："本志登载的顺序，是关于现实的问题的文字居先，关于学术思想的文字居后；学术上的文字，又以文科居先，理科居后。""现实居先"表明其对社会人生更为关注，"文科居先"则表明其人文性的进一步加强。为体现人文性和现实性，杂志更加强化了对西洋文学的介绍，引进西洋文艺的篇幅和频次大为增加。杜亚泉时期杂志的文艺兴趣，主要集中在宋诗派和林译小说方面，然"至第十七卷以后，本志更努力于新文艺的输入；国内创作家，亦常常以新作品见饷"①。输入外国新文艺，以此为国内创作家的样板，成为《东方杂志》非常自觉的文学行为，杂志明言，"本志以为能描写自然之美趣，感通社会之情志者莫如文学，而国人之治西洋文学者尚鲜，即有少数译籍，亦往往不能脱古文辞赋之结习，其与西洋文学将弥失其真，故今后拟以能传达真相之白话文，移译名家之代表作，使国人知文学之果为何物"②。另外，杂志也非常注重对原生创作的扶持，从十七卷到二十卷的四年间，刊物将曾经刊载的短篇小说和独幕剧，编成十二册单行本独自出版发行，在社会各界产生了不小影响，客观上扩大了新文学的影响，推动了新文学的发展。

　　从以上回顾我们可以看出，在从杜亚泉主笔到被日寇火烧的二十余年时间内（1911—1932），《东方杂志》的文化态度、编辑方针，既保持了一种统一性、延续性，又根据形势做出了不少调整，可以说是"常"与"变"统一，这也从一个侧面说明，善于将"时"与"势"结合，既保持原则性，又保持适应性，是《东方杂志》一以贯之的传统。

---

① 坚瓠：《本志的二十周年纪念》，《东方杂志》21 卷纪念号（上），1924 年 1 月 10 日。
② 坚瓠：《本志之希望》，《东方杂志》17 卷 1 号，1920 年 1 月 10 日。

三

《东方杂志》与中国新文化运动的关系，是一个十分复杂的问题，涉及面广、阶段性强、层次丰富，我们主要选取1911年至1932年期间、从"文化"和"文学"两个层面进行考察。全书分为两个板块，一则侧重在《东方杂志》对新文化态度研究，一则重在《东方杂志》与新文学关系考察。据我们的研究，改版前的《东方杂志》不论在中西文化关系的态度上，还是对文化改革的方法策略上，都与激进文化派迥异；即使改版后，文化态度有所调整，某些方面逐渐向新文化派靠拢，但仍保留了理性、温和、稳健、宽容的基本个性。至于其对新文学的贡献，它在改版之后基本接受了新文学的建设方向，以不务空谈、脚踏实地的建设性态度，大量介绍了当代西方文艺的各种思潮，为新文学建设提供了可供效法的宝贵资源。各章内容简要介绍如下：

第一章主要考察改版前《东方杂志》灵魂人物杜亚泉的"中庸"哲学以及其心中"新文化运动"愿景。杜亚泉的"新文化运动"愿景，是中庸思维在文化问题上的具体运用。他运用物理学的力量"对抗"原理，解释中庸之道的合理性，认为中国文化现代化就是在通过古与今、中与外的"中和"之后，以"多"为特色的"第三种文化"。在他那里，文化调节有 A 补 B、以 A 济 B、AB 相因三种类型，分别适用于东与西、精神与物质、古与今三种关系的处理；三组关系中，主客体不能颠倒，主体应该为"我"、为"今"，客体应该为"西"、为"古"；他还提出"协力主义"、"接续主义"和"多元主义"，以此为处理文化问题的基本原则。杜亚泉的文化哲学里面，含有丰富的辩证思维因素，包含不少开放包容的现代民主因子，但也存在缺乏"时中"意识、不懂"权变"观念等不少问题。

第二章主要探讨改版前《东方杂志》的文化态度，即所谓"文化调和论"的是是非非。五四新文化发生之际，在"欧洲文化破产论"的时代氛围中，《东方杂志》编者的"调和论"全面出笼，引起了新文化派的激烈反弹，二者进行了一系列交锋。新文化派对于调和派的批评具有一定的历史合理性，其批判的理由也不无某种真理性；调和派对于激进现代派的反批评也切中要害发人深省，其提出的坚守中国文化主体地位，以西之长补中之短的现代性构想也颇具启发性。客观地讲，调和派与新文化派的争论，乃文化现代性的思路之争，不是"先进"与"落后"的分别；两种学派之间的争论对话，于中国文化现代性思路的拓展大有裨益，争论本身也构成中国文化现代性多彩世界的斑斓色谱。然而这种有意义的对话很快被一种话语霸权所中断，《东方杂志》的改版，主笔杜亚泉的辞职，是两种现代性方案对话终结的标志性事件，历史教训值得后人认真吸取。

第三章探究改版之后《东方杂志》文化态度的微妙变化。在从1920 年杜亚泉辞职到 1932 年遭受日寇兵燹的十余年间，《东方杂志》对"文化调和论"的态度发生了微妙变化。在东西文化关系方面，它逐渐表达了对"折中主义"的批评和对"一心一意现代化"的向往；在新旧文化关系方面，它也开始检讨过去"消极的调和"方法，探讨以我为主、主动拿来的"积极调和"之道。以此为起点，他们还提出了打破时空界限，以今人之需为依据，在古代和西洋两大资源基础之上创造新文化的建设思路。尽管杂志同人声言明确放弃"文化调和论"，但又借西哲之口迂回地表现出对它的留恋，颇为吊诡也深富历史意味。

第四、五、六章分别考察了《东方杂志》对杜威、泰戈尔、罗素的译介，从另一个侧面继续深入研究"东方"知识群体在文化问题上的微妙而真实的认识。改版后的《东方杂志》，虽然在态度上接受了新文化派的某些观点，但是在对东西文化关系、东方文明态度、继承与传统关系等问题上有着自己的坚持，这种坚持非常真实地体现在对若干"西哲"的报道和批评态度上。

20世纪20年代杜威访华是一次重要的文化事件，《东方杂志》对其进行了跟踪报道和系统译介，并在译介中蕴涵了自己的"期待视野"，具体表现在这样几个方面：用杜威的实用主义来宣扬颜李学派的"习"、"行"精神；以"假想"与"实验"的关系说，印证"理想"与"实验"的调和说；通过杜威对中国文化的肯定，确认传统文化存在的合理性。"文化杜威"的译介，包含的信息是十分丰富的，它不仅是一种哲学思潮的引进，也是一种借助外力发明传统的方法，更是一种通过中西比较建立文化自信的手段。

1924年，"文化使者"泰戈尔访华并进行了一系列演讲，在中国人文思想界掀起了不小波澜，因而出现"欢迎"与"不欢迎"两种迥异的文化现象。欢迎者之"欢迎"，是因为泰氏对西方"物质文化"的批判、对中西文化"调和"的见解等，迎合了中国人文主义者的"阅读期待"；不欢迎者的"不欢迎"，则出于多种原因，有反对其抽象之爱的，有反对其发售"玄学"的，更有不认同其对西方文化的非科学定位和对东方文化的盲目乐观。"文化泰戈尔"在20年代中国接受中的"两歧"现象，反映了当时思想界关于"中国文化出路"两种叙述模式的碰撞。这种碰撞有利于将中西文化关系的讨论引向深入。

20世纪20年代罗素访华，《东方杂志》对之有系统的追踪与介绍，但这种介绍是跟本身的文化期待分不开的。罗素对中西文化关系的分析、对中国国民性的解剖、对"德""赛"二先生的反思，甚而罗素访俄前后社会主义观念的变化，都与《东方杂志》的相应观点在在暗合，因此杂志与其说在迎接罗素，还不如说借助这位"西哲"之口，阐述自己的思想文化主张。"文化罗素"访问中国，是中西文化的一次面对面交流，也是中国知识分子为自己的某种思想寻找外援的活动。

第七章具体考察了《东方杂志》对"汉字革命"及白话文运动的真实态度。近代以来，中国语文界进行了旨在实现语文现代化和将语文还给大众的"汉字革命"运动，这场运动固然有其历史必然性，也取得了历史性胜利，然而也存在不少偏颇，为此，"东方文化派"进行了有力的批判和反思。批评主要集中在以下方面：过于崇奉语言文字的符号性，而忽略其规约性即与民族文化的关系；以科学主义和世界主义为旗帜，鄙弃汉字汉文，迷信字母文字，以致提出废除汉字等极端主张；以功利主义为驱动，以线性进化主义为导引，对汉语文进行过分指摘；另外，还存在将中国文、白关系与西方拉丁文、方言简单比附等问题。这些批判尽管尚有不足，但切中"汉字革命"派要害。客观上，它对语文领域的激进文化行为，是一种牵制和矫正；而双方的话语交锋也极大地丰富了现代思想学术的张力内涵，对中国现代文化界"复调"民主传统的形成具有深远的意义。

第八章至十一章主要介绍《东方杂志》对新文学发展的贡献，主要侧重于其对"戏剧改良"、现代文学批评建立方面所做的贡献，以及在写实主义、现代文艺思潮等方面的引介之功。

第八章探讨《东方杂志》的戏剧译介对中国现代戏剧改革的作用：在新文学发生之初，《东方杂志》自觉为"戏剧改良"提供舆论平台，在旧戏改革、欧剧译介、思潮引进、剧场改革等方面对中国戏剧改革做出了贡献。在旧戏改良问题上，它提出中国戏剧"三条路"，指出"纯粹旧剧"、"一般旧剧"和"纯粹新剧"应该分道扬镳，各自发展，纠正了新青年派对旧剧的决裂态度；关于西方戏剧的译介，它注重在流派坐标中把握剧作家的艺术追求、注重对各派历史关系的梳理、并善于区分新旧，在旧剧中发掘新的因素，具有浓厚的历史意识；在译介西方戏剧的同时，还注意移植先进的戏剧观念，如自然与进化的观念、写实的观念以及悲剧的观念等。它还从理论上大力提倡剧场改革，介绍西方实验剧经验，促进"小戏院"在中国的发生发展。作为一家现代媒体，《东方杂志》以一种比《新青年》更为理性、中和与切实的态度，通过稿件的编、选、译、按等"把关人"方式，曲折迂回地参与了中国戏剧现代化进程，具有不可忽视的历史价值。

第九章介绍《东方杂志》的译述活动对中国现代文学批评建立之价值：《东方杂志》改版之后，自觉承担起了译介西方文学批评思潮、建设中国文学批评的重任。刊物采取著述、翻译、按语等多种方式，对西方文学批评进行多方介绍：既有对文学批评的概念、功能的辨析，又有对文学批评原理、批评家责任等的转述，还有对西方各种批评流派的述评。另外，在介绍各派学说的过程中，刊物同人还善于对两种极端学派进行"折中"处理，体现了刊物一贯的"东方"特色。在新文学草创时期，《东方杂志》刊登的这些文字，不仅为中国读者了解西方批评思想提供了窗口，而且为中国新文学批评的形成打下了知识基础。

第十章重点分析了《东方杂志》对西方写实主义文学潮流的引进。改版之后，大量译介近代欧美写实主义文学思潮，自觉参与了新文学建设的伟大工程：它以"写实文学"新潮，荡涤"形式文学"积弊；在进化的链条中，肯定"写实主义"文学的现实价值；在"科学主义"的时代背景之下，认识"写实主义"的若干特征；在"问题文学"、"人生文学"、"民主文学"等方面，确定"写实主义"对新文学建设的借鉴价值。这些对应之处不仅表现了其与新文学运动的思想契合，更是体现出其对新文学建设的实际支持。

第十一章介绍其对西方现代文艺思潮的引入：1920 年《东方杂志》改版后，加大了对西方文艺思潮的译介力度，包括表现主义、象征主义、未来主义、心理现实主义等在内的西方先锋文学思潮被大量引进中国。在从改版到遭受日寇兵燹（1932）的十余年时间内，它或以作品翻译形式，或以思潮概述形式，向中国读书界输入了大量现代派文学信息，极大地拓展了中国文学的国际视野。在介绍这些现代派思潮之时，《东方杂志》不仅十分注意辨概念、析源流，如对表现主义的介绍，注重通过具体作品分析其特征，如对未来主义戏剧的介绍，而且还善于用西方思潮理论，引导中国文学创作，如对精神分析思潮的运用等。特别值得一提的是，在译介西方先锋文学思潮时，它不仅善于用进化论的尺度"考镜源流"，考察西方文艺从古典到现代的辩证运动，而且积极将外国文艺的演变规律转化为中国文学发展的启示录，对新文学与世界文学的充分融合具有重要的引领价值。

自此我们看到，《东方杂志》改版后一方面放弃一些旧有立场、与新文化派充分合作，但另一方面仍然坚持自己的最初信念，行动方面仍然"我行我素"，因此他们与新文化派构成既对话又对立、既相同又相异的复杂关系。尤其值得注意的是文学建设方面。主笔易人之后，刊物更具世界眼光，文化态度更为积极，引进海外思潮更为开放。当然，我们也看到，由于思维惯性等因素的制约，它的稳健、温和的文化态度并未发生改变，因此它与新文学仍然保持一定的"离心"距离：一方面策应新文学运动，另一方面以迂回的方法坚守自己的文学改良主张，一句话，它与新文化运动保持着极富张力、极富意味的复杂关系，这种对话关系甚至成为中国现代文化的另一种传统。

第一章　"中庸思维"与杜亚泉的
"新文化运动"

一、"中庸"思维与杜氏"调和"原理

关于杜亚泉及其文化"调和"论，学界已从不同层面、不同角度进行了充分挖掘，积累了相当多的学术成果。有的侧重对"调和"论的文化价值进行重新认定，有的偏重于对杜氏"调和论"意涵的重新阐释，有的则注重杜氏文化思想与五四新文化派的比较研究，这些成果为将杜亚泉的研究引向深入无疑做了很好的铺垫。我们的问题就是在此基础上进一步追问：杜氏"调和"思维的传统基础是什么？其"调和"后的新文化愿景是一种什么状态？

近代以来，面临"两千年未有之变局"，"中国文化出路"问题成为几代知识分子持续思考的核心问题。面对"古今中外"的深刻矛盾，不同派系的知识分子均在其思想世界里描绘了各自的"新文化运动"地图，真可谓有"一千个人就有一千种新文化运动"。杜亚泉的文化"调和"论，正是这无数"新文化运动"中的一种。与多数"最后的儒家"一样，深

受传统思想影响的杜亚泉，有意无意地利用传统智慧来解决古今、中外的文化转换难题，杜氏的思路可以作为近代某类人文主义者心目中"新文化运动"的标本。

事实非常明显，杜氏操持的思维武器是多数儒生耳熟能详的中庸之术。何谓"中"？中，《说文解字》释曰："内也，从口。丨，上下通。"段注曰：中者，"别于外之辞也。别于偏之辞也。亦合宜之辞也。"可见，"中"字本意中就含有空间上内外相通和时间上上下贯通的意思。《中庸》曰："喜怒哀乐之未发，谓之中；发而皆中节，谓之和。中也者，天下之大本也；和也者，天下之达道也。致中和，天地位焉，万物育焉。"朱熹释曰："中者，不偏不倚、无过不及之名。"（《四书集注·中庸章句》）可见它又含有中和、持中、合度之意。在传统文献中，"中"也是一个活性很高的搭配字，常见的复合词有"执中"、"时中"、"中行"、"中正"、"得中"，等等。何谓中庸？《尚书·洪范》一段"皇极经"非常清楚地阐明了其中要义："无偏无颇，遵王之义。无有作好，遵王之道。无有作恶，遵王之路。无偏无党，王道荡荡。无当无偏，王道平平。无反无侧，王道正直。会有其极，归其有极。"庞朴曾这样概括其意指："正确的坐标既定，左偏都只能是不正确的。这个坐标，其政治术语曰：'王道'，其哲学术语则谓之'极'。"[1] 在他看来，"极"字十分关键，它就是中，意味着不左不右，不偏不倚，仿佛是一架天平的指针，任何偏离准星的倾向都是错误的。这是作为方法论的中庸的要旨。

《中庸》的地位被历代儒生所看重，"《中庸》，群经之统会枢要也"[2]。"中庸"的价值，更被儒家所推崇，朱熹曾把它放在历代圣贤所

---

① 庞朴：《儒家辩证法研究》，中华书局 2009 年版，第 89 页。
② （宋）黎立武：《中庸指归》，《文渊阁四库全书》第 200 册，第 718 页。

传"心法"的神圣位置。"作为这一心法传承内容的'中庸之道'……始终被理解为中国文化精神与灵魂的直接阐释。……'中'作为一个关键词或中心词的位置始终被保持着。"① 作为深受儒家思想濡染的知识分子，杜氏身上自然被打上"中庸之道"的鲜明烙印。不过，受过"科学"训练的杜亚泉，却用现代科学知识对中庸之道的合理性进行了别样的解释。

杜氏把物理学上"力之对抗"原理应用于社会生活，认为中庸之说具有充分的科学道理。他说"中"类似于自然界两种相反力量的冲抵，"宇宙间发生种种之现象，无不有力之存在。不特有形之物质变动离合，受力之支配也，即无形之事功成败举废，亦莫不由力之作用。政治隆替，国家兴亡，悉缘于此"②。在他看来，自然界规律同样适合于社会界，社会也需要两种势力来形成力量平衡，如此，现代政治中的多党制，政治争斗中若干势力的抗衡，就具有了正面的价值："顾或谓政治进行，全赖对抗力之作用。有某种之势力，必有他种之势力以相与抗衡；有此方之主张，须有彼方之主张以隐为对待。故政柄无虞偏重，而强权者不得滥用其权，举凡专制骄横之弊，用于消灭。且公理以相持而益显，权力亦以相竞而愈平，欧美政象所以能常保均势，不至畸轻重者，皆政党对抗之结果也。"③ 同样的道理，这种"对抗"原理也可以移用到文化领域，无限多样的文化形式，需要在一种相互抗衡中寻找共同之点。具体到中国文化选择上，也就意味着要在古与今、中与外之间寻找一个最佳的平衡点，所以其文化革新的第一个诉求就是在多种文化样

① 陈赟:《中庸的思想》，三联书店2007年版，第27页。
② 高劳:《力之调节》，《东方杂志》13卷6号，1916年6月10日。
③ 高劳:《力之调节》，《东方杂志》13卷6号，1916年6月10日。

态中求"中"。

他进而指出，中庸上求"和"的道理，也符合物理学上"调节"原理。他说，"机械之运用，固赖原动力之牵引。然必轮齿含接，干轴贯联，交相约束，互为裁制，节其力之过巨者，调其力之不均者，夫而后力之所向，悉如夫意之所期，成物利用，不竭不匮；不然者，原动力虽如何强大，而轮与轮不密锲，轴与轴不停匀，无节制机以执其中，无操纵轮以均其势，未有不偾事肇祸者也。政治之力何独不然？"①他虽承认物理学上"二物不能同时并容于一地"的张力原理，但是他更认定在社会生活领域，两种主义、两个政党相对峙而存在是一个普遍现象，例如政治上的"民众主义"与经济上"专制主义"等就是如此，因此他进而得出这样几个"觉悟"，一是"天下事理，决非一种主义所能包涵尽净"，如果对社会没有"至大弊害"，即使几种严重冲突的主义，也可以同时并存于社会，因为它们可以在"不知不觉之间，收相互提携之效"；二是即使"两种极端睽隔"，但也有部分重合或相似之处，二者多少具有互补之效；三是主义之争是人为造成的，并非天然如此，本身具有调和的可能②。他指出，这种"力之调节"原理具有多方面的现代启示，"一在养成对抗之秩序，一在造成对抗之形势，夫而后可立平民政治之基础，可树政党对峙之模型，故相因而不相背者矣"③。这种原理用于政治革新，用于文化改良，就是求"和"，在他的理解里，两种异质因素的"和合"状态应该是现代政治文化存在的常态。

最后，他把两种自然原理落实到社会生活层面，认为"中""和"

---

① 高劳：《力之调节》，《东方杂志》13 卷 6 号，1916 年 6 月 10 日。
② 高劳：《矛盾之调和》，《东方杂志》15 卷 2 号，1918 年 2 月 15 日。
③ 高劳：《力之调节》，《东方杂志》13 卷 6 号，1916 年 6 月 10 日。

的结果就是求"多",就是追求事物的多元性、文化的多样性。"苟事实上无至大之冲突及弊害,而适合当时社会之现状,则虽极凿枘之数种主义,亦可同时并存,且于不知不觉之间,收交互提携之效……如法兰西为民治昌盛之国,其政体宜取分权制矣,而乃厉行中央集权……凡两种主义虽极端睽隔,但其中有一部分或宗旨相似,利害相同者,则无论其大体上若何矛盾,缘此一部分之吸引,使之联袂而进行,国家主义与社会主义之翕合,即属此理。……主义云者,乃人为之规定,非天然之范围,人类因事理之纷纭杂出无可辨识也,乃就理性上所认为宗旨相同、统系相属者,名之为某某主义,实则人事杂糅、道理交错,绝非人为所定之疆域可以强为区分。其中交互关联、彼此印合之处,自复不少"①。此话含义是颇为丰富的,就其主旨来说,这里他主要强调的是"主义"之间,其实并不全是你死我活的关系,其中有交叉关系、有互补关系、有并列关系等,"折中"的目的就是要把具有共性的东西更多地留存下来。

中庸之道的"微言大义"被历代儒生说得玄之又玄,神妙莫测,但站在现代角度其实可以数学或物理学方法进行简化处理。事物的两极如果分别为 A 和 B,"中庸"要做的事情就是在这两极之间寻找动态平衡点。A、B 既然并非变动不居,其力量的平衡点当然也不会一成不变,中庸的难处在于此,妙处也在于此。从排列组合的道理来说,两个因子的排列产生的结果一定不止两个,也就是说中庸最后得出的结果既不会是 A,也不会是 B,更不是 AB 的简单并置,而是远远多于 AB 的"第三方",它可以是 A 而 B,亦可以是非 A 非 B,还可以是亦 A 亦 B,等

---

① 伧父:《矛盾之调和》,《东方杂志》15 卷 2 号,1918 年 2 月 15 日。

等。从思维上讲，它讲求的不是一分为二，而是一分为三，庞朴说，"中庸的所谓中，就是第三者；承认二分又承认中庸，也就在事实上承认了一分为三"①，这是很有道理的。如此看来，用中庸之道解决"古今中外"问题，客观上有促进文化选择多样性的可能。杜氏自己也曾明确表述调和论原理及其现代价值："既知甲说，更不可不知反对之乙说，尤不可不知调和之丙说。盖近世思想发达，往往两种反对之说，各足成立，互相补救者，若专主一说，则思想易陷于谬误。"② 显然，这种说法也不是完全没有道理。

二、"调和"之客体及其三种调剂形式

儒家中庸之道，一向以解决矛盾为能事，庞朴曾将其效果概括为，"把对立两端直接结合起来，以此之过，济彼不济，以此之长，补彼之短，在结合中追求最佳的'中'的效果"③。他认为中庸的 A、B 两极可以演绎为四种形态，即"A 而 B，A 而不 A'，亦 A 亦 B，不 A 不 B"④，因此它的价值在于提倡以多抗一，和合包容，反对非此即彼的绝对二分法，从本质上说是一种充满了辩证智慧的多元化思维形式。杜亚泉显然深谙此道，他把这种思维智慧用之于文化矛盾问题，为东方与西方、古代与现代、物质与精神等文化难题的解决，提出了一系列有价值的思

---

① 庞朴：《中庸与三分》，《文史哲》2000 年第 4 期。
② 伧父：《论思想战》，《东方杂志》12 卷 3 号，1915 年 3 月 1 日。
③ 庞朴：《儒家辩证法研究》，中华书局 2009 年版，第 84 页。
④ 庞朴：《中庸与三分》，《文史哲》2000 年第 4 期。

路。概括起来，他提出了对有关客体对象的如下几种调和形式：

一是以 A 补 B 型，此型主要适用于东方与西方文化关系的处理。为避免抽象谈论文明和进行文明比较，杜亚泉首先给文明下了一个具体的、相对的定义，认为文明必须"合社会之经济状态与道德状态而言之"，它是特定社会特定历史阶段经济状况与道德状态综合作用的产物，衡量文明程度的高低必须有一个相对的、历史的尺度，不能把不同经济与道德状况下产生的文明放在一起强分轩轾。"盖吾人意见，以为西洋文明与吾固有之文明，乃性质之异，而非程度之差。"① 在他看来，这两种不同类型的文明，发展的侧重点也是不一样的，东方文明之经济是为满足人们"生活所需之资料"，而西洋文明之经济则是为满足"生活所具之欲望"；同样是满足，一个是为了满足基本的生活资料，一个是为了填满无限的欲海，欲壑既然难填，于是发展科学，想尽一切手段，开发出令人目眩的物质文明。这是两种文化产生经济背景的不同。而从道德方面言之，他坚持西方文明是动的文明，东方文明是静的文明，动静虽然各有利弊，但以"力行"精神为核心的西洋文明，在近代化进程中逐渐优胜于中国文明。"十九世纪科学勃兴，物质主义大炽，更由达尔文之生存竞争说，与叔本华之意志论，推而演之，为强权主义、奋斗主义、活动主义、精力主义，大而张之，为帝国主义、军国主义，其尤甚者，则有……战争万能主义。"② 在他看来，西方文明也有"重力行而蔑视理性"的天生缺陷，这种不足只有用素重理性的东方文明来弥补才能得以完善。他曾用了一系列生动比喻来描述这种互补关系，"而吾国固有之文明，正足以救西洋文明之弊，济西洋文明之穷者。西洋文明，浓

---

① 伧父：《静的文明与动的文明》，《东方杂志》13 卷 10 号，1916 年 10 月 10 日。
② 伧父：《战后东西文明之调和》，《东方杂志》14 卷 4 号，1917 年 4 月 15 日。

郁如酒，吾国文明，淡泊如水；西洋文明腴美如肉，吾国文明，粗粝如蔬，而中酒与肉之毒者，当以水及蔬疗之也"①。

二是以 A 济 B 型，这主要适用于"精神"与"物质"关系的处理。近代以来，中国曾因遭受列强欺凌而引进西方先进科学技术，"师夷长技以制夷"，以图达到强国富民的目的，这种反应也是自然的，但在杜亚泉眼里却产生了另外一种消极效应，那就是使中国也走上了一条片面追求物质利益的"唯物主义"不归路。他把晚清以来人们奉为圭臬的"富强论"和"天演论"，统统划归为"危险至极之唯物主义"范畴，认为在这个"主义"的支配之下，"有优劣而无善恶，有胜败而无是非。道德云者，竞争之假面具也，教育云者，竞争之练习场也；其为和平之竞争，则为拜金主义焉，其为激烈之竞争，则为杀人主义焉。以物质欲之愈纵而愈烈焉……"②他认定"唯物主义"的危害在于，激起人类的竞争心、刺激人类的物质欲、使人类陷于悲观主义等。那么，如何解救人类？他以为根本在于用"精神主义之新唯心论"加以调剂，而这种主义的要义就是"理性"与"社会的感情"③。

当此之时，他亮出了自己的调剂武器，要用"适当的制裁"，平息这"爱与争"：

> 人苟有所爱，必有所争，此欧人所以有生存竞争之说也。如欲无争，惟有无爱，此释氏所以传爱根清静之旨也。然弱肉强食，既非人性所安，舍身饲虎，又非凡夫所愿。争既不可

---

① 伧父：《静的文明与动的文明》，《东方杂志》13 卷 10 号，1916 年 10 月 10 日。
② 伧父：《精神救国论》，《东方杂志》10 卷 1 号，1913 年 7 月 1 日。
③ 伧父：《精神救国论》，《东方杂志》10 卷 2 号，1913 年 8 月 1 日。

常，爱亦不能割，则奈之何？曰欲驰其争，宜平其爱。例如名
与利，人之所爱也，则有权利义务之制限焉；好色，人之所爱
也，则有一夫一妇之规定焉。是皆所以制裁其爱，使不得充分
以逾其量。爱不逾其量，虽不能持此以息天下之争，然争亦可
稍辑矣。推斯道而行之，则爱国家、爱民族、爱道德、爱信
义，其当适如其量焉亦然①。

其"制裁"物欲的武器，显然是以"适如其量"为分寸的中庸之德，这
种中庸之德曾被杜亚泉称为一种"理性精神"，"孔子言理性，丁宁反复
于中庸之为德"②，在他看来，这种理性精神的特征是"和平中正"，它
"本乎生理之自然，与夫心理之契合，又益之以外围时地之经验，遂形
成一种意识"③，因而具有广大的"势力"，它小而言之可以"应付事物、
范律身心"，大而言之可以治国安邦平天下，"平时寂寞处，则蕴之为良
知；出与物接，则发之为意志。凡人类之各遂其生活，社会之获保其安
宁，非仅恃乎军队之保障，政治之设施，法令之诏示，刑赏之劝惩已
也，赖有理性焉，为之主宰是而纲维是。"④ 在杜氏的理解里，这种中庸
之德本身就是中国"精神文明"的一部分，依靠它可以弥补西方现代化
过程中"唯物"偏至之失。

三是 A、B 相因型，主要用于"新旧"或"古今"关系的处理。关于"新
旧"之关系，杜亚泉曾以"新我""旧我"为喻做过生动阐述，"吾人之

---

① 高劳：《爱与争》，《东方杂志》13 卷 5 号，1916 年 5 月 10 日。
② 高劳：《理性之势力》，《东方杂志》10 卷 6 号，1913 年 12 月 1 日。
③ 高劳：《理性之势力》，《东方杂志》10 卷 6 号，1913 年 12 月 1 日。
④ 高劳：《理性之势力》，《东方杂志》10 卷 6 号，1913 年 12 月 1 日。

所谓我，即现在之我与过去之我及将来之我，相接续而成者。故昨日所发之言，今日践之，昨日未竟之事，今日成之，此现在之我，对于过去之我，所当负之义务也"①。在他看来，新与旧的关系是暧昧不清的，也是十分复杂的，二者是一种此消彼长、逐渐递嬗的关系，"故新旧递嬗之间，其由两方对抗竞争，一方渐绌，一方渐伸，而后取而代之者，历史上虽不无其例，而其多数则常由旧者之多行不义，至于自毙，新者乃得有自然之机会，起而承乏其间"②。具体到文化领域，新旧相因就不能不是演化发展的常态，"文明之发生，常由于因袭而不由于创作"③，变革的前提是继承，没有继承也谈不上变革。

因而，他坚持，新旧差异不是绝对的，而是相对的，他曾以戊戌时期到五四前后文化演变为例，证明新旧的这种历史性和相对性。戊戌之时，新旧所指非常明确，"以主张仿效西洋文明者为新，而以主张固守中国习惯者为旧"，然而经过数年的时势变迁，特别是经过第一次世界大战的洗礼，西方"现代文明在现时已无维持之法"，"中国固有文明……根本上与西洋现代文明，差异殊多，关于人类生活上之经验与理想"，东西文化的差异性在日益减少，"新"、"旧"的情形发生了不小的位移，"不能不以主张刷新中国固有文明，贡献于世界者为新，而以主张革除中国固有文明，同化于西洋者为旧"④。而在另一方面，西洋、东洋与中土，各种思想在相互碰撞中也逐渐渗透融合，很难再分出中西新旧，"吾国民之所谓新思想者，岂能脱离其固有之东洋思想，惟吸收几

① 伧父：《接续主义》，《东方杂志》11卷1号，1914年7月1日。
② 伧父：《中国之新势力》，《东方杂志》15卷7号，1918年7月15日。
③ 伧父：《战后东西文明之调和》，《东方杂志》14卷4号，1917年4月15日。
④ 伧父：《新旧思想之折衷》，《东方杂志》16卷9号，1919年9月15日。

分之西洋思想而已。而所谓旧思想者，又岂能全然墨守其固有之东洋思想，以排斥西洋思想？"① 要之，新与旧是相互渗透的，是陈陈相因的，需要用以新调旧的办法逐渐转化旧事物。

三、"调和"主体及其三个"主义"

客体是主体施行的对象，上述 A、B 两种客体的相补、相济、相因，因而也就不是两个客体的自然并置，而是主体有意图的文化行为。具体到"古今中西"关系，杜亚泉坚持主体应该为"我"、为"今"，客体应该为"西"、为"古"。首先，输入西方外来文明，必须以中国固有文明为根底，相合处则纳之，不合处则修之，"救济之道，正统整吾固有之文明，其本有系统者则明了之，其同有错出者则修整之。一方面尽力输入西洋学说，使其融合于吾固有文明之中，西洋断片的文明，如满地散钱，以吾固有文明为线索，一以贯之"②。以中国文明为红线、以西方文明为散钱，这个比喻十分清楚地阐明了中西文化交往中的施受关系。他甚至把这种以我为主、统筹他者的特征，视为"吾固有文明之特长"，"吾固有文明之特长，即在于统整，且经数千年之久未受若何之摧毁，已示世人以文明统整之可以成功"③，并倡言要把这种消化异质文明的经验推广到全世界。其次，处理新旧问题，必须站在"新"的立场，对"旧"的因素加以扬弃，"对于固有文明，乃主张科学的刷新，并不主张

---

① 伧父：《再论新旧思想之冲突》，《东方杂志》13 卷 4 号，1916 年 4 月 10 日。
② 伧父：《迷乱之现代人心》，《东方杂志》15 卷 4 号，1918 年 4 月 15 日。
③ 伧父：《迷乱之现代人心》，《东方杂志》15 卷 4 号，1918 年 4 月 15 日。

顽固的保守"①，所谓"刷新"，当然是主体有目的有选择地更新。此外，他还系统阐述了如何用"精神"的手段，实现"经济"的目的，"吾人之天职，在实现吾人之理想生活，即以科学的手段，实现吾人经济的目的；以力行的精神，实现吾人理性的道德"②。用"科学的手段"、"力行的精神"，来实现"吾人之理想生活"，方法手段是外"借"的，目的结果却通向自我，这里的主从关系是十分明了的。

杜亚泉以中庸思维处理中国的现代性难题，提出了不同于复古派也不同于西化派的中国文化现代性转换的实施方案，提出了中西转换中的以中化西原则和古今转化中的以新化旧方法。这些原则和方法，可以用三个"主义"来概括：一是"协力主义"，它是一种综合协调的艺术，涉及古代与现代、东方与西方、精神与物质等各种关系的平衡，"农业国与工商国，为物质上之协力；东洋文明与西洋文明，为精神上之协力。一方面发展自国之特长，保存自国之特性，一方面确守国际上之道德，实行四海同胞之理想，则所谓国家的和平主义是矣"③。

二是"接续主义"，它主要涉及政治文化新旧关系的处理。杜氏曾对"接续主义"的内涵及意义进行了全面阐述：

国家之接续主义，一方面含有开进之意味，一方面又含有保守之意味。盖接续云者，以旧业与新业相接续之谓。有保守而无开进，则拘墟旧业，复何所用其接续乎？若是则仅可谓之

---

① 伧父：《新旧思想之折衷》，《东方杂志》16卷9号，1919年9月15日。
② 伧父：《战后东西文明之调和》，《东方杂志》14卷4号，1917年4月15日。
③ 伧父：《社会协力主义》，《东方杂志》12卷1号，1915年1月1日。

顽固而已。夫使吾侪之先民,不为吾侪谋开进,则吾侪今日,
犹是野蛮之国、犷獉之民耳。今日之国民,既享用前代所遗留
之文明,则开发文明,实所以继承先志。反之,有开进而无保
守,使新旧间之接续,截然中断,则国家之基础,必为之动摇
……故欲谋开进者,不可不善于接续①。

他不仅主张把这种"主义"推广到个人、家庭、团体等各层面,还提议
将其运用于文化、教育、道德等各个领域,形成一种具有广泛代表性的
国家意识形态。如何才能在文化实践中这种新旧"接续"呢?他以新旧
道德转换为例进行了说明。他不认为新旧道德冰炭不容,反而认为旧道
德中含有不少与民主共和兼容的因素,因此"实无根本改革之必要"。
在他的分析里,道德有"体"有"用",是体用的复合体,"体不可变而
用不能不变","变"些什么东西呢?他认为"变其不合时宜者一二端可
已",具体而言约有三件,第一件是"改服从命令之习惯而为服从法律
之习惯",第二件是"推家族之观念而为国家之观念也",第三件是"移
权利之竞争而为服务之竞争也"②。

三是"多元主义",这是前两个主义的自然结果。如前所述,杜亚
泉秉持的中庸之法,本身包含有反对非此即彼简单思维的朴素辩证法精
神。庞朴先生曾将中庸的结果概况为四种状态,"中庸的四种形态,A
而B,A而不A',亦A亦B,不A不B,以抗争于非A即B的僵化
的二分法"③。这说明,"中庸之道"追求的既不是"此",也不是"彼",

---

① 伧父:《接续主义》,《东方杂志》11卷1号,1914年7月1日。
② 高劳:《国民今后之道德》,《东方杂志》10卷5号,1913年11月1日。
③ 庞朴:《中庸与三分》,《文史哲》2000年第4期。

而是彼此排列组合后的无限"多"，包含的是一种对二元对立思维有着天然抵制的多元主义精神。杜氏对这种多元主义有着清醒的自觉，"世界事理，非一种主义所能包涵，且知两矛盾常有类似之处，而主义又或随人事时代而转变，则狭隘褊浅主奴丹素之见，不可不力为裁抑"[①]。为了实现多元主义的文化鹄的，他特别提醒人们要警惕两种不良倾向，其一是动辄排斥异己的独裁主义倾向，"世界事理，如环无端，东行之极，则至于西；东行之极，亦至于东。吾人平日主张一种之思想，偶闻异己之论，在当时确认为毫无价值者，迨吾所主张之思想，研究更深，而此异己之论，忽然迎面相逢，为吾思想之先导"[②]。二是唯我独尊的极端主义倾向，"勿极端主张自己之思想。世界事理，无往不复，寒往则暑来，否极泰生……地球之存在，由离心力与向心力对抗调和之故；社会之成立，由利己心与利他心对抗调和之故。故不明对抗调和之理，而欲乘一时之机会，极端发表其思想者，皆所以召反对而速祸乱者也"[③]。在他看来，只有用理性的态度，经过冷静的比较，将相互矛盾的两种主义放在一起，求其同而存其异，才能达到"永久和协"之境界，"对于相反之主义，不特不宜排斥，更当以宁静之态度，研究其异同。夫如是，则虽极矛盾之两种主义，遇有机会，未必终无携手之一日，即令永久不能和协，亦不至相倾相轧，酿成无意识之纷扰也"[④]。显然，杜亚泉的中庸思维里面含有丰富的现代思想质素。

---

① 高劳：《矛盾之调和》，《东方杂志》15卷2号，1918年2月15日。

② 伧父：《论思想战》，《东方杂志》12卷3号，1915年3月1日。

③ 伧父：《论思想战》，《东方杂志》12卷3号，1915年3月1日。

④ 高劳：《矛盾之调和》，《东方杂志》15卷2号，1918年2月15日。

四、杜氏"新文化"思想的价值及问题

通过对杜氏中庸文化思想的简单梳理，我们不难发现杜亚泉的文化哲学里面，不仅含有丰富的辩证思维因素，而且包含不少开放包容的现代民主因子，具有相当的认识价值。杜氏所欲调和的"新文化"愿景，既不是原封不动的传统文化，又不是生吞活剥的西方文化，而是将古今中外文化充分化合后创造的"第三种文化"，应该说，这种文化思路是非常正确的。不唯如此，其思维形式本身也闪烁着理性的光芒，他能将传统思想资源里的理性精神发扬光大，并用它来观照历史、反顾现实，提出一系列有现实意义的新文化建设构想，这也是十分可贵的。

然而，另一方面，杜亚泉的调和思维也有不少与时代的龃龉之处和难以克服的内在矛盾，首先，强调调和思维在近代中国显然不合时宜。任何思想都包括历史成分和超历史成分两部分，过于超越历史与过分拘泥于历史一样，都不能使思想之运用做到恰如其分，也不能使一种思想得"时之中"，这是中庸的一般道理，可惜杜亚泉在这个问题上并未得其三昧。从超历史的一般道理而言，杜亚泉的文化思路是应该没有问题，但考虑到中国近代的现实，问题就接踵而至了。近代中国的现实是什么呢？是中庸思想已经蜕变，成为一种阻碍历史变革的思想惰性。鲁迅说在中国要想开窗，必先喊推墙；胡适说在中国要做五十步改革，必倡一百步设想，这些话虽然只是谑语，但是多少道出了近代的现实。晚清以来，各种改良不绝如缕，但因始终严守中庸之道，致使改良限于局部修补，始终未见大的起色。不仅如此，旧势力占尽先机，反将新因素

销蚀殆尽，因此到了五四才有"革命"的"觉悟"。他们终于发现，"旧文学、旧政治、旧伦理，本是一家眷属，固不得去此而取彼；欲谋改革，乃畏阻力而迁就之，此东方人之思想也，此改革数十年而毫无进步之最大原因也。"① 因此他们才把"折中主义"看成是阻碍文化变革的主要因素，甚至当作比顽固派更为危险的东西，"折中二字，是新旧杂糅的代名词，就是把旧材料用新法制组织的代名词，或是旧材料新材料并用的代名词，这是我们中国社会上最流行的思想和主义"②。反对讲究妥协、调和，反对新旧杂糅的"灰色革命"，以免革命成果被折中主义断送。"人们对于社会上的无论什么事物，如果发现了它的毛病，非'改弦而更张之'不可，那就应该明目张胆地鼓吹革命：对于旧的，尽力攻击，期其破坏，消灭；对于新的，尽力提倡，期其成立，发展。这才是正当的行为！"③ 所以在旧因素有着巨大历史惯性的条件下，一味讲折中，因为新旧因素的过于悬殊，常常出现的情况是"新"不仅不能平衡"旧"，反而可能被旧的东西吞没。所以新文化派提出，"旧者不根本打破，则新者绝对不能发生；新者不排除尽净，则旧者亦终不能保存"④，是有一定道理的。

其次，杜氏对"中"的把握也有失准确。按理说，中庸之道的"中"，其实也不是一成不变的。时地变了，情势变了，天平两边的事物也变了，两极之间的准星即"中"，当然需要进行及时调整。两极已变，而准星不变，这就不是"中"，而是一种"偏"了，这是中庸的微妙之处。

---

① 胡适、陈独秀：《答易宗夔》，《新青年》5 卷 4 号，1918 年 10 月 15 日。
② 朱希祖：《非〈折衷派的文学〉》，《新青年》6 卷 4 号，1919 年 4 月 15 日。
③ 钱玄同：《汉字革命》，《国语月刊》1 卷 7 期"汉字改革号"，1922 年。
④ 汪叔潜：《新旧问题》，《新青年》1 卷 1 号，1915 年 9 月 15 日。

所以传统思想不仅强调"时中""适中"，而且强调"权变"，孟子说"执中无权，犹执一也"（《孟子·尽心上》)，孔子说，"可与共学，未可与适道；可与适道，未可与立；可与立，未可与权"（《论语·子罕》)，有人对此加以发挥道，"执中而不知随时权变，反而等于固执一偏；因权变而时执一偏，倒是真正的用中……是孔门为学之道的顶峰"①，用今天的话说，就是凡事要因地制宜、因时制宜，不可刻舟求剑、固执一偏。在杜亚泉时代，"中"的条件已经发生了变化，实践证明，新的力量太弱小，旧的势力太强大，"中庸"已经抵挡不住旧势力的冲击，"中"的方法只能给旧势力制造更多空间，"要晓得旧思想不破坏，新事业断断不能发生的，两种相反对的主义，一时断不能并行的。我们中国所以弄得如此乱糟，都是苟且迁就，糊涂敷衍，目光不出五年十年。进化的公例，总是新的胜于旧的，这一层，他们都未想到，一味的折中调和，得过且过"②，这时候最需要的是洪流般的革命力量，从这个意义上说，新文化派对折中论调的批判是击中要害的，"不问时势之适否，不问事理之是非，而惟持一中立调和之态度，成则居其功，败则不任其责。其所主张，虽或有近于是者，然要皆折中两间，非自心之确有所见者是也"③。包括杜亚泉在内的折中派受到新文化派的猛烈抨击是可以想见的。

杜亚泉文化思想还有一个不能周延的矛盾，一方面他承认，某种道德文化与其生长社会环境具有不可分割的整体性，"若夫新道德之特色，则无习惯团体之障碍，故人民得以自由发展其理想，完全使用其知

---

① 庞朴：《儒家辩证法研究》，中华书局 2009 年版，第 89 页。
② 朱希祖：《非〈折衷派的文学〉》，《新青年》6 卷 4 号，1919 年 4 月 15 日。
③ 胡哲谋：《偏激与中庸》，《新青年》3 卷 3 号，1917 年 5 月 1 日。

识，日新月异以合乎社会之进程。是说也，未尝无充分之理由。特其所陈，多以欧西社会为根据，与吾国状况，微有不同"①。然另一方面，却也认为在不根本改造文化土壤的前提下，照样可以用中庸之术对之进行切分和平衡。这就有一点耽于妄想的嫌疑了。在这个问题上，陈独秀看得透彻，也来得彻底，"如今要巩固共和，非先将民主共和的国家组织、社会制度、伦理观念，和君主专制的国家组织、社会制度、伦理观念全然相反，一个是重在平等精神，一个是重在尊卑阶级，万万不能调和的。若是一面要行共和政治，一面又要保存君主时代的旧思想，那是万万不成。而且此种'脚踏两只船'的办法，必至非驴非马，既不共和，又不专制，国家无组织，社会无制度，一塌糊涂而后已"②。也就是说，要想建立现代道德，必须先把阻碍新道德生长的文化土壤除掉，不破不立，非如此不足以建设新文化。"旧者不打破，则新者绝对不能发生。"③

另外，和其他折中论者一样，杜亚泉也认为中国向以"精神文明"见长，西方以"物质文明"为胜，并从第一次世界大战中得出西洋文明"显著之破绽"的结论④，进而产生"吾社会中固有之道德观念，为最纯粹最中正者"之类的文化自信⑤，最后发誓要用中国的"精神文明"之胜弥补西方"物质文明"之失。这其实是一种淆乱的认识。精神文明和物质文明，既非东西方所专，也非中西方所长，按照胡适的话说，一切文明里面都有物质和精神两种成分，一座蒸汽锅炉、一部摩

---

① 高劳：《国民今后之道德》，《东方杂志》10 卷 5 号，1913 年 11 月 1 日。

② 陈独秀：《旧思想与国体问题》，《新青年》3 卷 3 号，1917 年 5 月 1 日。

③ 汪淑潜：《新旧问题》，《青年杂志》1 卷 1 号，1915 年 9 月。

④ 伧父：《战后东西文明之调和》，《东方杂志》14 卷 4 号，1917 年 4 月 15 日。

⑤ 伧父：《战后东西文明之调和》，《东方杂志》14 卷 4 号，1917 年 4 月 15 日。

托车里面包含的复杂精细的智力就是精神的部分,所以他批评折中论者为"有夸大狂的妄人"①,此话虽显尖酸刻薄,但也说到了问题的实质。既然对中庸的两极子虚乌有,那么一切所谓"调和""救济"也就无从谈起了。

---

① 胡适:《介绍我自己的思想》,《胡适文存》四集,黄山书社 1996 年版,第 158 页。

第二章　改版前《东方杂志》与
"文化调和论"

一、五四前后，"调和论"如何成为一个问题

在近代中国，"文化调和论"是对几代知识分子影响深远的一种理论模式，它以文化特殊性作为理论支撑，强调在坚持中国文化本体的前提下，适当引进西方物质文明和精神文明以为补充，试图通过两种异质文化的交相渗补和互借共生，促使中国文化自我更新，最终达到复兴中国文化的境地。面对汹涌而来的西潮冲击，后发外生型的中国在进行文化重建时，一直面临着中西两种文化孰"体"孰"用"的选择困境，因此，"调和"还是"替换"成了中国文化现代化进程中的核心课题。从19世纪60年代的"中体西用"之说，到五四前后的"折衷论"以及二三十年代"全盘西化"之争等，每次文化大讨论面临的问题均复如是。某种程度上，与其说它是一种理论模式，毋宁说是一种文化态度。何以反复出现类似的"文化焦虑"？这跟近代日渐衰微的国运有关，也跟东西文化主体移位不无关联。国门打开之前，中华帝国一直处于文化出超地位，它雄视东亚，

辐射四夷，有着满满的文化自信；不虞两次鸦片战争无情地粉碎了天朝美梦，列强的坚船利炮使他们认识到，原来西夷的声光化电和淫技奇巧具有如此巨大的威力，于是"中体西用"之说应运而生。在时人眼里，"中体"偏重于中国伦理道德，"西用"偏重于西人物质技术，前者属于本体、中心，后者属于器用、边缘，二者并非等量齐观。在近代体用之说一直甚嚣尘上，直到甲午一役才开始遇到危机。甲午战争的惨败促使人们再次睁开双眼，认真打量泰西"精神文明"并做中西文明的对等比较。在对两种文明的比较与选择中，"调和"还是"欧化"，一直伴随着中国文化现代性过程的始终。另外，在当时人看来，"新"就是"西"，"旧"即为"中"，"新旧"（时间）问题时常变为"中西"（空间）问题。由于两个概念的对等性，因而在讨论"调和论"时，本书常将"新旧"、"中西"两个概念交互使用。

五四前后，"调和"和"欧化"之争再次浮出水面。"调和论"之所以在此时"甚嚣尘上"，主要跟人们对西方文化的重新体认有关。历时四年的第一次世界大战，给人类带来了空前的灾难，包括欧洲列强在内的三十多个国家、十五亿人口卷入战争，人员伤亡与经济损失无比惨重。此次浩劫给部分中国人留下的印象是，现代西方文化已经穷途末路、走入死胡同，用中国文化来拯救世界正当其时。梁启超此时周游欧西，并在连载的《欧游心影录》中，借美国新闻记者赛蒙氏之口，宣称"西洋文明已经破产"了，等待"你们把中国文明输进来救拔我们"。他对青年提出了四点要求，"第一步，要人人存一个尊重爱护本国文化的诚意；第二步，要用那西洋人研究学问的方法去研究它，得它的真相；第三步，把自己的文化综合起来，还拿别人的补助他，叫他起一种化合作用,成了一个新文化系统;第四步,把这新系统往外扩充,叫人类全体都得着他好处"①。曾以一支健笔搅动中国政潮的梁启超,他的这一番号召无疑具有巨大的感召力。《东方杂志》主笔也紧随其后大声宣告,"此次大战,使西洋文明,露显著之破绽"②。他们还认为,此次战争动摇了欧洲文明的"权威",给了人们重新考量现代文化"真价值"的契机。重实利、讲功用、放任"物质主义及恐怖与贪欲者",最终的结果只能是这种自我毁灭。文化民族主义者如辜鸿铭甚至宣告,"诸君欧人,于精神上之问题,即唯一之重大问题,非学于我等中国人不可,否则诸君之全文化,不日必将瓦解。诸君之文化,不合于用,盖诸君之文化,基于物质主义及恐怖与贪欲者也。至醇至圣之孔夫子,当有只配全世界之时。彼示人以达于高洁、深玄、礼让、幸福之唯一可能之道。故诸君当弃其错误之世界观,而采用中国之世界观。此诸君唯一救济法也"③。《东方杂志》编者对辜氏的文化自信尽管有所保留,但是对于其关于"欧洲之文化,不合于伦理之用"的判断是认同的。杜亚泉等在《东方杂志》发表的数篇重要论文,均以辜氏的上述判断为基础,主张用东方式伦理道德,补救西方功利主义之缺失。用中土的道德文化"救济"、"补救"西方功利物质文化,是东方文化派"调和论"的一般思路。

在近代舆论场上"调和论"一直畅行无阻,鲜有匹敌,直到五四新文化派的出现,情况才稍有改观。一个有趣的现象是,新文化派与"旧

① 梁启超:《欧游心影录》,《时事新报》1920 年 3 月 25 日。
② 伧父:《战后东西文明之调和》,《东方杂志》14 卷 4 号,1917 年 4 月 15 日。
③ 转自平佚:《中西文明之评判》,译自日本《东亚之光》,《东方杂志》15 卷 6 号,1918 年 6 月 15 日。

文化派"战斗，抨击的对象往往并非十足的保守派，却是新旧（中西）"折中"的"调和"派。以语文运动为例，五四时期有白话派、文言派两大基本阵营，但是"因为社会上似乎有极力主张白话和极力主张文言两派，所以便有冲突，'于是有了平议'的折中派出来"①，而在实际上，新文学阵线主要斗争对象并非文言派，而是折中派。站在新文化派角度考察，他们认为旧派目标明确，明火执仗，攻守极易；而折中派乔装打扮，新旧不分，识别尤为困难。有些旧的货色，以新的面目出现，实际却比旧物更为陈旧、有害。所以"折衷论"应该成为革命派倍加警觉的对象，他们特别强调，"吾尤恶夫折衷。吾以新旧二者，绝对不能相容，折衷之说，非但不知新，并且不知旧，非直为新界之罪人，抑亦为旧界之蟊贼。……旧者不打破，则新者绝对不能发生。……新旧之不能相容，更甚于水火冰炭之不能相入也"②。甚至把折衷者称为"半死半活、不死不活、似死似活的折衷派"③，要求一旦认清了革命的对象，就该改弦更张，不能讲什么妥协、调和，否则成了新旧杂糅的"灰色革命"，革命的成果必定会被断送。"人们对于社会上的无论什么事物，如果发现了它的毛病，非'改弦而更张之'不可，那就应该明目张胆地鼓吹革命：对于旧的，尽力攻击，期其破坏，消灭；对于新的，尽力提倡，期其成立，发展。这才是正当的行为！要是既想改革，又怕旧势力的厉害，于是做出遮遮掩掩、偷偷摸摸的样子，说上许多不疼不痒的话，对于四面八方一律讨好，希望做到什么'妥协'、什么'调和'的地步，那是一定不会有好结果的；不但没有好结果，而且还要发生'是非混淆'、'新

---

① 茅盾：《新旧文学平议之平议》，《小说月报》11 卷 1 号，1920 年 1 月 25 日。

② 汪淑潜：《新旧问题》，《青年杂志》1 卷 1 号，1915 年 9 月。

③ 钱玄同：《写白话与用国音》，《新青年》6 卷 6 号，1919 年 11 月 1 日。

旧糅杂'的坏现象！老实说，这样'灰色的革命'，我是很反对的"①。

新文化派对于"调和论"的批判主要基于以下几个理由：

首先，他们认定近代中国社会改良和思想改良之所以不成功，因素当然是多方面的，但根本原因就是调和式的改良主义。因为只是谋求细节上的修修补补，结果往往落得个新旧杂陈的尴尬局面。不唯如此，反对一部分迁就一部分，使传统的力量反攻倒算，反将改革的些微成果销蚀殆尽，据此他们断定，"旧文学、旧政治、旧伦理，本是一家眷属，固不得去此而取彼；欲谋改革，乃畏阻力而迁就之，此东方人之思想也，此改革数十年而毫无进步之最大原因也"②。最后他们得出这样一个结论："旧者不根本打破，则新者绝对不能发生"③。从近代社会变革不彻底的事实中吸取历史教训，这是新文化派批判"调和论"的历史起点。

其次，因为"打倒孔家店"连带将以中庸为方法论基础的"调和论"一并废除。《新青年》上一段话很好地说明了这一点："我国人有一最大之通病，即人人皆好自居中庸而不肯稍出偏激……偏激者何？坚信一己所独到之见，积极猛进，真理所在，则赴之如赴戎行。不特以身赴之，且号召与共厉害有关之人以同赴之。其所号召之言，容有过当，然皆确有所见者是也。中庸者何？不问时势之适否，不问事理之是非，而惟持一中立调和之态度，成则居其功，败则不任其责。其所主张，虽或有近于是者，然要皆折中两间，非自心之确有所见者是也。"④也就是说，他

---

① 钱玄同：《汉字革命》，《国语月刊》1卷7期"汉字改革号"，1922年。
② 胡适、陈独秀：《答易宗夔》，《新青年》5卷4号，1918年10月15日。
③ 汪叔潜：《新旧问题》，《新青年》1卷1号，1915年9月15日。
④ 胡哲谋：《偏激与中庸》，《新青年》3卷3号，1917年5月1日。

们是将讲求新旧"断裂"的"偏激"手段，作为抵制中庸之道的思想武器来自觉使用的。

最后，他们大多相信，新旧或中西文化乃是两种不同性质的东西，各有不同的思想系统和本质属性，不可杂糅调和。关于新旧文学关系，朱希祖曾这样断言，"文学只有新的、旧的两派，无所谓折中派，新文学有新文学的思想系统，旧文学有旧文学的思想系统，断断调和不来"①。陈独秀则将中西政治制度视为水火不容的制度形式，认为二者调和的危害比专制制度本身的还要大很多，他说，"如今要巩固共和，非先将民主共和的国家组织、社会制度、伦理观念，和君主专制的国家组织、社会制度、伦理观念全然相反，一个是重在平等精神，一个是重在尊卑阶级，万万不能调和的。若是一面要行共和政治，一面又要保存君主时代的旧思想，那是万万不成。而且此种'脚踏两只船'的办法，必至非驴非马，既不共和，又不专制，国家无组织，社会无制度，一塌糊涂而后已"②。这一派的结论是："旧材料新材料并用的方法，这是乞丐补破袄的办法：这块补了，那块又坏了，总是弄不好的。……须要做一代的新细胞新生命，才是对社会有用；若做那半陈半新的细胞，半死半生的病人，所谓维持现状的办法，是断断靠不住的。"③ 根据其所认识到的历史和现实教训，他们认定"中国社会上最流行的思想和主义"——"折中主义"或"调和主义"，是一种十分有害并应予以彻底清算的世界观和方法论。

---

① 朱希祖：《非〈折衷派的文学〉》，《新青年》6 卷 4 号，1919 年 4 月 15 日。
② 陈独秀：《旧思想与国体问题》，《新青年》3 卷 3 号，1917 年 5 月 1 日。
③ 朱希祖：《非〈折衷派的文学〉》，《新青年》6 卷 4 号，1919 年 4 月 15 日。

二、"调和派"对于新文化派的反批评

　　然而，"调和派"对于新文化派也不是没有"诛心之论"。其对激进现代性的第一个批评就是其文化问题上的功利主义态度。"调和派"认为西方文化虽不是一种主义所能涵摄的，然大体而言，功利主义或物质主义乃是其基本取向，这种倾向表现在伦理、道德、宗教等许多方面，"欧洲人之伦理要素，被实地的功利要素所压制，优雅与微妙之情绪，屈而不能伸，即宗教方面，亦带有物质主义之特征"[①]。特别是近代以来，功利主义被推向了极致，以至于在法国革命中，"贫民以面包将从空而下，未婚之女，以为如意郎君将满街皆是。国人赞颂革命之心理，无乃类似"[②]。小到个人行为，大至国家关系，万事以权力意志为限度、以实用和功利为准绳，他们认为，随着殖民活动的拓展，西方社会奉行的这种唯利唯权唯用的"主义"，很快就像病毒一样传遍全世界，从而使人类重新回到弱肉强食的丛林时代，"现代之道德观念，为权力本位、意志本位，道德不道德之判断，在力不在理；弱者劣者，为人类罪恶之魁，战争之责任，不归咎于强国之凭陵，而诿罪于弱国之存在"[③]。国门被迫打开之后，中国文化出现入超状态，在他们看来，中国对于西洋文明的接受，主要接受的正是这种物质主义、功利主义的东西，比如洋务运动中的"富国强兵之说"，无非也是因为"其能御外晦、打胜仗、

---

　　①　平伕：《中西文明之评判》，译自日本《东亚之光》，《东方杂志》15卷6号，1918年6月15日。

　　②　钱智修：《功利主义与学术》，《东方杂志》15卷6号，1918年6月15日。

　　③　伧父：《战后东西文明之调和》，《东方杂志》14卷4号，1917年4月15日。

致家给";广引西方声光化电，大兴格致实学，实质也是为了"获物质文明之享受"；政治上实行"民权自由之说，立宪共和之说"，也是为了取悦"众数"，为某种特定的政治目的服务，"吾国自与西洋文明相触接，其最占优势者，厥为功利主义。功利主义之评判美恶，以适于实用与否为标准，故国人于一切有形无形之事物，亦以适于实用与否为弃取"①。可见，功利主义已传入中国，演变成了近代国人判断是非曲直的主要标准。

很明显，在杜亚泉等看来，上述功利主义不单是以有用与否为去取的，它还包含了优胜劣败的丛林法则，功利主义对于人事态度如此，对于文化态度也如此，"西洋人对于东洋文明之批评，亦常以东洋文明发源地之中国日即于贫弱，为东洋文明劣点之标准"②。可悲的是，西洋人看待中国文化的这种态度也被中国人生吞活剥地接受，形成唯西洋文化马首是瞻的社会心理，并"以偏重多数而变为势利主义。于是国人之于学术，必推尊欧美或以欧美为师承之日本，而本国儒先之说，皆弁髦而土苴之，盖以本国与欧美较，国势有强弱之不同，因之论学亦存主奴之见也"③。因此，杜亚泉希望改变这种以国势强弱来定文化强弱的现实，改变国人对西方文化的盲从态度，对于自身文化的真价值进行一次认真的审查。

在文化问题上盲从线型进化主义，是"调和派"对于激进现代派的第二个批评。在近代师夷变夏的特定时代语境中，进化论大概是中国人引进得最早、也改造得最多的理论武器了，大到国家盛衰、小到个人进

---

① 钱智修:《功利主义与学术》,《东方杂志》15 卷 6 号, 1918 年 6 月 15 日。
② 伧父:《战后东西文明之调和》,《东方杂志》14 卷 4 号, 1917 年 4 月 15 日。
③ 钱智修:《功利主义与学术》,《东方杂志》15 卷 6 号, 1918 年 6 月 15 日。

退，进化的观念成了人们议论时势须臾不离的意识形态。而在谈论进化论时，人们又特别突出了其中矢量向前的时间意识与优胜劣败的竞争意识，并将二者统合进中西国势强弱的比较之中，因而警醒、鞭策与批判的意味显得十分浓厚。在一些进化论者看来，在时间链条上，中国文化处于其"旧"的一端，西方文化处于"新"的另一端，时间滚滚向前不可阻挡，"新"的必然战胜"旧"的，落后的中国文化必然被先进的西方文化所代替，"要晓得旧思想不破坏，新事业断断不能发生的，两种相反对的主义，一时断不能并行的。我们中国所以弄得如此乱糟，都是苟且迁就，糊涂敷衍，目光不出五年十年。进化的公例，总是新的胜于旧的，这一层，他们都未想到，一味的折中调和，得过且过"①。新旧不能杂处，在他们看来，这不仅是一个事实，更主要是一种态度，"真正的文学家，必明文学进化的理。严格讲起来，文学并无中外的国界，只有新旧的时代。新的时代总比旧的时代进化许多，换一句话讲，就是现代的时代，必比过去的时代进化许多。将来的时代，更比现代的时代进化许多"②。所以到了五四时期，二者被上升到了新旧水火不容的程度，"旧者不根本打破，则新者绝对不能发生；新者不排除尽净，则旧者亦终不能保存。新旧之不能相容，更甚于水火冰炭之不能相入也"③。显然，这是一种非常极端化的思维。

当然，五四新文化派中也有对于进化论持辩证认识的，比如李大钊就是这样，一方面坚持新陈代谢是不可抗拒的历史潮流，但另一方面也认识到新旧并立乃不以人意志为转移的历史事实，"宇宙进化的机轴，

---

① 朱希祖：《非〈折衷派的文学〉》，《新青年》6卷4号，1919年4月15日。
② 朱希祖：《非〈折衷派的文学〉》，《新青年》6卷4号，1919年4月15日。
③ 汪叔潜：《新旧问题》，《新青年》1卷1号，1915年9月15日。

全由两种精神运之以行，正如车有两轮鸟有两翼，一个是新的，一个是旧的。但这两种精神活动的方向，必须是代谢的，不是固定的；是合体的，不是分立的，才能于进化有益。……矛盾生活，就是新旧不调和的生活，就是一个新的，一个旧的，其间相去不知几千万里的东西，偏偏凑在一处，分立对抗的生活。这种生活，最是苦痛，最是无味，最容易起冲突；这一段国民的生活，最是可怖"①。落实到现实上，李大钊感慨民国时期，一面是民国，一面是清室，既要担负议会和政府的费用，又要担负清室的费用，因此民国与清室谓新旧不两立；一方面宪法规定信仰自由，一方面却要求"以孔道为修身大本"，自由与孔教是新旧不两立。但是李大钊也认识到事物发展到某一特定阶段，新旧并存是不可避免的，他把这种新旧混杂的状况，比作是北京前门马路上骡轿、人力车、汽车、电车并行，要想改变新旧行者相互嫌恶的情况，就要拓宽马路，让它们各行其道。当然，他也号召"新青年"们"打起精神，于政治社会文学种种方面开辟一条新路径，创造一种新生活，以包容覆载那些残废颓败的老人；不但使他们不妨害文明的进步，且使他们也享受新文明的幸福，尝尝新生活的趣味，就像在北京建造电车轨道，运输从前那些乘驮轿骡车人力车的人一样，打破矛盾生活，脱去三重负担，这全是我们新青年的责任"②。有趣的是，钱玄同则在这篇文章的附言中这样批注："守常先生要新青年创造新生活，这话固是绝对不错。但是我的意思，以为要打破矛盾生活，除了征服旧的，别无他法。那些残废颓败的老人，似乎不必请他享新文明的幸福，尝新生活的趣味，因为他们的心理，只知道牢守那笨拙迂腐的东西，见了迅速便捷的东西，便要'气

---

① 李大钊：《新的！旧的！》，《新青年》4卷5号，1918年5月15日。
② 李大钊：《新的！旧的！》，《新青年》4卷5号，1918年5月15日。

得三尸神炸，七窍生烟'，'狗血喷头'的骂我们改了他的老样子"①。附言的字里行间，显现着钱玄同对于"旧"事物的深恶痛绝，在他眼里，旧东西、旧脑筋乃至旧人物，"征服"破坏之外似乎别无良策。

实际上，对于线型进化论提出质疑并予以修正的，在近代中国可谓代不乏人，章太炎就算其中一个。章太炎认为知识有进化、道德无进化，而进化又是进退并行的，并非单线前行。"进化之所以为进化者，非由一方直进，而必由双方并进。专举一方，惟言智识进化可尔，若以道德言，则善亦进化，恶亦进化；若以生计言，则乐亦进化，苦亦进化。双方并进，如影之随形，如罔两之逐景，非有他也"，章氏将其进化论称为"俱分进化论"②。善恶、苦乐，并非单方直进，也非双线并进，这种二元相对、进退并存的理论，是对社会文化上的片面进化论的重要修正，更接近于文化进化论的实际。"进化之实不可非，而进化之用无所取"，他不否认事物进化的事实，但也反对滥用进化的文化强权，这对重新思考进化论的文化适应性，具有重要的认识价值。

沿着这个思路，东方文化派进行了进一步的探索。章士钊认为，新旧交替的正常状态是犬牙交错，而不是鳞次栉比，是双石投水后形成的圆波相连，而不是各圆毫不相切，"不知新旧之衔接，其形为犬牙，不为栉比，如两石同投之连钱波，不如周线各别之二圆形"③。他认为，从本质上讲，文化是时、地、人三要素的有机合成物，缺一便不能构成一国完整文化。文化的存在方式固然不乏共相，然更主要的还是个体性存

---

① 李大钊：《新的！旧的！》文后"附言"，《新青年》4卷5号，1918年5月15日。
② 章太炎：《俱分进化论》，《章太炎全集》（四），上海人民出版社1985年版，第386—387页。
③ 孤桐：《评新文化运动》，《甲寅周刊》1卷9号，1925年。

在；中国文化当然是中国要素的合成，中国文化的进化行程不能按照西方文化的进化逻辑强制进行，"文化者，盖合时地人三要素而成之，偏举其一，皆不足骘括本义而无憾。今之倡言新文化者，不解此理，以谓文化当有尽人可能无地不行之共相，因谋毁弃固有文明以尽而求与零星稗贩于西洋者合辙，此诚不揣其本而弃其末之甚者也"[1]。杜亚泉则从文化的定义入手，说明东西文明"本质"的不同。他将"文明"定义为"合社会之经济状态与道德状态而言之"，据此认为，西洋文明与东洋文明侧重点不一样，东方文明的经济是满足"生活所需之资料"，西洋文明的经济，是满足其"生活所具之欲望"，欲海难填，于是以科学为手段，开发出令人目眩的现代物质文明。道德方面，他认为西洋文明优胜于中国文明者在于"力行"精神，然而也有"重力行而蔑视理性"的偏颇。"十九世纪科学勃兴，物质主义大炽，更由达尔文之生存竞争说，与叔本华之意志论，推而演之，为强权主义、奋斗主义、活动主义、精力主义，大而张之，为帝国主义、军国主义，其尤甚者，则有……战争万能主义。"[2] 于是这种偏颇就需要有一种文化来加以校正，在他看来，这种文化不是别的，正是被西化派视为草芥的东方文化。他说，"吾人之道德，根本于理性，发于本心之明，以求本心之安，由内出而不由外入"[3]。他坚信，"吾人当确信吾社会中固有之道德观念，为最纯粹最中正者……"[4] 他的结论是：中国式的道德理性是拯救西方功利主义弊病的一剂良药。

---

① 孤桐：《原化》，《甲寅周刊》1卷第12号，1925年。
② 伧父：《战后东西文明之调和》，《东方杂志》14卷4号，1917年4月15日。
③ 伧父：《战后东西文明之调和》，《东方杂志》14卷4号，1917年4月15日。
④ 伧父：《战后东西文明之调和》，《东方杂志》14卷4号，1917年4月15日。

思想与态度的错位，是"调和派"对于激进现代派的第三个批评。在谈到新旧调和问题时，蒋梦麟曾撰文指出："'新'是一个态度，求丰富的生活，充分愉快的知识活动的态度，不是一个方法，也不是一个目的。'旧'是对于这新态度的反动，并不是方法，也不是目的。新旧既不是方法，又不是目的，所以不是两个学派。两个学派之中，能容调和派，新旧之间，是用不着调和派。"① 这里，蒋认为"新"或者"旧"既不是一个方法，也不是一个目的，更不是一个学派，而是一种态度，一种对于西学亦即新学的接受态度。对此，《东方杂志》曾专文进行辩驳。杜亚泉认为，思想与态度并非一物，前者属于智的领地，后者属于情的范围，将二者等同的做法，无异于将情、智的作用正好颠倒，"盖今日之揭橥新思想者，大率主张推倒一切旧习惯，而附之以改造思想、改造生活之门面语，其对于新思想之解答，诚不过如是也。然此种解答，则思想二字，实不能成立。态度非思想，思想非态度，谓思想是态度，犹之谓鹿是马耳。……态度为心的表示，且常属于情的表示，思想为心的作用，且专属于智的作用"②。杜亚泉进一步指出，在人类的精神活动中，情的因素与智的因素，各居其位各司其职，顺序与职责不得颠倒，在杜亚泉的逻辑里，世界大战这类惨祸之所以发生，根本原因就是欲望统制理性而不是相反，它是唯意志主义肆虐的必然结果，它暴露的恰恰是西方现代文明与生俱来的病根，因此理性与欲望的顺序万万不可颠倒。

此外，杜亚泉等还批评了激进现代派对于新旧概念的混乱。杜亚泉认为新旧思想是相对的，而不是绝对的，比如戊戌时期，新旧所指非常

---

① 蒋梦麟：《新旧与调和》，《时事新报》1919 年 10 月 10 日。

② 伧父：《何谓新思想》，《东方杂志》16 卷 11 号，1919 年 11 月。

明确,"以主张仿效西洋文明者为新,而以主张固守中国习惯者为旧",然而经过数十年的时势变迁,"现时代之所谓新旧,与戊戌时代之所谓新旧,表面上几有颠倒之观"①。他特别强调,经过第一次世界大战的洗礼,所谓新旧概念正悄悄发生着变化,西方"现代文明在现时已无维持之法","中国固有文明虽非可直接应用于未来世界,然其根本上与西洋现代文明,差异殊多,关于人类生活上之经验与理想,颇有足以证明西洋现代文明之错误",因此"新"、"旧"的情形发生了不小的位移,于是他警告人们,此后"不能不以主张刷新中国固有文明,贡献于世界者为新,而以主张革除中国固有文明,同化于西洋者为旧"②。

三、"调和派"对于中国现代性的构想

概括地讲,"调和派"对于中国文化现代性的构建具有以下几个特征:

第一,对于中国文化主体地位的坚守,从以"它"为主,到以"我"为本。在东西文化的衡量上,"调和派"认为西方文明与东方文明本质上并非程度之别,而是性质之异,"盖吾人意见,以为西洋文明与吾固有之文明,乃性质之异,而非程度之差"③,因此两种文化就无所谓优劣之分,也无所谓先进落后之分了,唯一的问题只是文化适应性问题。在这种认识基础之上,他们坚持当今之世"迷途中之救济……决不希

① 伧父:《新旧思想之折衷》,《东方杂志》16卷9号,1919年9月15日。
② 伧父:《新旧思想之折衷》,《东方杂志》16卷9号,1919年9月15日。
③ 伧父:《静的文明与动的文明》,《东方杂志》13卷10号,1916年10月10日。

望于自外输入之西洋文明，而当希望于己国固有之文明，此为吾人所深信不疑者……救济之道，正统整吾固有之文明，其本有系统者则明了之，其同有错出者则修整之"①。坚持在中国文化本体前提之下，对中国文化进行自我修复工作，具体的方法途径，就是杜亚泉下面所描绘的：

> 一方面尽力输入西洋学说，使其融合于吾固有文明之中，西洋断片的文明，如满地散钱，以吾固有文明为线索，一以贯之。今日西洋之种种主义主张，骤闻之，似有与吾固有文明绝相凿枘者，然会而通之，则其主义主张，往往为吾固有文明之一局部扩大而精详之者也。吾固有文明之特长，即在于统整，且经数千年之久未受若何之摧毁，已示世人以文明统整之可以成功。今后果能融合西洋思想以统整世界之文明，则非特吾人之自身得赖以救济，全世界之救济亦在于是②。

把中国文化比作一条纲线，将西方文明比作断片的文明和满地散钱，这个比喻是否符合实际姑置不论，但它反映了调和论者试图用中国文化整合外来文化的设想和努力。

第二，认识到新旧或异质文化"错综相杂"的存在方式，坚持两种文化同时并存、交互为用的渐进原则。五四前后，新文化派集中火力猛烈抨击"折中主义"，认为"折中二字，是新旧杂糅的代名词，就是把旧材料用新法制组织的代名词，或是旧材料新材料并用的代名词，

---

① 伧父：《迷乱之现代人心》，《东方杂志》15 卷 4 号，1918 年 4 月 15 日。
② 伧父：《迷乱之现代人心》，《东方杂志》15 卷 4 号，1918 年 4 月 15 日。

这是我们中国社会上最流行的思想和主义"①。还认为"旧材料新材料并用的方法，这是乞丐补破袄的办法：这块补了，那块又坏了，总是弄不好的。……须要做一代的新细胞新生命，才是对社会有用；若做那半陈半新的细胞，半死半生的病人，所谓维持现状的办法，是断断靠不住的"②。要之，新文化派断定，新旧也好，中外也好，两种文化是不能并存的。对此，"调和派"不以为然，他们认为，新旧存在的正常状态不是鳞次栉比，而是犬牙交错，这社会生活中是十分常见的，并且在社会进化的过程中，新事物对于旧事物具有濡化功能，促其脱去旧胎转为新质，"虽极凿枘之数种主义，亦可同时并存，且于不知不觉之间，收交互提携之效"③。以法兰西民主政治与专制政体之共存为例，杜亚泉说明了过渡时代两种文化交替为用的情形，进而得出一般结论云："凡两种主义虽极端暌隔，但其中有一部分或宗旨相似，厉害相同者，则无论其大体上若何矛盾，缘此一部分之吸引，使之联袂而进行，国家主义与社会主义之翕合，即属此理。……主义云者，乃人为之规定，非天然之范围，人类因事理之纷纭杂出无可辨识也，乃就理性上所认为宗旨相同、统系相属者，名之为某某主义，实则人事杂糅、道理交错，绝非人为所定之疆域可以强为区分。其中交互关联、彼此印合之处，自复不少。"④需要指出的是，杜亚泉等提出新旧错综的观点，主要出发点倒不是为了充当旧文化的辩护士，而是从一种历史事实出发，为中国文化的渐进改良提供一种思路，他不断强调的"接续主义"就是这种思路的集中体现。

---

① 朱希祖：《非〈折衷派的文学〉》，《新青年》6 卷 4 号，1919 年 4 月 15 日。
② 朱希祖：《非〈折衷派的文学〉》，《新青年》6 卷 4 号，1919 年 4 月 15 日。
③ 伧父：《矛盾之调和》，《东方杂志》15 卷 2 号，1918 年 4 月。
④ 伧父：《矛盾之调和》，《东方杂志》15 卷 2 号，1918 年 4 月。

第三，因袭的文化继承观，互补的文化移植观。前者着眼于时间的延续性，后者着重于空间的互补性。就前者而言，他们总的认识是，文明的进步是层累性增长的，不是断裂性跃进的，文化传承重在"因袭"而不是"创作"。杜亚泉说，"文明之发生，常由于因袭而不由于创作，故战后之新文明，自必就现代文明，取其所长，弃其所短，而以适于人类生活者为归"①。胡先骕也说，"盖人之异于物者，以其有思想之历史，而前人之著作，即后人之遗产也。若尽其遗产，以图赤手创业，不亦难乎。某亦非不知文学须有创造之能力，而非陈陈相因即尽其能事者。然亦非既能创造则昔人之所创造便可唾弃之也。故瓦特创造汽机。后人必就瓦特所创造者。而改良之，故能成今日优美之成绩"②。胡先骕更以中国文学史上，周秦、两汉、骈俪、韩柳等文章源流的前后承继规律，说明新文学的发生必然是对旧文学的"去陈出新"（亦即"脱胎"），"故欲创造新文学，必浸淫于古籍，尽得其精华，而遗其糟粕，乃能应时势之所趋，而创造一时之新文学，如斯始可望其成功"③。因之，他的"文学革命"策略与五四新文学作家的设想完全不一样，"居今日而言创造新文学，必以古文学为根基而发扬光大之，则前途当未可限量"④。

就后者而言，他们对文化的基本看法是，文化是特定地域、民族和时代的产物，它是某一个国家或民族生活样态的综合体现，从本质上讲，文化并没有所谓先进落后之分，也没有所谓优劣好坏之别，有的只是适应性强弱的问题，在他们看来，中国文化尽管在当时有不合时宜的

---

① 伧父：《战后东西文明之调和》，《东方杂志》14 卷 4 号，1917 年 4 月 15 日。
② 胡先骕：《胡先骕文存》（上卷），江西高校出版社 1995 年版，第 5 页。
③ 胡先骕：《胡先骕文存》（上卷），江西高校出版社 1995 年版，第 6 页。
④ 胡先骕：《胡先骕文存》（上卷），江西高校出版社 1995 年版，第 6 页。

成分，有需要改进的地方，但是这种改造必须是以中国文化为本位，以西方文化为补充的。第一次世界大战将西方文化的负面影响暴露无遗，这也为调和论者"东西文化互补论"找到了绝佳的凭藉，他们欢呼："吾国固有之文明，正足以救西洋文明之弊，济西洋文明之穷者。西洋文明，浓郁如酒，吾国文明，淡泊如水；西洋文明腴美如肉，吾国文明，粗粝如蔬，而中酒与肉之毒者，当以水及蔬疗之也"[1]；并且发誓："吾人之天职，在实现吾人之理想生活，即以科学的手段，实现吾人经济的目的；以力行的精神，实现吾人理性的道德。"[2] 很显然，在这种"调和"结构里面，中国文明是钢筋骨干，西洋文明只是水泥沙子。

总体来看，"调和论"在文化态度上既不顽固保守，也不唯新是图，只不过在策划中国文化的现代性方案之时，比较着重地强调了中国国情或文化的特殊性而已，"现时代之新思想，对于固有文明，乃主张科学的刷新，并不主张顽固的保守，对于西洋文明，亦主张相当的吸收，惟不主张完全的仿效而已"[3]，因此，将保守主义这个名头压在他们头上是不符合实际的。他们不愿意将现代欧洲发展起来的现代性文化方案照单全收，也不愿将现代西方社会认为合适的基本制度格局全盘照搬；他们考虑得更多的是一种文化的产生土壤、生长环境的特殊性以及接受主体的适应性，他们关心的更多的是如何在坚持自我文化主体性前提下，更多更好地吸纳外来文化。在近代特定的时代语境中，这种文化行为既是一种文化焦虑，也是一种文化抵抗，更是一种文化建构；其探索的成果可以称为"东亚现代性"，也可以称为"多元现代性"，而探索行为本身

---

① 伧父：《静的文明与动的文明》，《东方杂志》13 卷 10 号，1916 年 10 月 10 日。

② 伧父：《战后东西文明之调和》，《东方杂志》14 卷 4 号，1917 年 4 月 15 日。

③ 伧父：《新旧思想之折衷》，《东方杂志》16 卷 9 号，1919 年 9 月 15 日。

未尝不是文化现代性的有机组成部分。"'多元现代性'这一名词的最重要含义之一，是现代性不等同于西化：现代性的西方模式不是唯一'真正的'现代性，尽管现代性的西方模式享有历史上的优先地位，并且将继续作为其他现代性一个基本参照点。"① 可惜，这股探索力量在过于强大的激进现代化浪潮之中很快湮灭，杜亚泉因为自己一系列反潮流举动而被迫辞去《东方杂志》主编之职，其辞职之后的杂志第一期发表了题为《本志之希望》的改版社评，借批评国粹派"笃时拘墟，欲捧寸土以塞席卷世界之怒潮"，而明确表示要放弃"特别国情之说"②，向时代潮流靠拢，中国文化现代性的另类探索暂时告一段落。

四、双声对话缘何演变为一种话语霸权

　　通过上述初步考察，事实已经很清楚，调和派与激进派在中国现代化的目标方向上，是有着内在一致性的，即都希望实现现代化，希望实现中国文化的复兴，不过实现策略和实施方式有所不同罢了。不少人认识到了这一点，比如美国学者艾恺就认为，他们"主张复苏传统文化的一些方面，同时坚信中国文化不但和西方文化相当，甚至还要优越"③，称其"不但不保守，进取的精神反而很明显……民初时代思想史上的一个最重要事件可以说是：对传统中国文化的全盘批评和攻击，同时提倡更深也更广地引进西方文化。这个立场和新青年杂志的一群知识分子

---

① ［以色列］艾森斯塔特：《反思现代性》，三联书店 2006 年版，第 38 页。
② 坚瓠：《本志之希望》，《东方杂志》17 卷 1 号，1920 年 1 月 10 日。
③ ［美］艾恺：《世界范围内的反现代化思潮》，贵州人民出版社 1991 年版，第 5 页。

之与五四文化是一致的"①。不过，艾恺的论述里有两个问题是令人生疑的，一是他将凡是与全盘西化思路不同的学派，一概称为"排西派"或"反现代化派"，是有失公正的；二是他将强调中国文化主体性的学派笼统称为"传统派"，也是粗疏和不恰当的。实际上，在这一阵营里面是有着不同分层的，辜鸿铭、梁漱溟、林纾等与学衡诸子、晚年梁启超、杜亚泉等，在对中国文化本位的强调程度和对西方文化的接纳方式上是有所区别的。

　　两种现代化方案的良性竞争，两种现代性声音的深度对话，两个学派在互争互渗中不断消除异点、扩大交集，从而达到新的统一，这些本来是很好的现代性现象，"抱新思想的人渐渐把他的思想扩充起了，抱旧思想的人自然不知不觉的受他的影响，受他的感化。旧生活渐渐自然被新生活征服——旧思想渐渐被新思想感化，新陈代谢是进化的道理、自然的趋势，不是机械的调和。我想两个学派是有调和的价值的"②。这两种学派的调和，不仅可以为中国文化复兴提供可资借鉴的思路，而且有利于自由包容、百家争鸣现代学术传统的开启。可惜的是，这种局面并没有维持多久。针对《东方杂志》上《中西文明之评判》、《功利主义与学术》《迷乱之现代人心》等文章的不断追问，激进现代派的霸主陈独秀发表了《质问〈东方杂志〉记者》系列文章。正常学术讨论当然无可厚非，可议的是将正常的学术讨论与"复辟"问题相提并论。细细看来，陈独秀对《东方杂志》提出的一系列"质问"，除了一些逻辑上的吹毛求疵之外，并没有多少令人信服的反驳理由。其中一些上纲上线式的做法倒是十分引人注目，比如动辄将异议者贴上"复辟"的标签、将

① ［美］艾恺：《世界范围内的反现代化思潮》，贵州人民出版社1991年版，第4页。
② 蒋梦麟：《新旧与调和》，《时事新报》1919年10月10日。

不同意见者视为敌人而痛加挞伐，等等。实际上，唯我独尊、不容任何异议的做派，一直是"新青年"的"伟大传统"，陈独秀的如下论调人们耳熟能详："改良文学之声，已起于国中，赞成反对者居其半。鄙意容纳异议，自由讨论，固为学术发达之原则；独至改良中国文学，当以白话为文学正宗之说，其是非甚明，必不容反对者有讨论之余地，必以吾辈所主张者为绝对之是，而不容他人之匡正也。"① 到底什么东西是"是非甚明"的东西，"必以吾辈所主张者为绝对之是"，而"不容反对者有讨论之余地"？恐怕凡其所有主张都是"不容他人之匡正"的真理，他人尤其是反对者是不能有置喙权利的。

我们不妨将时间往后延伸一段，看看陈与周作人的一段笔墨官司。1922 年 3 月 19 日《晨报副刊》发表《非基督教学生同盟宣言》以后，同是新文化运动健将的周作人立即在同样的地方上发表《报应》一文，批评京沪非宗教同盟宣言"声讨的口气的太旧——太威严"，"感到一种迫压与恐怖"，并于 3 月 31 日，由周作人领衔，与钱玄同、沈兼士、沈士远、马裕藻 4 人联合发表《主张信教自由宣言》，宣称："我们不是任何宗教的信徒，我们不拥护任何宗教，也不赞成挑战的反对任何宗教。我们认为人们的信仰，应当有绝对的自由，不受任何人的干涉，除去法律的制裁以外，信教自由，载在约法，知识阶级的人应首先遵守，至少也不应首先破坏，我们因此对于现在非基督教同盟的运动表示反对，特此宣言。"② 尽管陈独秀也致信周作人，声称"无论何种主义学说皆应许人有赞成反对之自由；公等宣言颇尊重信教者自由，但对于反宗教者的自由何以不加以容许？"但又给周等加上了一顶"拿自由、人道主义作

---

① 陈独秀：《陈独秀答胡适》，《新青年》3 卷 3 号，1917 年 5 月 1 日。
② 此宣言载《晨报》1922 年 3 月 31 日。

为礼物向强者献媚"的高帽子①，因此从其大加挞伐的口气中，周作人感到了一股帝王般的"威严"与"迫压"②，产生了一种"对于个人思想自由的压迫的起头了"的感觉③。"中国思想界的压迫要起头了，中国的政府连自己存在的力量还未充足，一时没有余力来做这些事情，将来还是人民自己凭藉了社会势力来取缔思想，倘若幸而这是'杞人之忧'，固然是最好的事，但我却很深切的感到这危机是不可免的了，所以我希望以保护思想自由为目的的非宗教者由此也得到一点更深切的反省"④，经历过中国现代变革的人们，都能领会这段话的超前智慧和沉痛含义。

综合起来看，"欧化派"与"调和派"论争的实质，无非是外国文化怎么"拿来"，本土文化如何参与的问题，无非是如何处理"新文化"与"旧文化"的关系问题。尽管在现代化的方法路径问题上，两个阵营的观点大相径庭，有的甚至针锋相对，但是其共同的目标都是如何引进外来文化的优秀分子、实现中国文化的伟大复兴，因此两派之间并没有所谓"进步"、"保守"或"革命"、"反动"等质的区别。两派的对话，有时候固然犹如群岛上的对话，各说各话，众声喧哗，缺乏话语的某种统一性，但是这毕竟是一种民主参与的方式，是一种也许比观点本身更为重要的现代性传统。遗憾的是，这种对话传统很快被一种话语霸权所终结。对于新文化派观点的是非，我们这里不予全面评价，我们所关心的是其成为"已成势力"后如何压制不同声音，使多声世界变成单声往复所在的可怕情景。《东方杂志》主笔杜亚泉，因为"对抗"《新青年》

---

① 《晨报》1922 年 4 月 11 日。
② 周作人：《报应》，《晨报》1922 年 3 月 29 日。
③ 周作人：《复陈仲甫先生信》，《晨报》1922 年 4 月 11 日。
④ 周作人：《思想压迫的黎明》，《晨报》1922 年 4 月 11 日。

而被迫辞职只是其中一个特例。落败后的杜亚泉曾用这样一段文字描述新文化派的学术霸权:"从前有几个学术机关里的人,提倡'新思想''新文化',就是只有标语,没有内容的……即使有人来考究内容,只须把大家欢迎的或者出锋头的几个名词,统统装在新的方面,还把大家厌恶的或者蹙着眉头的几个名词,装在旧的方面……你不要顾眷着你的话有无理性,你只要在大众面前喊得响,听见的人多,你的话就占了优势,就有暗示的力量,就有催眠的性质。"①以贴标签的方式对待论敌,凡是与自己意见相左的都归为"旧党",就是阻挡历史潮流前进的反动派,就应该借助"群众"的力量予以讨伐摧毁,这是新文化派特定时期的宣传策略,也是其屡试不爽的致胜法宝。可惜当其成为一种"伟大传统"之后,就在被"发扬光大"的过程中不断遭到变异、扭曲,进而演变为不容许有任何质疑的霸王话语。

---

① 杜亚泉:《对于李石岑先生演讲〈旧伦理观与新伦理观〉的疑义和感想》,《一般》2卷2号,1927年2月。

第三章　改版后《东方杂志》与
"文化调和论"

　　1919 年底，在经历与《新青年》笔战风波之后，《东方杂志》迫于舆论压力革去杜亚泉主编职务，刊物随之迎来了它的"新生"。易主之后，刊物在第一期（17 卷 1 号，1920 年 1 月）卷首显要位置发表改版宣言《本志之希望》，表明其新的文化取向和编辑方针。它特别强调，今后将放弃"特别国情之说"，转而"顺应世界之潮流"："今之言特别国情者，非国粹派之笃时拘墟，以捧寸土以塞席卷世界之怒潮，则外人藐视有色种人以为吾东方国民，根性劣下，终竟不能自侪于国际平等之林者也。"客观地讲，《东方杂志》过去的编撰群体，既非"特别国情"的笃守者，也非阻挡"世界怒潮"的闭关者，相反地，他们一直在用一种"公平之眼光，忠实之手段"，向中国读者源源不断地输入域外新潮，可以说是一群睁着眼睛看世界的先知先觉分子。不过在输入西学、改造文化的态度及方法方面，与新青年派有所不同罢了。不过，改版之后情况发生了变化。"新生"之后，杂志的文化态度逐渐向《新青年》靠拢，在一些重要问题（如对西洋文明及新旧文化关系的态度等）上，它或以社论按语，或以稿件选择等方式，直接、间接地表达了这种转变。当然，所谓"转变"并不意味着对过去的全盘否定，它的一些重要传统，如理性、温和、富有建设性的文化姿态以及反对高蹈玄虚而"注重于切实可行之具体问题"的务实文风等，仍然较好地延续下来了。

一、编辑部对东西"调和论"的态度变化

近代以来，中西文化关系总的格局是西方文化处于攻势、中国文化处于守势状态，这种结构关系滋生了层出不穷的"体用之辨"——它的存在正好从反面折射了中国文化的被动状态。对于在这一次文化较量中国文化所失之"体"，一部分知识分子是不以为然，也颇不服气的。在他们看来，战争胜利或物质优胜，并不代表文化的优越，中国文化自有西方文化所不具备的长处。中国文化"本体"观如菌群一般潜伏在了这些人的机体内，似乎专在等待爆发的温度和湿度。第一次世界大战的爆发，给他们带来了发言的机会。

借这场浩劫反思现代性弊端的，当然首先是一些欧洲知识分子。他们从发生在身边的灾难中切实体认到，工业文明的迅猛发展，并没有带来心灵慰藉，也没有带来世界和平，恰恰相反，技术的快速发展，正好助长了人类物欲的无限膨胀；而对物质的无止境追求，也造成了人类之间的严重冲突。对现实的焦虑感和对未来的不确定感笼罩心头，也导致了他们对昔日信心满满的西方文明产生了严重的怀疑。在这种情况之下，部分西方学者开始把探寻的目光投向遥远的东方，期望东方的"精神文明"为他们提供一剂心灵的良药。这对一直盼望文化上"反败为胜"的中国人文主义者来说，无疑是一次难得的机遇。这类知识分子欢

呼，西方文化已入穷途末路，中国文化拯救世界正当其时！《东方杂志》编者当时就持这种态度，杜亚泉宣称，"此次大战，使西洋文明，露显著之破绽"①。他进而认为，此次战争动摇了欧洲文明的"权威"，给人们重新考量现代文化"真价值"的契机。重实利、讲功用、放任"物质主义及恐怖与贪欲者"，最终的结果只能是这种自我毁灭。远游欧洲的辜鸿铭甚至对高傲的欧罗巴人面提耳命："诸君欧人，于精神上之问题，即唯一之重大问题，非学于我等中国人不可，否则诸君之全文化，不日必将瓦解。诸君之文化，不合于用，盖诸君之文化，基于物质主义及恐怖与贪欲者也。至醇至圣之孔夫子，当有只配全世界之时。彼示人以达于高洁、深玄、礼让、幸福之唯一可能之道。故诸君当弃其错误之世界观，而采用中国之世界观。此诸君唯一救济法也。"②梁启超不失时机地悠游欧洲大陆，并记下了这类知识分子的"心影"——"西洋文明已经破产"了，只等着"把中国文明输进来救拔他们！"③照梁氏的逻辑，中西文化此时就不再是什么"体""用"关系，西方文化简直可以直接用中国文化来代替了。梁启超的观点再一次助长了"调和论"，中国知识界不少人如章士钊、杜亚泉等，纷纷撰文表达"同情"之意。

不过，在经过与陈独秀论战、杂志主编易人之后，刊物的文化态度发生明显改变，"优胜论"或"调和论"逐渐消歇了下来。通观杂志1920年后十年的言论编排，这种冷却轨迹十分清晰，下面不少事实可以佐证编者的态度变化：

---

① 伧父：《战后东西文明之调和》，《东方杂志》14卷4号，1917年4月15日。

② 转自平佚：《中西文明之评判》，译自日本《东亚之光》，《东方杂志》15卷6号，1918年6月15日。

③ 梁启超：《欧游心影录》，《时事新报》1920年3月25日。

首先是对陈嘉异文章的处理。1921 年 18 卷 1—2 号刊物连载了陈氏的长文《东方文化与吾人之大任》，文章观点虽然在某些方面做了调整，但基本还是对杜亚泉等过去看法的重复。文章首先指出："东方文化"含义不是专指"所谓国故"，而是指"中国民族之精神"或"中国民族再兴之新生命"，声明"吾人今日所以振兴东方文化之道，不在存古，乃在存中国，抑且进而存人类所以立于天壤之真面目"。文章不满于毛子水在《新潮》上发表的《国故与科学精神》和李大钊在《新青年》发表的《由经济上解释中国近代思想变动的原因》，对于他们所谓"吾国固有文明乃谬误的文明"的观点和"对于东方文明力加抨击"的做法，表示了极大的异议，发誓要对东方文化的"真正价值"进行一番新发现。他眼中的东方文化，"即以中国文化印度文化为其代表"，其实质"无异指吾民族精神所表现之结晶"。他认为东西文化由于起源不同，价值各异，应该以二元甚至多元的眼光视之，"东方文化为独立的创造的，西方文化为传承的因袭的，二者之起源有根本不同之点，实足对峙为世界文化之二元也"①。

关于这两种文化的关系，他认为东西文化各有短长，要想立于不败之地，就要拿异质文化进行补充，"西方文化，实由混合而成，故其一切学术政治之根底，几无不为希腊精神与希伯来（犹太）精神所支配，前者即偏于物的生活，后者即偏于灵的生活……其实欧洲文化，固承自希腊，而希腊文化则本具有此调和之调和精神者也，特欧人不善用之，仅取其注重物的生活一面，而遗其灵肉合一之最高理想，遂有此弊。然则中国文化不亦有与希腊文化相同之点乎？虽然，以余观之，希腊文化

---

①　陈嘉异：《东方文化与吾人之大任》，《东方杂志》18 卷 1 号，1921 年 1 月 10 日。

自身之缺点尚多，故其后希伯来文化因得以乘隙代起，中国文化则有希腊文化之长而无其短。"① 因此，只有经由中国文化的"调和"，西方文化才能获得新生命，"东方文化有调和精神生活与物质生活之优越性，而尤以精神生活为其馆键，最能熔冶为一者也"，他认为在这方面中庸之道可以起到新的作用，因为孔子之"根本原理"即"执两用中"之法，"于吾人生活之内（精神的）外（物质的）两根底，直抉其奥而通其纽"②。

在连载陈文的次期，即 18 卷 2 号上，也许为了避免误会，也许是为了撇清干系，编者特意发表了卷首评论，对陈氏观点进行一番"辨正"。在对陈氏坚守固有文化、"振起中国民族再兴之新生命"的立意表示赞佩之余，编辑同时也对陈氏的东西文化"二元说"表示了疑问，认为其"词气之间，有类于助国粹派张目者"。文章指出，陈氏以为思想变动是出于人为之力，其实并不如此，任何思想的变动都跟环境相关，"思想界之变动，实以环境之变动为其诱因，环境既变，旧时之传统主义，不复足应社会之需要，于是聪明才智之士，遂以攻击旧思想提倡新思想为事，此时群言众说，正在错杂试验之中。诚不能尽与社会之需要适合，且其所攻击之旧思想，亦未必无可以保存持续之部分，然文化之根底亦已动摇，则其变而趋新，实有其自然之机势，非一二人之力所能推进，亦非一二人之力所能挽回也。"③ 这就从根本上动摇了传统文化的生存基础，也否定了调和论的立论根基。文章进一步指出，中国文化固然是由各种异质文化混杂、调和而来，但是进入现代以来，中外文化的

---

① 陈嘉异：《东方文化与吾人之大任》，《东方杂志》18 卷 1 号，1921 年 1 月 10 日。

② 陈嘉异：《东方文化与吾人之大任》，《东方杂志》18 卷 1 号，1921 年 1 月 10 日。

③ 坚瓠：《文化发展之路径》，《东方杂志》18 卷 2 号，1921 年 1 月 10 日。

性质都发生了改变。往古之时，中国文化之所以历经外来文化浸湿而屹然不倒，"仅缘昔时所遇外族，其文明程度，均不足与吾族相抗敌故，外族之文明既不足与吾抗"①；如今情况则发生了根本的变化，传统文化遇到了真正的对手，再也不会出现过去那种——"旧文化之缺点无自而见，而新文化之要求亦无由起"——的情况了，一句话，中国文化必须改弦更张才有继续生存下去的理由，因此，再用那种老黄历处理中外文化关系，已经显得十分不合时宜了。可以看出，尽管杂志仍然辟出版面为各种文化论者提供演绎平台，但从"官方"态度来看它基本放弃了对"调和论"的赞同态度。

如果说这种批评还停留在寓倾向于讨论间接表态阶段的话，那么19卷第10期发表的卷首专论《误用的并存和折中》，就是旗帜鲜明的直接批评了。文章以嘲讽的口吻，历数中国折中主义的"光荣"历史："从小读过中庸的中国人，有一种传统的思想和习惯，凡遇正反对的东西，都把他并存起来。或折中起来，意味的有无是不管的。……这种折中的办法，是中国人的长技，凡是外来的东西，一到中国人底手里，就都要受一番折中的处分。折中了外来的佛教思想和中国固有的思想，出了许多的'禅儒'，几次被他族征服了，却几次能用折中的方法，把他族和自己的种族弄成一样：这都是历史上中国人的奇迹。"② 文章指出，海禁洞开以来，中国人仍用这些祖传秘丹处理西务，结果留下了一些非中非西的物什，致使"中西药房"、"中西旅馆"之类的畸形怪物遍地开花。文章进一步深挖，近代中国叫嚷变法数十年，之所以"难有彻底的改革、长足的进步"，根源就在于"这并存和折中主义跋扈"，"革命以

① 坚瓠：《文化发展之路径》，《东方杂志》18卷2号，1921年1月10日。
② 丏尊：《误用的并存和折中》，《东方杂志》19卷10号，1922年5月25日。

前与革命以后，除一部分的男子剪去辫发，把一面黄旗换了一面五色旗以外，有什么大分别？迁就复迁就，调停复调停，新的不成，旧的不去，即使再经过多少的年月，恐怕也不能显著地改易这老大国家底面目罢！"[1] 因此文章号召是时候了，放弃"调和"古训而服"极端"的猛药，"我们不能不诅咒古来'不为已甚'的教训了！我们要劝国民吃一服'极端'的毒药，来振起这祖先传来的宿疾？"[2]

次年，杂志继续用卷首评论的规格表明这种态度。在 20 卷 4 号上，它发表了坚瓠所写的、代表编辑部意见的《"欧化"的中国》，痛揭"中国人吸收西洋文明的真相"。在论者眼里，中国人所实行的"欧化"，要么是换汤不换药的旧玩意，要么是挂羊头卖狗肉的新把戏，不仅把外来的东西搞坏了，而且把原来的东西也折腾得不伦不类：

> 在石子路上铺上些泥沙，就算是马路，在旧式的房屋外面砌了些红砖，就算是洋楼，这是中国人心目中之西洋建筑。把长短句的词曲提了行，当作新诗，把《感应篇》一类的善书翻成了白话，当作民众文学，这是中国人心目中之西洋文学。打着锣鼓的新戏，时装美女的月份牌，这是中国人心目中之西洋艺术。……美国的总统制，可以拥护袁世凯的大权政治，法国的内阁制，可以解释段祺瑞的解散国会，这是中国人心目中之西洋法制和西洋政治。在这种假欧化的社会里，最时髦的，自然是"八面锋"式的调和论者。他们的主张是轻而易举，不必经过打破现状的危险的。他们以为改造的事业，一面要顺应世

---

① 丐尊：《误用的并存和折中》，《东方杂志》19 卷 10 号，1922 年 5 月 25 日。
② 丐尊：《误用的并存和折中》，《东方杂志》19 卷 10 号，1922 年 5 月 25 日。

界潮流，一面要适应本国国情 ①。

一句话，折中也好，调和也罢，用这种方法解决中西文化关系问题，是一条走不通的死胡同。

二、"对于西洋近代文明的态度"的再次讨论

进一步表明杂志态度转变的事件，是发表胡适《我们对于西洋近代文明的态度》（23 卷 17 号，1926 年 9 月 10 日）及针对这篇文章进行的专题讨论。胡适的文章可以说是对精神文明论或调和论的总清算。他嘲讽道，那些所谓东、西洋文明为"精神的"、"唯物的"文明诸观点，是"最没有根据而又最有毒害"的论调，这种论调投合了"东方民族的夸大狂"，助长了旧势力的"病态心理"。胡适指出，任何文明必由两种因子构成，一是物质的，一是精神的，"文明都是人的心思智力运用自然界的质与力的作品"，没有一种文明是纯精神的，也没有一种文明是纯物质的，举例说来，一辆单轮小车和一辆电力机车，"都是人的智慧利用自然界的质力制造出来的文明"，包含着物质的因素，也包含着精神的因素，所以"两种文明"论者的立论基础十分脆弱。

胡适相信，精神文明必须建立在物质文明基础之上，提高人类物质上的享受、便利和安逸，这是人类从基本生存需要之中解放出来的必然要求，这种要求在中国古代也是一样的，中国有"衣食足而后知荣辱，

---

① 坚瓠：《"欧化"的中国》，《东方杂志》20 卷 4 号，1923 年 2 月 25 日。

仓廪实而后知礼节"的古训,有"利用厚生"之传统,所以建设追求幸福、消灭贫病的现代文明本身没有什么过错。他进一步指出,西方文明不仅不轻视精神需求,而且比较而言,它是一种更追求精神享受的文明,古有深厚的宗教传统,近有辉煌的现代文明,如其追求真理的科学精神,创作艺术的想象力,都是东方文明所无法比肩的。东方古圣人动辄要人"无知"、"弃智",要人"不知不识,顺帝之则",这才是真正"永远走不进真理大门"的懒惰文明。而近代西方创造的"新宗教"才是真正的精神文明,"十八世纪的新宗教信条是自由、平等、博爱。十九世纪中叶以后的新宗教信条是社会主义,这是西洋近代的精神文明,这是东方民族不曾有过的精神文明"。

他同时指出东方文明的最大特色是知足,西方文明的最大特色是不知足,知足与不知足的最大区别是前者"自安于简陋的生活,不求物质享受的提高",只求安分守己、乐天安命,故不注意真理的发现与器械的发明,不思制度改变,不求环境与命运的改变。而西方文明则不然,由于"不知足",便产生对知识的发见和科学的发明,"物质上的不知足产生了今日钢铁世界、汽车世界、电力世界。理智上的不知足,产生了今日的民权世界、自由政体、男女平权的社会、劳工神圣的喊声、社会主义运动,神圣的不知足是一切革新一切进化的动力。"如此利用人的聪明才智寻求真理、解放心灵的文明,如此利用人的理智智慧改造物质环境、改造社会制度以满足大多数人幸福需要的文明,难道不是精神文明吗?所以他说,西方文明才是"真正的精神文明,是真正理想主义的文明,决不是唯物的文明"。

胡适文章发表后,《东方杂志》在 23 卷 24 号上辟出专栏,专门进行讨论。栏目发表了张崧年和张东荪的两篇文章,他们对于胡适的观点，一则表示商榷，一则表示赞同。前者对胡适观点并没有提出实质性的反驳意见，只是在文化与文明的概念区分上做了一番挑剔，不过其最后提出的八点见解，倒是把东西文化的讨论引向了深入，如"中国旧有的文明（或文化），诚然许多是应该反对的。西洋近代的文明，也不见得就全不该反对，就已达到了文明的极境，就完全能满足人人的欲望，但反对有两个意思，一为反动的，一为革命的。我以为囫囵地维护或颂扬西洋近代文明，与反动地反对西洋近代文明，其值实在差不多。我以为现代人对于西洋近代文明，宜取一种革命的相对的反对态度"，"研究文明或文化，最要注意其活的方面"、"现代人的一个重大责任，就在切实地从多方面，再造一个能有文化（容得下文化）的时代"，等等 ①。张东荪则呼应胡适的观点，认为西洋文明不仅是主智的文明，而且是混合的文明，"西洋近代文明，是希腊文明的复活；希腊文明是主知主义，以为凡人生缺憾都可以由知识来补助。所以才有利用厚生的一切设施。但我们须知西洋近代文明不纯是希腊文明，还有希伯来的宗教文明为主要的成分"。至于西洋文明在中国的前途，他表示积极乐观："我们对于西洋文明到中国的前途非但不必杞忧，且亦正可预料其必然大兴。这是自然的趋势，是大势所趋，不是任何一个人鼓吹的力量"②。

尤其值得注意的是，刊物在编发胡适文章的同时，又加了一个编后记，说胡适的文章本来是为日本《改造月刊》而作、并发表于北京《现代评论》上的，《东方杂志》之所以移录于此并做专题讨论，是为了澄清事实，"以广流传"。言辞语气之间，流露出编者对胡适观点的认同。胡适的文章之后，《东方杂志》再没有出现讨论中西文化问题的专论，

---

① 张东荪：《西洋文明与中国》，《东方杂志》23 卷 24 号，1926 年 12 月 25 日。
② 张崧年：《文明或文化》，《东方杂志》23 卷 24 号，1926 年 12 月 25 日。

因此胡适的观点可说是杂志在这个问题上的一次理论小结。

此后，虽不乏讨论西洋文明的零星文字，但基本是对"西洋文化破产论"的批判，如27卷8号发表的《西学来华时国人之武断态度》，对明末清初以来，"一帮保守的学者"、"毫无根据地降低西学的地位"的做派，就极尽挖苦嘲讽之能事；对于用"特制的乾坤袋"收纳西学的"体用"说及"古已有之"的关门主义进行了集中清算。文章呼吁中国人快从过去的迷梦中清醒，放弃对于西学的"武断态度"，回到活生生的现实世界中来，"过去是令人留恋的，然止于留恋，有何进展的希望？落拓的王孙哟：你们正不必夸羡过日的豪富，最正当的途径，还是向现实去努力吧！"① 这是《东方杂志》再次呼应胡适观点，"一心一意"现代化的标志性宣言。1932年，《东方杂志》的态度进一步明朗化，它明确地宣告"一切折衷主义妥协主义都无存在的余地。挖东墙补西壁的办法，只有增加现世界的矛盾性与复杂性。改良主义的失败是必然的了"② 。至此，文化调和主义——这个在中国某类人文群落里具有强大历史惯性的思潮，至少暂时失去了市场。

三、对于新旧"调和论"的态度变化

文化上的新旧关系是与中外关系相伴而生的老问题。在近代很多人眼里，西方的就是新的，中国的就是旧的，东西方关系就意味着新旧关系，空间问题就此转化为时间问题。在不少场合，东西和新旧两个问

① 陈登元：《西学来华时国人之武断态度》，《东方杂志》27卷8号，1930年4月25日。

② 愈之：《现代的危机》，《东方杂志》29卷1号，1932年1月1日。

题，往往夹缠在一起难以分开。在 17 卷 1 号即改版后的第一期，《东方杂志》仍旧顺着历史惯性，继续就新旧话题展开讨论。在此次讨论中，为了做到客观公正，杂志将两派文章进行了对等编排。具体地讲，就是设置了《读者论坛》这个中性平台，让不同的观点之间进行相互"辨正"。尽管如此，栏目中再也见不到那种为"旧文化"站台的文章了。更有意味的是，即使是那些多少留有"调和"余味的文章，也在试图超越"新旧"，站在反思的高度看待过去的纷争。有一篇署名"管豹"的文章——《新旧之冲突与调和》就很能说明问题。首先，论者跳出圈外，以第三方立场审视各派是非，一出来就对"新派"、"旧派"各打三十大板。论者认为新旧双方讨论的基础就非常脆弱，因为在"新""旧"的界定问题上，双方含混其辞，把抽象的名词当作具体的问题讨论。他认为，新旧有两种意义，一种是时间上的关系，"过去对现在者为旧，未来者对现在者为新"；一种是空间上的关系，"甲地域之事物思想，移入乙地域，为乙地域所未见者，则于乙地域为新，其由乙地域移入甲地域亦然。"他认为要讨论新旧，必须首先辨清所辨新旧属于哪种情况。在他看来，中国过去新旧之争是欧化与国粹之间的论争，乃是空间的关系而不是时间的关系，因此新旧之争本身就是一个错位的论争。

文章进一步强调，新旧论争的焦点是文化能否满足社会需要，"新派以改宗西洋最新之学术文化，为求满足之手段；旧派则以发挥光大吾国固有之学术文化，为求满足之手段"，满足的对象不一样，冲突于是就产生了。加上新派向左，"视吾国古来之学术文字，莫非老废死灭，欲一一摧毁之以为快"；旧派向右，"更视由外输入之学术文化，莫非洪水猛兽，惟不能抵拒之是惧。各执成见，互相诋毁"，冲突因而更加激烈。在两派各是其是、各非其非的关头，"于是有执中者出"，要将新旧两派各退一步而做"调和"处理，"以为新者固应容纳，旧者亦宜保存。旧者固不必全非，新者亦未尝尽是，是当取新之所长，补旧之所短，萃旧之所优良，救新之所偏缺"。文章认为，这种"调和论""自身初无适当之权衡，而惟徘徊追逐于新旧之间"，其用"舍本逐末之手段"，是难以达到"排难解纷之目的"，因此这种"调和论"是一种消极的"盲目之调和也"①。

那么什么是积极的"调和"呢？在文章看来，必须从改变对文化的认识入手，文化只应有适不适应之分，不应有古今中外之别，因此，

> 吾人要求之要求学术文化，惟在适应于吾人之实际生活，犹之吾人之要求食物，惟在适应于吾人在实际营养，无论国粹欧化，其中皆有适应于吾人生活之滋养料，亦皆有不适应于吾人生活之骨壳渣滓。吾人不能预存一是非优劣之见，而贸然吐弃或囫囵吞咽，必寻求真理之所在，而加之以消化之作用。一方当抱持续历史与顺应环境之态度，一方尤须有刷新历史与改造环境之精神，不宜有义气之冲突，亦不必为无谓之调和，所最要者，惟此消化之作用，必待消化以后，而学术文化，始足适应于吾人之实际生活，始得成为吾人之所有②。

看得出来，该文强调的是，应从主体需要的角度出发，主动摄取，八面出击，不论国粹、欧化，只要能满足现代生活需要的，都是有益的因素、都应该积极地吸收。这种观点不再纠缠于古今中外的主从纷争，对

---

① 管豹：《新旧之冲突与调和》，《东方杂志》17卷1号，1920年1月10日。

② 管豹：《新旧之冲突与调和》，《东方杂志》17卷1号，1920年1月10日。

于过去拘谨的"调和"论而言，显然是一个不小的跨越。

"调和"之路既然不通，那么如何看待西方文化？如何对待传统文化？如何整合两大资源，建设新文化呢？《东方杂志》一再就这些问题展开讨论。1922年，刊物再发张君劢的长文《欧洲文化之危机及中国新文化》，继续探讨这几个关系，"欧洲文化既陷于危机，则中国今后新文化之方针应该如何呢？墨守旧文化呢？还是将欧洲文化之经过之老文章抄一遍再说呢？此问题吾心中常常想及"[①]。在这篇文章中，他对梁漱溟所谓"西洋文化必走中国的路子"表示了严重的质疑。在他看来，梁氏的文化蓝图里面有两大虚妄的设想，一是"以为艺术复兴，礼乐复兴，以收拾人心，安定人心，而宗教必定衰微，亦与中国旧样子相合"，二是"以为孔子说人生；倭伊铿亦说人生，字面既已相同，意义亦当相同"。岂知西方的宗教并不是中国的礼乐，倭伊铿的人生也有别于孔子的人生，"孔子的人生，是伦理的人生；倭伊铿的人生，是宗教的人生；孔子的人生是就人生而言之人生；倭伊铿之人生，是宇宙的人生"[②]，二者并不可以相提并论。这实际上是对世界文化"中国道路说"的当头棒喝。

另外值得一提的是，《东方杂志》27卷17号上刊发的法国A.Siegfried的文章《欧洲文化与美洲文化》。刊物同时发表了谢康的一篇长长的译后记，后记一方面批评现代性的负面效应，即物质文明导致的物排挤人以及人的异化倾向，"人类前途不至为极端机械化的物质文明而灭绝了个性自由，于以创造出新文化和新生命"；另一方面也不忘告诫同胞，

---

① 张君劢：《欧洲文化之危机及中国新文化》，《东方杂志》19卷3号，1922年2月10日。

② 张君劢：《欧洲文化之危机及中国新文化》，《东方杂志》19卷3号，1922年2月10日。

中国还处于中世纪的小农经济时代，还不具备高谈现代弊端的资格，一个物质处于赤贫状态的前现代社会，却成日耽于担心"物质文明的流弊"，未免有"未见卵而求时夜"的嫌疑。更值得警惕的是，它可能会为"国粹家"们拒斥现代文明，提供冠冕堂皇的口实，"然而我们一面回顾我们的贫困的祖国，大多数地方的物质生活，还完全停滞于中世纪的小农村、小手工业、小商人社会的状态里面，一切精神建设、物质建设、社会建设以及国家建设，正在着手计划，还没有较多的力量去举而见诸施行；于此时此地而高谈阔论极端的物质文明的机械性的影响于个性自由和流弊，似乎未见卵而求时夜，预为我们后几代的子孙耽忧。而且这种近乎诅咒机械文明的论调，很容易为高谈'东方化'和'国粹'的先生们张目，不幸引起他们这样说：'欧美人士将自毁灭其物质文明，而跟从我们礼仪之邦过精神生活'"[1]，因此专门将译者"介绍的微旨"附上以为读者警醒。

再看看对于所谓"旧文化"的认识变化。1927 年，在 24 卷 24 号上发表常乃惪的《中国民族与中国新文化之创造》，对于"旧文化"问题做了一个总结性的发言。基本主张是"中国的固有文化是万不能保持或者恢复了"，所以今后谈问题没有必要攻击旧文化了，当然也没有必要反对西洋文化，重要的问题是如何在这两大资源基础之上"创造新文化"。他认为文化发展只是一个粗概的线条，新旧也只是一种相对的说法。如果按照这种标准，"中国的三皇五帝之旧文化，到三国六朝已破坏将尽了，现在的所谓固有的旧文化，其实就是一千五百年前从印度输入的新文化，不过多少夹杂一些旧分子罢了。"如果想恢复前一种旧文

---

① 谢康：《欧洲文化与美洲文化》译附记，《东方杂志》27 卷 17 号，1930 年 9 月 10 日。

化，"则三皇五帝之道久已亡了，欲求恢复其道无从"；如果想恢复后一种旧文化，"则须知此种文化在事实上也已渐亡殆半了"，因为"自鸦片战争以后，八十年来的中国历史，就是这种旧文化逐渐渐灭的历史"[①]，因此中国人首先要面临的现实是，这八十年间中国人在物质精神方面发生的剧烈变化。

那么应该如何对待"旧文化"并在此基础之上建设新文化呢？常乃惪的意见是，打破时间、空间界限，以今人需要为依据，在古代和西洋文化基础之上创作我们的新文化，"一切文化是含有地域性和时代性的，今日中国之新文化，在地域上是'中国'，在时间上是'今日'，因为是在中国，所以决非西洋，决不能完全承受西洋文化，因为是在今日，所以决非旧时代，决不能完全承受旧中国的文化。在今日的中国，我们的问题不是怎样采取，而是怎样创造，我们依据时代和地域的背景而创造中国的新文化，这是我们今日中国民族唯一的责任"[②]。他的这种观点，跟五年前张君劢的观点可以说一脉相承。张氏认为，要创造中国新文化，各种文化因素必经四个阶段的磨合才得养成。先是以我为主，"由我自决"，确定自我主体，在此基础上清扫旧根基、汲取新营养，然后再整合两种资源，创造新文化：

一，故吾国今后新文化之方针，当由我自决，由我民族精神上自行提出要求。若谓西洋人如何，我便如何，此乃傀儡偪登

---

① 常乃惪：《中国民族与中国新文化之创造》，《东方杂志》24卷24号，1927年12月25日。

② 常乃惪：《中国民族与中国新文化之创造》，《东方杂志》24卷24号，1927年12月25日。

场，此为沐猴而冠，既无所谓文，更无所谓化。自此点观之，西洋人对于其文化之失望，吾人大可不必管他，但自问吾良心上究竟要何种文化。二，据我看来，中国旧文化腐败已极，应有外来的血清剂来注射一番。故西方人生观中如个人独立之精神，如政治上之民主主义，加科学上之实验方法，应尽量输入。如不输入，则中国文化必无活力。三，现时人对于吾国旧学说，如对孔教之类，好以批评的精神对待之，然对于西方文化鲜有以批评的眼光对待之者。吾以为尽量输入，与批评其得失，应同时并行。中国人生观好处应拿出来，坏处应排斥他，对于西方文化亦然。四，文化有总根源，有条理，此后不可笼笼统统说西洋文化，东洋文化，应将西洋文化在物质上精神上应采取者，一一列举出来；中国文化上应保存者，亦一一列举出来。然东西文化之本末各不同，如西洋人好言彻底，中国人好言兼容，或中庸；西洋好界限分明，中国好言包容，此两种精神，以后必有一场大激战。胜负分明之日，即中国文化根本精神决定之日 ①。

在张君劢看来，只有经历过这四个阶段之后，"乃有所谓新中国文化，乃再说中国新文化与世界之关系如何，究竟中国文化胜耶，抑西洋文化胜耶，抑二者相合之新文化胜耶，此皆不可以今日臆测者也"②。至于哪

---

① 张君劢：《欧洲文化之危机及中国新文化》，《东方杂志》19 卷 3 号，1922 年 2 月 10 日。
② 张君劢：《欧洲文化之危机及中国新文化》，《东方杂志》19 卷 3 号，1922 年 2 月 10 日。

一种文化将会胜出，他持开放和不确定的态度，认为那是需要实践检验，而不是凭人主观臆断的。

　　总之，在对待新旧、中外文化关系问题上，《东方杂志》改版前后的态度发生了微妙的变化，一是不再刻意强调"调和"，而是突出以我为主，以时需为限，以拿来主义的积极态度，主动去化古、化欧，创造新文化。二是既反对文化的东方、西方之分，"对于一般拿东方西方来分判文化的界线是不赞同的"①；又反对以旧文化为主的借鉴说，"所谓以旧文化为主而部分的吸收西洋新文化之说，与前说不过阶级的差别，大体上精神仍是一致"②，而是站在现代的角度，对中外资源进行甄别采用。三是抛弃过去笼统讨论旧文化的做法，而对旧文化采取了更为具体的分析策略，"我们欲判断此说之正确否，先须判断我们所欲留为主体的中国旧文化究竟是什么？在这里可以有许多不同的意见。有人主张中庸调和是中国的旧文化，有人主张礼教道德是中国的旧文化，又有人主张制度各物是中国的旧文化。这根原就在对于文化内涵的界说未曾弄得一致。有以极端抽象的概念作为文化的内容，又有以极端具体的实物作为文化的内容的"③。四是更为强烈地体认到了文化竞争的紧迫性，认识到了文化融合和文化改造的必要性，"为甚么要改造的理由。我看，中国今日的衰微，是比较西洋才觉得的。假使没有西洋的文明和我们竞争，我以为再过几千年，中国的历史总会循环的演进，没有甚么大变

---

　　① 常乃悳：《中国民族与中国新文化之创造》，《东方杂志》24 卷 24 号，1927 年 12 月 25 日。

　　② 常乃悳：《中国民族与中国新文化之创造》，《东方杂志》24 卷 24 号，1927 年 12 月 25 日。

　　③ 常乃悳：《中国民族与中国新文化之创造》，《东方杂志》24 卷 24 号，1927 年 12 月 25 日。

动"①。这些微妙变化，明显地显现在改版前后所载文章的字里行间。

不过需要指出的一点是，《东方杂志》一方面逐步放弃"调和论"，"一心一意地现代化"，一方面却又不断推出几位"西哲"的文章，发出对中国文化的礼赞，言辞之间又存有不少"于心不甘"。20世纪20年代，杂志借助于杜威、泰戈尔、罗素的来华，对中国文化问题的各种焦点问题，如西方文化的弊端、传统文化存在的合理性、中西文化关系等继续发言，从某种意义上讲是在"借他人之酒杯，浇自己的块垒"，是用曲折的方式在回顾甚至肯定自己过去的"调和"策略。我们可以罗素的中西文化论为例略做说明。在1929年即26卷15号上，杂志又发表了罗素的一篇文章，其观念、声口与杂志昔日的"东方"语气在在吻合。罗素认为，东西方文化是两种性质不甚一样的文化，中西文化的"根本异点"在于"中国人之目的在享受，而吾西方人之目的在权力"②。他进而指出，这两种文化并无高下之分，而是互有短长，需要以彼之长补己之短，"吾人文化之显著优点是为科学方法，中国文化之显著之优点是为一合理之生活观念"③。但他希望互相吸收之后仍然保持自己的特色，而不是把对方改造成跟自己一模一样的东西，"受过欧美教育的中国人，都以为要有一种新的质素，补足传统文化的生气，他们就想用了我们的文明去补足他。但是他们并不想建造和我们一个模样的文明"④，为此，他还特别告诫中国人，"深望华人能采取吾人之长而亦保存其固有之长也"；切不可像日本一样，"采取吾人之劣点而又保守其自有之劣点"⑤。

① 杨端六：《中国改造的方法》，《东方杂志》18卷12号，1921年6月25日。
② B. Russell：《罗素东西幸福观念论》，《东方杂志》26卷15号，1929年8月10日。
③ ［英］罗素：《中西文化之比较》，《东方杂志》21卷4号，1924年2月25日。
④ ［英］罗素：《中国国民性的几个特点》，《东方杂志》19卷1号，1922年1月10日。
⑤ ［英］罗素：《中西文化之比较》，《东方杂志》21卷4号，1924年2月25日。

罗素的观点自有道理，杂志发表作者文章也并不代表认同其看法，但就对三大西哲的一贯态度来看，《东方杂志》编辑同人视其为知音同道当是无疑。一方面检讨过去的认识，明言放弃"调和论"，另一方面又借西哲之口，迂回地唱和这种观点，这种吊诡的事实本身，至少说明了两个问题，一是这种观念历史内容本身具有丰富的内含，二是强大的历史惯性对部分知识分子的心灵仍然具有很大的宰制作用。

第四章 《东方杂志》对"文化杜威"的译介

1919 年 4 月 27 日，美国哲学家约翰·杜威携家人由日本转道上海，开始了其在中国的讲学之旅。据有关史料记述，杜威本来是在日本讲学，计划中并没有访问中国的安排，胡适和两位中国大学校长的力邀，才促成了此次的中国之行。在日本，杜威接到了其中国信徒胡适个人的邀请信，并受到了正在日本访问的北京大学蒋梦麟和南京高师郭秉文两位校长的登门拜访；稍后，北京大学、新学会、尚志学会、中国公学等联名向杜威发出正式邀请，杜威这才接受邀请，开始踏上中国的土地。

杜威在华期间，主要在北京大学、教育部等地做了五场演讲，第一场的题目是《社会哲学与政治哲学》，胡适口译，勿忘笔录，地点在北京大学法科大礼堂，时间从 1919 年 9 月 20 日起，连续讲演 16 次；第二场《教育哲学》，胡适口译，伏庐笔录，地点在北京西单手帕胡同教育部会场，时间从 1919 年 9 月 21 日起，连续 16 次；第三场是《思想之派别》，胡适翻译，绍虞笔录，地点不变，时间从 1919 年 11 月 14 日起，连讲 8 次；第四场《现代的三个哲学家》，胡适翻译，伏庐笔录，地点同上，时间从 1920 年 3 月 5 日起，共讲 6 次；最后一场《伦理讲演纪略》，演讲地点及口译者未详，C.C. 笔录，连讲 12 次①。这些演讲的文字，当时的报刊如《北京大学日刊》、《晨报》、《民国日报》等，都做了及时的刊登报道。

　　作为一家综合性期刊，《东方杂志》也动用多种形式进行了全方位介绍。除了转载其部分演讲内容外，还对杜氏论著进行了精编择译，对中国读者了解这位世界哲学家起到了桥梁作用。斯时，《新青年》也对杜威及其学说进行了推介，主要体现在两件事上，一是胡适在《新青年》第六卷第四号（1919 年 4 月）发表《实验主义》一文，对实验主义进行介绍阐释；二是在第七卷第一至四期（1919 年 12 月至 1920 年 3 月）连载由高一涵、孙伏园分别笔录的《杜威讲演》文稿。胡适的文章跟《东方杂志》的宣传有一点区别，他没有将杜威的教育思想、伦理思想、哲学思想等做全面系统介绍，而只选择了杜威与自己（或中国）思想交集所在，对实用主义哲学的核心问题进行了选择性发挥。胡适在美时师从杜威，杜氏的实用哲学对胡适的影响十分巨大。据胡适自述，"杜威对我其后一生的文化生命既然有决定性的影响"②，并且胡适实验主义成了他"生活和思想的一个向导，成了我自己的哲学基础"③。《东方杂志》对杜威的"实用主义"当然也有译介，但涉及的方面似乎更为广泛一些。

---

　　① 参见 [美] 杜威：《杜威五大讲演》，胡适译，安徽教育出版社 2005 年版。

　　② 胡适：《胡适口述自传》，唐德刚整理、翻译，安徽教育出版社 2005 年版，第 99 页。

　　③ 胡适：《藏晖室札记》，上海亚东图书馆 1939 年版，第 15 页。

一、"习"与"行"：颜李与杜威相遇

远在杜威来华的十五年前，西方实用主义哲学还不为世人所知之时，《东方杂志》即介绍了"东方的杜威"——颜李学派的思想精髓，号召国人放弃"守章句"、"纂语录"的陈腐理学，用"实学"精神救衰起弊，从而实现中华民族的振兴。颜李学派是由清初北方学者颜元与李塨创立的儒学分支，它广摄儒家传统思想精华，将胡瑗"实学"、陈亮"事功学"、荆公"新学"以及张载的政治理想熔为一炉，标举"实学"精神，主张"实文、实行、实体、实用"，在四处寻求思想支援的晚清，这种学说成了从内部突破传统藩篱的重要思想资源。1904 年《东方杂志》第一卷第四期刊发署名"蕹照"的时论《论中国有救弊起衰之学派》，推崇颜李学派"不重著书而重实行"的实践精神。其时，杂志的不少言论甚至认为，近代日本之所以能够振兴实业，强国强军，多少得益于中国的颜李之助。

杜威来中国讲演之后，其展示的"唯用"、"重实"思想，让不少中国学者认识到，原来这种思想，在中国"古已有之"，不足为奇。梁启超的认识就很为典型：

> 自杜威到中国讲演后，唯用主义或实验主义在我们教育界成为一种时髦学说，不能不说是很好的现象。但我们国里头三百年前颜习斋先生和他的门生李恕谷先生。先生曾创一个学派——我们通称为"颜李学派"者，和杜威们所提倡的有许多相同之点。而且有些地方像是比杜威们更加彻底。所以我想把

这派学说从新介绍一番①。

好在梁氏并没有以此作为抵制外来学说的借口，而是相反，他从比较的角度将两种学说的共同之处找出来，指出"习"和"行"正是中外两种思想的最大交集。只有靠了它，才能改变目前"虚文的"文化现状。"颜先生为什么号做习斋？一个字'习'字，便是他的学术全部精神所在"②。他还解释说，"习"字含有两种意思："第一，他不认先天禀赋能支配人。以为一个人性格之好坏，都是由受生以后种种习惯所构成。所以专提倡论语里'习相远'尚书里'习与性成'这两句话，令人知道习之可怕。第二，他不认为习之外能有别的方法得着学问。所以专提倡论语里'学而时习之'一句话，令人知道习之可贵。我们把他当话勉强分析，可以说是有两种'习'法；一，为修养品格起见唯一的工夫是改良习惯；二，为增益才智起见唯一的工夫是练习实务。"③ 他总结道，要想获得知识，"除了实习外更无别法"④。在梁启超看来，重实行、重经验的"习"，也就是"实践主义"，正是颜李学派思想的精髓。

有意思的是，《东方杂志》对杜威理论的解读也归结到"实践主义"头上，第十六卷第六号有一篇署名"周由廑"的文章《约翰杜威博士教育事业记》，对杜威学说曾做如此概括："博士之实用主义，亦可称之为

---

① 梁启超：《颜李学派与现代教育思潮》，《东方杂志》21 卷纪念号（下），1924 年 1 月 25 日。

② 梁启超：《颜李学派与现代教育思潮》，《东方杂志》21 卷纪念号（下），1924 年 1 月 25 日。

③ 梁启超：《颜李学派与现代教育思潮》，《东方杂志》21 卷纪念号（下），1924 年 1 月 25 日。

④ 梁启超：《颜李学派与现代教育思潮》，《东方杂志》21 卷纪念号（下），1924 年 1 月 25 日。

立刻实践主义（Immediate empiricism）。"客观地讲，杜威在中国演讲的内容是比较广泛的，有对中国文化分析的、有对中西文化比较的、有谈社会和政治哲学的、也有谈伦理学和教育学的，专门涉及"实用哲学"的地方并不多见。杜威当然也强调理论与实践的结合，但并没有把"实践"作为一个最重要的"主义"提出来。比如，他只是在论及"学科"与"实际生活"的关系时，才约略说到二者"脱离关系"的三个流弊：一是"学科与真生活断绝，生活自生活，学科自学科"，二是"学科变成纸上的东西，不是真实的东西"；三是"学科在实际上不能应用"①。但中国的接受者和解释者，把"实践主义"看成杜威学说的主流，显然是一种合目的的、有着明显故意的"误读"。

梁启超曾从儒学演变的历史角度，分析颜李学派产生的思想背景：

> 汉以后所谓学问者，其主要潮流不外两支：其一，记诵古典而加以注释或考证，谓之汉学。其二，从道家言及佛经一转手，高谈心性等哲理，谓之宋学。宋学复分程朱与陆王两派：陆王派亦谓之"心学"，主张体认得"良知本体"便可以做圣人。程朱派则说要读书以格物穷理。而两派共同之点则在以静坐收心工夫为入手。明中叶以后陆王派极盛，清康熙间却渐衰了。而程朱派与之代兴，从皇帝宰相以至全国八股先生们都宗尚他。同时汉学家也渐渐抬起头来，打着博文好古的旗号和宋学两派对抗②。

---

① ［美］杜威：《教育哲学》，《杜威五大讲演》，安徽教育出版社2005年版，第91页。

② 梁启超：《颜李学派与现代教育思潮》，《东方杂志》21卷纪念号（下），1924年1月25日。

在他看来，不论对于汉学，还是对于宋学，颜李都是不大认可甚至是抵触的，因此颜李学派不独是清代思想中的异类，还是"二千年思想界之大革命者！"① 这里，梁氏所称道的颜李"思想革命"的核心，是对所有"纸片上的学问"即人类知识的决绝否定，"颜李以为凡纸片上学问都算不得学问，所以反对读书和著书。又以为凡口头上学问都算不得学问，所以反对讲学"②。颜李否定汉宋以来"静坐收心"的理学心学偏至，力图建立起以"习"和"行"为手段，以"利用"、"厚生"为目的的实践哲学，这对空疏虚文的理学心学来说当然是一次革命，但是那种把"一切学问都否认得干干净净"，坚称凡"纸片上"、"口头上"的学问都算不上学问，就不仅有着思想上的偏执，而且有着文化"虚无主义"的嫌疑。在"发明"传统的历史背景之下，杜威之来对中国的人文主义者来说可谓是一个意外的惊喜。在他们眼里，美国的杜威就是中国的颜李，颜李思想就是当今世界实用主义的前驱。从这里，他们又一次找到了某种文化信心，"从前的学者最喜欢说外国什么学问都是中国所有。这些话自然不对，不用我辩驳了。现代有些学者却是最不愿意听人说中国从前有什么学问，看见有表章中国先辈的话，便说是'妖言惑众！'这也是矫枉过正了。中国人既不是野蛮民族，自然在全人类学术史有他相当的位置。我们虽然不可妄自尊大，又何必自己遭塌自己到一钱不值呢？"③ 不过，这次的自信并不是以"古已有之"为借口，来搪塞拒斥外来思想，

---

① 梁启超：《颜李学派与现代教育思潮》，《东方杂志》21 卷纪念号（下），1924 年 1 月 25 日。

② 梁启超：《颜李学派与现代教育思潮》，《东方杂志》21 卷纪念号（下），1924 年 1 月 25 日。

③ 梁启超：《颜李学派与现代教育思潮》，《东方杂志》21 卷纪念号（下），1924 年 1 月 25 日。

而是要用外来文化"发现"和"发明"自身的已有传统，"我并不是要借什么詹姆士什么杜威以为重，说人家有这种学派我们也有。两位先生本是独往独来空诸依傍的人。习斋说：'立言但论是非，不论异同。是，则一二人之见不可易也；非，则虽千万人所同，不随声也。'然则他们学派和所谓'现代思潮'同不同，何足为他们轻重呢？不过事实上既有这个学派，他们所说的话，我们读去实觉得厌心切理，其中确有一部分说在三百年前而和现在最时髦的学说相暗合。"① 因此，杜威的来华，效果是双重的，不仅带来了实践主义的思想，还帮助国人实现了对传统的发现。

二、"假设"与"实验"

前面言及胡适自述为实验主义的信徒，其实胡适所述的实验主义，是一种"中国化"改造的结果。他接受和使用的主要是其中的方法论；他利用的是杜威理论和乾嘉考据学的交集；他侧重的是实际运用而不是理论阐发。加之，他用格言式的警句"大胆的假设，小心的求证"加以概括，非常容易让人理解和接受。关于这十个字，胡适解释说："科学家遇着未经证明的理论，只可认他做一个假设；须等到实地试验之后，方才用试验的结果来批评那个假设的理论"② ；又说，"实验主义教训我们：一切学理都只是一种假设；必须要证实了（verified），然后可算是

---

① 梁启超：《颜李学派与现代教育思潮》，《东方杂志》21 卷纪念号（下），1924 年1 月 25 日。

② 胡适：《胡适文存》（一），黄山书社 1996 年版，第 149 页。

真理。证实的步骤，只是先把一个假设的理论的种种可能的结果都推想出来，然后想法子来试验这些结果是否适用，或是否能解决原来的问题"①。经过胡适的这番说明，实验主义的意涵十分明确地呈现在国人眼前了。

实验主义进入中国并在中国生根发芽，固然离不开胡适的绍介之功，然实验精神之被引进国内，《东方杂志》也做了不少工作。早在1913年刊物曾发表题名《理想与实验》的文章，几将实验主义的思想精髓全盘托出。该文将实验主义的两大要素"设想"和"验证"，换为"理想"与"实验"，并指出二者之间的关系准则是"理想为实验之基，实验为理想之证"：

> 德人富理想。英人重实验。二者孰为胜。曰理想实验。偏则为害。盖有相成而无相盛者也。是故理想为实验之基。实验为理想之证。如理想之初。不根于实验。而又无以证之。则必遁于虚。实验之时。不伴以理想。而更无以基之。则彼涉于罔。虚也罔也。皆文明之贼而阻其进步者也。而偏于理想者。方冥搜一室。亭毒九鸿。自以为闭门造车。出而合辙。吾之理想。足以为实验之基。投之所向。无不如志。若执左契实右券也。然一再试而所为辄败。甚且以毒天下而胥受其病焉。矫其弊而偏于实验者。则又谓百闻不如一见。臆度者必不及身历之真也。前事不忘。后事之师。巧者不通习者之门。吾惟取其习

---

① 胡适：《逼上梁山》，《胡适学术文集·新文学运动》，中华书局 1998 年版，第 214—215 页。

焉者而已①。

为在"理想"与"实验"之间取得某种平衡，文章特别强调了杂志一贯所坚持的"调和"思想，认为偏于"理想"和"偏于实验"一样，结果都会造成"偏胜之害"，因而都不值得提倡：

> 以此该彼而不能相通也。理想之不根于实验者无论也。即根于实验矣。而所验之已事。有合众因以成一果者。而理想者乃取其一而舍其余。即已事之有然。料他事之必然。谓此理想。信而有征。施之随时随地。无有不收其效者。遂欲以此该彼。而不知情随事迁而不可一律论也。宋之王荆公。我国理想家之杰出者也。……理想必根于实验。而以心造境者。则往往离实验而但凭理想②。

根据杜威在中国演讲内容看，中国解读者对杜氏实验哲学的理解，虽然有调和式的改造，但大致精神是不错的。不过，与"理想"、"实验"等大而化之的说法不同，杜威是用一种更为具体、更可操作的精确称谓来阐述其原理的。杜氏把他的实验主义称为"科学的方法"，其基本要素是"假设"和"试验"，基本原理和程序是先假设一种观念，"以为也许是真的，也许假的，只认他为一种假设，认为他有试验的价值，可以做动作的根据"，然后通过一定步骤的实践来做验证，其"是否值得认为真或假，都以试验的结果来

---

① 日夕：《理想与实验》，《东方杂志》10 卷 10 号，1914 年 4 月 1 日。

② 日夕：《理想与实验》，《东方杂志》10 卷 10 号，1914 年 4 月 1 日。

定"①。他认为要获得一种经验,有"瞎碰"、"畏缩"和"试验"三种方法,第一种也是一种试验,但不是"科学的方法",因为"科学的方法,就是在乎预算,一步一步地把将来的作用先布置周妥,有知识上的组织";而且,既然是一种"科学的方法",就要纳入科学试验的范畴,进行精密的施行,因此除了"假设"、"试验"、"结果"等要素之外,还需有严密的程序,即所谓"计划","科学的试验,即精密的实行。把学理上应发生的效果实验他,看这效果是否发现。有了实验,才可以成真理。实验是实行,并不是糊糊涂涂的试验,像小孩子烧药品一般,作为玩意儿。最重要要有计划,要有有把握的计划。这种试验的结果,是正确观察推论的结果"②。

从这些陈述来看,杜威的实验主义是一种从科学实践中提炼出的系统方法,它强调假设、观察、试验、验证等各个环节的重要性,实际上是一种"科学哲学"的方法论,他说:"世界上无论什么现象,我们要拿'实验方法'研究他。对于一切自然状态,都要求他一种'自然条律'。所以我们起初对于一切现象,都要留意。人人皆有好奇心,这好奇心和留意,就是求真的门路。我们与自然现象,能有接触的机会,就是'五官感觉'。如同眼睛能看,我们就知道颜色;耳朵能听,我们就知道声音。"③然后,他把它推广到社会科学领域,成为指导社会实践的一般哲学。他认为从本质上说,社会科学的目的也是为了"求真",为了达到这"真"的目的,可以采用"想象的"和"评论的"等不同方法,

---

① [美]杜威:《教育哲学》,《杜威五大讲演》,安徽教育出版社 2005 年版,第 134—135 页。

② [美]杜威:《思想之派别》,《杜威五大讲演》,安徽教育出版社 2005 年版,第 227 页。

③ 华林:《真善美与近代思潮》,《东方杂志》17 卷 7 号,1920 年 4 月 10 日。

而"想象的智识"正是这"求真"方法的重要内容，其要髓"就是我们考察各种事实，在我们感觉的想象上定成一种'设想'，分出各种问题而考察之；然后证明这个设想，究竟真不真。所以要有评论的智识，判断一切，然后才能得到显然明确的真理"①。因此，他把"实验方法"的程序，分解为三个主要步骤，"（一）我们要留心各种事实，定出很好的问题。（二）我们要考究这些问题，定出很好的设想。（三）我们要证明这个设想，定出很好的条律"②。先从"事实"中发现"问题"，再从"问题"中提炼出"设想"，然后进行系列"证明"活动，最后验证"设想"的真伪，这是杜威实验主义的基本内容。

不难看出，杜威的实验主义，最看重的是验证即"实验"的部分，认为它是真知获得的关键所在，"只有行然后可以知，没有动作，便没有真的知识。有了动作，然后可以发现新的光明，有条理的事实以及前未发挥的知识。故曰：没有行，决不能有真的知"③。这可真有点"实践是检验真理唯一标准"的意味了。有意思的是，《东方杂志》抓住了实验这个精髓，并进行了反复的阐述，"譬如我们有了地面。要造房屋，第一要收集砖瓦木石自不待说。自然科学也是一样。经验的事实就是建科学的砖瓦木石，收集的手段就是实验。所以实验是真理的惟一泉源，只有实验能以新事物供给我们，只有实验能以确定观念界予我们，这是无论何人都不能怀疑两个要点"④，不唯如此，他们还对"实验"进行修正补充，使之更加臻于完善，"只是实验还不足，还要能应用实

---

① 华林：《真善美与近代思潮》，《东方杂志》17 卷 7 号，1920 年 4 月 10 日。
② 华林：《真善美与近代思潮》，《东方杂志》17 卷 7 号，1920 年 4 月 10 日。
③ ［美］杜威：《教育哲学》，《杜威五大讲演》，安徽教育出版社 2005 年版，133 页。
④ 文元模：《实验和假说的价值》，《东方杂志》18 卷 9 号，1921 年 5 月 10 日。

验的结果。这步功夫，叫做概括"①。他们认为"实验"一词过于笼统，并且缺乏科学性，因此对其进行了不断切分，不仅认为它可以分为若干阶段或节点，而且认为"实验"是与"概括"相伴随的活动，每次"实验"都应是一种去伪存真的过程，"再用譬喻的话来解说，实验犹如许多一个一个孤立的点，概括犹如连结这许多孤立的点成一连续不断的曲线。实验犹如图书馆收藏书籍，概括犹如编制目录。所以实验有良的不良的。良实验能许我们概括，使我们由此可以预知将来。不良实验只是漫然收集毫无关系的事实，虽有万千也是无用"②。

20世纪20年代，各种"主义"在中国大地上走马灯似的，你方唱罢我登场，《东方杂志》选取杜威并做跟踪报道和系列阐释，一方面是把杜威的思想当作一种"主义"来做介绍，另一方面是希望用实验的方法来检验各种"主义"的真伪，本身也带有一种"试验"的意味。刊物在介绍杜威的同时，当然也没有忘记实验主义的另外几个大师，如皮尔士、詹姆士等。在1921年18卷第3期的编者的话中，《东方杂志》的主笔跳出来专门对"实验主义的语意"进行厘清，认为"实验主义是对于各种事理注重实际效果的一个方法。现在可以把实验主义中的一派实际主义来说明"；还引詹姆士的名言"实际主义乃是一个实际的方法，把凡有的概念所得到的实际效果之如何以定其真伪的"，并加以生发，"詹姆士的意见，以为这个语意是：对于推理而指事实，对于抽象而指具象，对于思考而指作用，对于论理的意义而指心理的意义的"；最后，将詹姆士的"实际主义"的含义，总结为"观念的全意义表现于实际上

① 文元模：《实验和假说的价值》，《东方杂志》18卷9号，1921年5月10日。
② 文元模：《实验和假说的价值》，《东方杂志》18卷9号，1921年5月10日。

的效果"①。简单地说，任何一种理论假说，判断其价值真伪的标准，是看能否经受实践的检验，也就是说有无正面的效果，有则为正确的理论，否则就是错误的理论。从《东方杂志》对西方各种思潮学说的大量引进来看，这个标准未必不是刊物对待各种学说的潜在态度。

三、杜威与中国文化认同

杜威之所以被《东方杂志》热情推介，还有一个重要的原因，就是杜威对中国及中国文化怀有深切同情和较高认同。弘扬中国文化，标举东方精神，是《东方杂志》始终不渝的办刊主旨，即使在1919年改版之后，尽管刊物强调要丢掉"特别国情说"，放开胸怀接纳世界新潮，但对中国文化并未像《新青年》那样持激烈批判或否定态度。这种"文化情结"在一定程度上决定了其选择"西哲"的标准，那就是对中国人民待以平等态度、对中国现代化境遇怀有深切同情以及对中国文化持有较高认同等。只要翻检一下刊物的介绍文章，对几位"西哲"（杜威、罗素、泰戈尔等）被强调的思想侧面稍加考察，就不难发现《东方杂志》上述的选择标准。

因此，《东方杂志》所看到的杜威，并不是那个一本正经地传授伦理学、教育学的西方学者，而是对"中国问题"怀有相当热情的友好人士。的确，杜威在批评中国现代化道路选择的踟蹰不定时，很大程度上是站在中国的角度上、采取"同情的理解"的态度的：

---

① 坚瓠：《编辑室杂话》，《东方杂志》18卷3号，1921年2月10日。

　　　　中国对于近世的工业方法对于机械铁道大规模的生产组
织，持一种恒久而且坚执的反抗态度，中国除受外国势力的
迫压之外，不能自动的开放国土，这也是重要的一个问题。
一边中国拼命的抗拒，一边外国又拼命的欲在中国开发富源，
欲在数万万的人口中间找寻消费市场，这两种情势合并起来，
便成中国最困难的许多问题的根源，因此当然要发生疑问：
中国为什么不往前去开发自己的富源呢？她为什么不像美国
那样的，上前去做，借着外国资本而把政治和经济管理权操
在自己手中呢？难道中国人所走的道路已陷于惰性不成，中
国民族因年龄太老已衰弱了不成？要不然，也许反抗这种行
动，是有更深的意义的，是智慧的，——虽然是毫无意识的
——是因为外来势力，违反他们的文化精神的缘故，这究竟
是不是呢？①

　　杜威把中国不能"自动的开放国土"，即不能主动地走上现代化道路
的症结，很温和地归结为中国文化自身的原因，然而他没有就此对中
国文化持否定态度，这些话在中国人文主义者听来是非常悦耳的。杜
威甚至臆想，中国不走西方的工业主义道路，而追求自然的生存之
道，在更长的历史时间里面，是不是更具有历史智慧也未可知，"如
果中国民族的文化确是有价值的，如果西方的工业主义是足以破坏中
国文化中的至精至美的质素，那么，这些问题的回答，应该是另一种
说法了。也许到了将来，历史学家要说中国所走的途径，是一种较深

_____

　　① ［美］杜威：《中国人的人生哲学》，愈之译，《东方杂志》19 卷 3 号，1922 年 2
月 10 日。

的本能的表示罢。"① 在东西文化道路竞争的紧要关头，出自西方哲学家的这些想法，很能博得中国人文主义知识分子的好感。

杜威曾对中国人在亡国灭种考验面前"毫无动静"的表现有一系列追问：

> 中国人民，在外人看来已陷于亡国灭种的危险，为什么仍旧毫无动静呢？他们的国家，有内忧外患，人民怎么竟会得不声不响呢？中国人是木石无情的吗？是愚蠢无知的吗？难道中国人正在待时而动，不像西方人的卤莽灭裂吗？中国人在华盛顿会议及一切外交谈判中，始终采用一种"注目静待"的态度——在西方人看来，静待更多于注目——这种态度，究竟是由不辨他们自己的运命呢，还是由于太弱，不能和运命抗争呢？或者他们是故意储蓄他们的能力，徐徐进行，以求最后的发泄呢？②

他认为，中国人的这种隐忍态度并不是这个懦弱的表现，而是传统文化在现实问题上必然反应，"如果我们对于中国文化，对于中国人的人生哲学，多得一点智识，那么，至少能使这些问题，更真切而且明瞭罢。中国人对于政治和社会的一切态度，都和两个大哲学家的人生哲学有深密的关系——一个是老子，一个是孔子。也许可以再加一个进去，便

---

① ［美］杜威：《中国人的人生哲学》，愈之译，《东方杂志》19 卷 3 号，1922 年 2 月 10 日。

② ［美］杜威：《中国人的人生哲学》，愈之译，《东方杂志》19 卷 3 号，1922 年 2 月 10 日。

是释迦"①。关于传统三教，他认为老庄思想对中国人的影响更为深刻，尽管《老子》并没有像《论语》一样成为完全意义上的经典。在他看来老子的"自然"主张、"无为"思想，几经演化几乎成了中国人的基本行为准则，进而成为人们基本的道德底色。他认为"无为"并不是不作为，而是教人积极忍耐、静待坚毅，是一种"以退为进"的生存智慧，相对于"一味的夸高争胜"，它是具有不少正面价值的，"以退为进，就是他的标语。一切人间的营扰，经过自然的工作，便一笔勾销了。一味的夸高争胜，临了反要把自己缚在认为的网中"②。

杜威更是站在人类社会发展的历史进程中，肯定中国"天人合一"的自然观，肯定中国文化静笃和谐的人生观。在他看来，奉行"动的"哲学的西方文明，通过"干扰"、"征服"甚至"掠夺"等手段，短期内也许能获得物质上的收获，但在历史长河中，破坏自然造成的危害会远远大于这些收益。他曾这样肯定中国文化的"保守"、中国发展的"缓慢"以及中国的农业文明：

> 这是人类的一种莫与伦比的成就。藉此可以说明中国人的保守主义，可以说明他们尊重自然和蔑弃一切人力奋斗并求速成的那种态度。他们的心灵和自然的程序契合，也和他们的肉体和农业工作契合那样。他们是保守的，因为从几千年来他们保守着自然的富源，坚忍而又顽强的看护着保存着。西方的

---

① ［美］杜威:《中国人的人生哲学》，愈之译，《东方杂志》19 卷 3 号，1922 年 2 月 10 日。

② ［美］杜威:《中国人的人生哲学》，愈之译，《东方杂志》19 卷 3 号，1922 年 2 月 10 日。

人民早把土壤朘削着，掠夺着，到了最后已耗用完了，中国人
至今却还把土壤好好儿的保守着。中国人知道自然的程序是把
徐缓的，所以不慌不忙的等待着应得的收获。自然是不能速进
的，便求速进也不中用。要是走快了只是自寻烦恼，不但于自
然没有什么成就，而且干涉自然的程序，反足妨碍天然的收获
的，那么为什么不缓缓的走呢？这话并不是说这种态度是尽善
尽美的。优点与缺点，长处与短处，总是连在一块儿。西方的
定命论是这样的：要发生的事情，免不了是要发生的，所以我
们还是尽先向那要走的道路走去罢。这种思想，正像战壕中的
兵士的定命论那样。但是东方人的定命论不注目于未来，却注
目于现在。为什么要去做呢？为什么要去尝试呢？为什么要用
了精力去变更现状呢？"无为"容易变为消极的服从；保守容
易变为习故安常，变为恐怖及不喜变换①。

这里，杜威显然并没有为小农经济大唱赞歌的意思，他强调的重点一是
东西文化，互有短长，西方人不能轻下文化优越的判断；二是中国的自
然哲学，并不是一无是处，它在某些方面的确可以弥补现代文化的不
足。杜威对中国文化的乐天安命倾向，虽然有时候也不乏微词，但整体
而言他是肯定这种"自然"、"无为"人生哲学的。他甚至认为，蝇营狗
苟的西方文化所缺乏的，正是这些东方智慧；"燥烈"、"营扰"的西方
人需要弥补的，也正是这些东西，"中国人的人生哲学，对于人类文化
有种重要而有价值的供献，而且含有一种为急促的，燥烈的，繁忙的，

① ［美］杜威:《中国人的人生哲学》，愈之译，《东方杂志》19 卷 3 号，1922 年 2
月 10 日。

营扰的西方人所无限需要的质素"①。他这种肯定中国文化正面价值，并欲用东方文化弥补西方文化不足的思路，跟《东方杂志》之前所反复渲染的"调和"论可谓一拍即合。

除此之外，杜威被中国人文主义者所接纳，还有一个重要因素，即杜威抛弃了西人惯常的傲慢与偏见，是在一种相互平等的基础上进行中西文化比较的。他认为两种文化各有所长，各有优势，应该相互学习、取长补短，"东方思想更切实更健全，西方思想更抽象更属于智理的"；"西方伦理根据个性，东方伦理根据家庭"；"西方伦理尊重个人权利，西方伦理蔑视个人权利"②。可以想象，这种平行比较，在整体否定和批判传统文化的五四新文化氛围中，肯定是不被激进文化派欢迎的。对传统文化基本认同的学者，借助杜威这位赫赫有名的"西哲"之口，实际上也迂回地回应或批评了五四激进派的某种文化观念。

总的来看，杜威之来中国，《东方杂志》将之作为一种"文化事件"来处理，跟踪报道，跟随采访，深度介绍，广泛翻译，重点解读，个中透露的文化信息是十分丰富的。首先当然是一种哲学思想的自觉引入，"最近两三年内，我们中国人，总算听到'实验主义'的这个名词了。可是除胡适之教授在《新青年》六卷四号里，做过一篇实验主义以外，详细地介绍这种学说的文字，尚不多见。本号里关素人先生所著的实验主义的哲学，把他的知识哲学，自然哲学，人生哲学，都叙述得很赅括，很明白；有志研究实验主义的人，或者藉此可以知道一些概略"③；

---

① 〔美〕杜威：《中国人的人生哲学》，愈之译，《东方杂志》19卷3号，1922年2月10日。

② 〔美〕杜威：《伦理讲演纪略》，《杜威五大讲演》，安徽教育出版社2005年版，第300—301页。

③ 坚瓠：《编辑室杂话》，《东方杂志》18卷3号，1921年2月10日。

其次是对中国固有传统的发现，比如对儒学之中的颜李学派的实践思想的发掘；再次，就是通过对这种实践哲学的强调，对另一种沉溺于虚文玄学，进行无言警告，"从前的读书人，把'圣经贤传'当护身符，现在又拿'哲学'尔格字做口头禅了。什么见神见鬼的灵学哪，修仙学道的长生学哪，掉弄玄虚的老庄学哪，都在撑起哲学招牌说梦话；杜威博士新著的哲学的改造，可算得这些人的当头棒喝了"[1]。此外，《东方杂志》也通过杜威，再一次地强化了她过去所反复申说的东西文化观，即素重精神文明的东方文化，对偏于物质文明的西方文化，是一种有益的调剂，尽管"调和论"在杂志的言论中不再那么明显地出现。

---

① 坚瓠：《编辑室杂话》，《东方杂志》18 卷 3 号，1921 年 2 月 10 日。

第五章　《东方杂志》对"文化泰戈尔"的译介

　　1924 年 4 月，印度诗人泰戈尔来中国访问，并在京沪等地进行一系列演讲，在中国思想文化界引起了不小的震动。泰戈尔能成行，全赖乎"讲学社"的桥梁作用和商务印书馆的资金支持。据有关材料显示，1920 年 9 月 5 日，梁启超致书张东荪，商筹讲学社事宜，拟组织一永久团体，名为讲学社，每年延聘一名西哲专家来华讲演，活动经费由商务印书馆等提供。讲学社还成立了董事会，由梁启超、蔡元培、熊希龄、张伯岑、张元济、黄炎培等社会名流担任；同年 12 月 9 日，张元济回复梁启超，答复资助讲学社聘请西哲专家来华讲学事宜，"已与同人商定，均遵照尊意办理。自十年分起，每年岁助讲学社五千元，专为聘员来华讲演之用，三年为限，以后再另做计议"①，并要求所有演讲稿均由商务印书馆出版。

　　这个具有浓厚"东方文化"色彩的民间组织，不仅对来华人士进行了精心挑选（对东方文化的醉心无疑是重要的入选标准），而且为其在

---

　　① 丁文江、赵丰田：《梁启超年谱长编》，上海人民出版社 1983 年版，第 919—927 页。

华活动提供了资金和讲坛。第一次世界大战浩劫给世人特别是部分中国人留下的印象是，西方文化已经走向穷途末路，中国文化拯救世界正当其时。梁启超周游欧西，借西方人之口向世界宣称，"西洋文明已经破产"了，等待"把中国文明输进来救拔我们"①。梁氏的宣告很快得到《东方杂志》的呼应，"此次大战，使西洋文明，露显著之破绽"②。他们认为，此次战争动摇了欧洲文明的"权威"，给了人们重新考量现代文化"真价值"的契机。借此机会，梁漱溟也对"东方文化能否存在"之类的问题进行了追问③，其"世界未来文化就是中国文化的复兴"的结论，还引起了胡适等新文化派的一系列质疑。在此背景之下，"东方文化派"邀请泰戈尔来华，其动机也就不言自明了。

泰戈尔观察问题的角度当然不会仅仅局限于中国文化。作为"亚洲人"的一分子，泰氏认为，印中两国文化人在拯救世界文化方面担负着共同的责任，在与冯友兰的一次对话中，他强调，亚洲文明可以分为两派，中国、印度、日本为东亚洲一派，波斯、阿拉伯等为西亚洲一派，"中国、印度的哲学，虽不无小异，而大同之处很多"④；进而，他检讨东西文明盛衰的根由，认为欧洲文明之所以强盛，是因为其势力集中，而东方各国则一盘散沙，互不研究、互不团结。因此他号召，具有共同文化基因的"东亚人"应该合作起来，以一种高度自觉的主体精神，重新审视评判东方文明价值，"什么该存，什么该废，我们要用我们自己的眼光来研究，来决定，不可听西人模糊影响的话"⑤。泰戈尔的呼吁，

---

① 梁启超：《欧游心影录》，《时事新报》1920 年 3 月 25 日。
② 伧父：《战后东西文明之调和》，《东方杂志》14 卷 4 号，1917 年 4 月 15 日。
③ 梁漱溟：《东西文化及其哲学》，上海人民出版社 2006 年版，第 13 页。
④ 冯友兰：《与印度泰谷尔谈话》，《新潮》3 卷 1 号，1921 年 10 月 1 日。
⑤ 冯友兰：《与印度泰谷尔谈话》，《新潮》3 卷 1 号，1921 年 10 月 1 日。

一方面固然迎来了不少的掌声，但另一方面也遇到了许多人的冷眼，这就使"文化泰戈尔"在中国的接受，出现了明显的"两歧"现象——热烈拥护与尖锐批判并存的现象。

一、泰戈尔的西方批判与欢迎者的"阅读期待"

如前所述，"东方文化派"之所以选取泰戈尔，本身暗含了其对泰氏思想的认同，他们邀泰来华，无非是借他人之口进一步强化其反复宣讲的文化观点。那么，泰戈尔的文化思路是如何与中国文化派观点吻合？又是如何满足"东方文化派"的"阅读期待"的呢？

首先是对西方文化的整体批评。在泰氏来华之前，部分中国知识分子已经开始对西方文化进行批判了，批判的契机是第一次世界大战。在他们看来，世界大战之发生，是现代文化发展的必然逻辑。"十九世纪科学勃兴，物质主义大炽，更由达尔文之生存竞争说，与叔本华之意志论，推而演之，为强权主义、奋斗主义、活动主义、精力主义，大而张之，为帝国主义、军国主义，其尤甚者，则有……战争万能主义"[1]。重实利、讲功用、放任"物质主义及恐怖与贪欲者"，结局只有自我毁灭一途。"此次战争，使欧洲文明之权威，大生疑念，欧人自己亦对于其文明之真价，不得不加以反省。"[2]世界大战与现代文明有无必然联系这样的问题还没彻底搞清，中国的文化民族主义者就急不可待地宣称，西

---

[1]　伧父：《战后东西文明之调和》，《东方杂志》14 卷 4 号，1917 年 4 月 15 日。

[2]　平佚：《中西文明之评判》，译自日本《东亚之光》，《东方杂志》15 卷 6 号，1918 年 6 月 15 日。

方"物质文化""破产"了，中国"精神文明"拯救世界的时代开始了。辜鸿铭非常自信地指出："诸君欧人，于精神上之问题，即唯一之重大问题，非学于我等中国人不可，否则诸君之全文化，不日必将瓦解。诸君之文化，不合于用，盖诸君之文化，基于物质主义及恐怖与贪欲者也。至醇至圣之孔夫子，当有只配全世界之时。彼示人以达于高洁、深玄、礼让、幸福之唯一可能之道。故诸君当弃其错误之世界观，而采用中国之世界观。此诸君唯一救济法也。"①

泰戈尔在华的若干讲演，几乎重复了中国人的上述观点。1924年5月1日，泰戈尔在清华大学演说的主题，就是要求青年们"远离物质主义的毒害"："唯物主义的倾向是独占的，所以偏重物的人们往往不让步他们私人独享的权利、攒聚与占有的习惯。你们中国人不是个人主义的，你们社会本身的基础就在你们公有不私有的本性"②；5月10日，在对北京青年的公开演讲中，又告诫人们扑灭物质这个"巨人"："西方文明重量而轻质，其文明基础薄弱已极，结果遂驱人于歧途，致演成机械专制之惨剧。……彼等对于率机器以食人之残酷行为，初不自知其非，且庞然自大，自以为己乃一大人焉。虽然此种文明，吾东方人士万不可崇拜之，如崇拜之，则必受其害。……吾人今对于大人（西方文明）须以较机械更良之武器征服之。换言之，即吾人今须以精神战胜物质是也"③；5月12日虽然声明"非反对物质文明及科学文明"，但重点还是强调欧战乃西洋文明必然结果，要求人们警惕"物质文明超过人生"，

①　平佚：《中西文明之评判》，译自日本《东亚之光》，《东方杂志》15卷6号，1918年6月15日。

②　泰戈尔：《你们要远离物质主义的毒害》，《小说月报》15卷第10号，1924年10月10日。

③　泰戈尔：《巨人之统治及扑灭"巨人"》，《晨报》1924年5月11日。

"不能任物质文明超过人生。欧战之结果，号称高尚无匹之西洋文明，亦露无数之缺点。我们利用此种绝好机会，可以评判东方精神文明与西方之物质文明，何者可去，何者可存"①。他强调的以东方精神文明"救济"西方物质文明的思路，与辜鸿铭的思路完全一致。1924年4月18日，在上海各团体的欢迎会上，泰戈尔曾这样表露心迹："我之所以崇拜中国的文化，就是因为她的历史上向来是使物质受制于精神；但是现在却渐渐互易地位了，看来入于危险和停顿的状态。我因此很为伤感。……我们应当竭力为人道说话，与惨厉的物质的魔鬼抗争，不要为他的势力所降服，要使世界入于理想主义、人道主义，而打破物质主义！"②

其次是忧思中国文化的现状，认为面对西方文化的强势进攻，中国文化处于危机四伏状态。1924年4月18日，在上海各团体欢迎会上的讲演中，泰戈尔强调的一个中心问题就是"东方文明的危机"，他将现代西方的"工业主义、物质主义"，比作压伤东方文化这块"碧草"的两块石头，"一块大石，在碧柔的草上播滚，所向无不压伤"，对于印度而言如此，对于中国而言也是如此，因此必须共谋改变之策，"中国的文化，又譬如一株大树，虽则根深蒂固，但现在危险的，底下怕要有一股泉流，来把它的根冲折了。……物质主义的侵入，我们诚然不能抵抗，可是如果我们迷信它，甘愿将活的精神，埋没了去换死的空壳的物质，又哪里值得呢"③？他把东方文化比做稻粒，虽然看起来不甚金贵，但是"能与人以生命的滋养"；又把西方文化比做金刚石，虽然看起来金贵无比，但并非生命之所必需，"金刚石仅仅是一个虚漠的外形，而稻

---

① 泰戈尔：《东西文化之批判》，《晨报》1924年5月13日。
② 泰戈尔：《东方文明之危机》，见《文学周报》（118期），1924年4月21日。
③ 泰戈尔：《东方文明之危机》，见《文学周报》（118期），1924年4月21日。

粒则能与人以生命的滋养。物质文明，虽然附着有光致的表面，但不如精神生活有活泼自然的愉慰，能给人以真的充实的生命。倘若全世界都遍布了金刚石的时候，而一粒稻谷都无寻处，贵重的金刚石能吞餐吗?"①

最打动部分中国人心的是泰戈尔对中国文化的担心，他认为在西方物质主义文化的侵蚀之下，中国的"精神文明"丧失殆尽，他说，"我第一处便来上海这地方，使我颇生出不很愉快的感想，因为竟看不出一点点的中华文化的精神。将无价的精神，都渐渐化成贱价的物质的死的现象了。这是非常可悲的……现在的文化园地里面，损害的野草蔓延过来而坏文化的根芽了。野草越滋蔓，那稻田的危险也越大。如今中国以道德的、美术的、情感的稻田里受野草蔓延的危险也正是一样"②。因此，他呼告中国人要"爱生命"、"爱文化"，不能听任"中国文化的日趋于危险之境"，"把一切精神的美牺牲了去换得西方的所谓物质文明，是万万犯不着的"③！如果对照起来，泰氏的上述担心在中国的人文主义者中间，是不难找到知音同道的，比如学衡派的胡先骕就曾这样看待近代中国文化发展的"偏失"。在他看来，晚清于"国势浸衰，外晦日至"之时，为补救"物质教育之缺乏"，慌不择路地"造枪炮，建战舰"；戊戌以降则转而学习西方法政，倡言政治改革；及至新文化运动，复又大力提倡"普及教育，发达物质学术，促成民治，建设新文化"，但造成了另外一种不幸的结果，即"西方文化之危机已挟西方文化而俱来，国性已将完全澌灭"④！

---

① 泰戈尔：《东方文明之危机》，见《文学周报》(118 期)，1924 年 4 月 21 日。
② 泰戈尔：《东方文明之危机》，见《文学周报》(118 期)，1924 年 4 月 21 日。
③ 泰戈尔：《东方文明之危机》，见《文学周报》(118 期)，1924 年 4 月 21 日。
④ 胡先骕：《说今日教育之危机》，见《胡先骕文存》(上)，江西高校出版社 1995 年版，第 82—83 页。

胡先骕们之所以对偏重"物质科学"的西方文化持有强烈的戒备，是因为他们认为它对于国人具有某种误导作用，会使人偏于物质一途，走向以实用为宗教的深渊，"不知欧西舍物质科学外，亦自有文化，遂于不知不觉中，生西学即物质科学之谬解，浸而使国人群趋于功利主义之一途"①。这样一来，"功利主义"就成了西方文化的代名词。在此之前，《东方杂志》屡屡发文声讨功利主义之弊害。钱智修指出，中国与西方文明接触以来，接受得最多的就是功利主义，这种"以适于实用与否为弃取"的价值观②，左右了中国近代化的方方面面，"富国强兵之说"、"格致实学之说"、"民权自由之说"，"立宪共和之说"等，无不如此。当然，他也并没有完全否定功利主义的价值，他不满的只是将人类一切制度文化归结于"吃饭穿衣"之功利主义的极端发展，他说，

> 凡固有文明之与功利主义相妨者，则破坏之；外来文明与功利主义无直接之影响者，亦唾弃之；即功利主义之本身，所谓最大多数之最大幸福者，亦以其与一己之私利、一时之近利不相容，而不得不牺牲之。是故除功利主义无政治，其所谓政治，则一切权利竞争之修罗场也；除功利主义无伦理，其所谓伦理，则一崇拜强权之势利语也；除功利主义无学术，其所谓学术，则一高资厚禄之敲门砖也。盖此时之社会于一切文化制度，已看穿后壁，只赤条条地剩一个吃饭穿衣之目的而已。夫以功利主义之流弊，而举国之人群，以穿衣吃饭为唯一目的，

---

① 胡先骕：《说今日教育之危机》，见《胡先骕文存》（上），江西高校出版社1995年版，第84页。

② 钱智修：《功利主义与学术》，《东方杂志》15卷6号，1918年6月15日。

殆亦非边沁穆勒约翰辈主倡此主义时所及料者欤！①

他坚持人类的生活，除了"吃饭穿衣以外"，尚有维持文化、"增进种智"之目的，因此必须对西方文化的负面价值进行进一步澄清。他尤为痛心的是，功利主义思潮已经演变为一种国势强则文化强的"势利主义"，致使人们"醉心欧化"，丢弃本国文化如同草芥，"国人之于学术，必推尊欧美或以欧美为师承之日本，而本国儒先之说，皆弃髦而土苴之，盖以本国与欧美较，国势有强弱之不同，因之论学亦存主奴之见也"②。

通过泰戈尔与中国人文主义者关于中西文化关系的上述比较，我们可以清楚地看到二者思想的一致性，即都是站在本位文化（即东方文化）的角度，对西方文化负面价值进行的批判和反思，都具有重建东方文化主体性的企求，因此我们说泰戈尔来华的讲演，与其说是泰戈尔在宣讲自己的思想，还不如说是重复了中国同志的某些观点。

二、东西文明性质差异及相处之道

泰戈尔在华讲演之受欢迎，还有一个原因就是其对东西方文明性质以及相处之道的认识，跟中国同道有着惊人的相似之处。胡愈之曾这样描述泰氏访欧所激起的思潮涟漪："这一次台莪尔到了欧洲之后，欧洲思想界生出一个重要问题：东西文化能互相调和吗？东方文化能补救西

---

① 钱智修：《功利主义与学术》，《东方杂志》15卷6号，1918年6月15日。
② 钱智修：《功利主义与学术》，《东方杂志》15卷6号，1918年6月15日。

方文化的缺点不能？这个问题成为现时中欧学术界辩论的中心。有许多学者都加以肯定的回答，相信欧洲文化都陷于灭亡，非灌输东方文化思想——印度、中国的思想——不足以资救济。"①这样的问题何尝不是中国人文主义者追思的问题，这样的情境何尝不是中国人文主义者理想的境况。梁启超就曾设想要用儒家的精神药石，来挽救欧美"功利主义"的顽症，他说，"吾侪确信'人之所以异于禽兽者'在其有精神生活。但吾侪又确信人类精神生活不能离却物质生活而独自存在。……吾侪认儒家解答本问题正以此为根本精神，于人生最为合理……故近代欧美是流行之'功利主义'……学说，吾侪认为根柢极浅薄，决不足以应今后时代之新要求"②。

这段论述显然暗含了这样一种逻辑，即东西文化之间并非过去所说的程度上的差别，而是类别上的不同。他们邀请泰戈尔来访，并提供演说的舞台，多少含有借此佐证一己观点，增加文化自信心的意味。因此，当冯友兰迫不及待地提出一个"核心问题"："东西洋文明的差异，是等级的差异（difference of degree），还是种类的差异（difference of kind）"，并得到泰戈尔"种类的差异"的答案后③，如获至宝，随即进行了一番尽情的发挥。"真理有动（active）、静（passive）两方面，譬如声音是静，歌唱是动；足力是静，走路是动，动常变而静不变……东方文明譬如声音，西方文明譬如歌唱，两样都不能偏废。有动无静，则成为惰性；有动无静，则如建楼阁于沙上。现在东方所能济西方的是'智

---

① 愈之：《台莪尔与东西文化之批判》，《东方杂志》18卷17号，1921年9月10日。

② 梁启超：《先秦政治思想史》，见《梁启超全集》第6册，北京出版社1999年版，第3694页。

③ 冯友兰：《与印度泰谷尔谈话》，《新潮》3卷1号，1921年10月1日。

慧'(wisdom)，西方所能济东方的是活动(activity)"①。冯氏进一步认为，静就是"体"(capacity)，动就是"用"(activity)，如此一来，"中体西用"来了一个180°的大翻转，变成"东体西用"了。不过冯友兰对这个"体用说"有新的注脚，"泰谷尔的话，初看似乎同从前中国中学为体，西学为用之说，有点相似，其实不同。中国旧说，是把中学当个桌子，西学当个椅子。要想以桌子为体，椅子为用，这自然是不但行不通，而且说不通了。泰谷尔的意思，是说真理只有一个，不过他有两方面，东方讲静的方面多一点，西方讲动的方面多一点，就是了。换句话说，泰谷尔讲的是一元论，中国旧说是二元论"②。既然坚持"一元论"，"体"也只能有一个，那就是"东方文明"，泰冯二氏的一唱一和反映了东方学者文化态度的微妙变化。

其实这种文化信心在《东方杂志》的编者中早有体现，杜亚泉说："吾人当确信吾社会中固有之道德观念，为最纯粹最中正者……"③ 这样的观点在当时无疑是有不小市场的。立于这样的前提，他们对东西方文化的"调和"就有另外一番想象了，那就是以中国文明为"纲线"，来贯穿西洋文明的"断片"：

> 迷途中之救济……决不希望于自外输入之西洋文明，而当
> 希望于己国固有之文明，此为吾人所深信不疑者。……救济之
> 道，正统整吾固有之文明，其本有系统者则明了之，其同有错
> 出者则修整之。一方面尽力输入西洋学说，使其融合于吾固有

---

① 冯友兰：《与印度泰谷尔谈话》，《新潮》3卷1号，1921年10月1日。
② 冯友兰：《与印度泰谷尔谈话》，《新潮》3卷1号，1921年10月1日。
③ 伧父：《战后东西文明之调和》，《东方杂志》14卷4号，1917年4月15日。

文明之中，西洋断片的文明，如满地散钱，以吾固有文明为线索，一以贯之。今日西洋之种种主义主张，骤闻之，似有与吾固有文明绝相凿枘者，然会而通之，则其主义主张，往往为吾固有文明之一局部扩大而精详之者也。吾固有文明之特长，即在于统整，且经数千年之久未受若何之摧毁，已示世人以文明统整之可以成功。今后果能融合西洋思想以统整世界之文明，则非特吾人之自身得赖以救济，全世界之救济亦在于是①。

非常明显，在他们眼里，东西两种文化的"调和"并不是和稀泥式的杂拼，而是以我为主的拾取和贯通，"吾人之天职，在实现吾人之理想生活，即以科学的手段，实现吾人经济的目的；以力行的精神，实现吾人理性的道德"②。

与中国同道一样，泰戈尔认识到了科学只能片面增加物质方面的便利，造成人类互相残杀的危机，"科学只能使物质方面增加便利，总不能给我们心灵上有许多便利和愉快，反觉着促进人类互相残杀的危机"③。同时也体认到了西方列强借助科学发达之威，压迫凌辱科技落后民族这一铁的事实，"西方人士今固专尚体力智力，积极从事于杀人之科学，借以压迫凌辱体力智力不甚发达者，即吾人亦尚在被压迫之中。但吾人如能为最大之牺牲，则吾人不久即可脱离彼等之压迫矣"④。因此他呼吁中印两个东方民族，携起手来，"一致努力，把东方的文明来发

---

① 伧父：《迷乱之现代人心》，《东方杂志》15卷4号，1918年4月15日。
② 伧父：《战后东西文明之调和》，《东方杂志》14卷4号，1917年4月15日。
③ 泰戈尔：《从友爱上寻光明的路》，见《申报》1924年4月19日。
④ 泰戈尔：《人类第三期之世界》，见《晨报》1924年4月29日。

扬",他设想办一所大学,名字叫做"白哈喇底"(beherat),声称办学
的目的是"因为现世可怕,到处都是人类互相残杀的情境,所以大声疾
呼,想要回复人类精神上的乐土"①。他进一步要把"道德势力"和"精
神势力"连接起来,努力发挥其"伟大之感化力",最后实现"人类和
平亲爱之主旨"。他说,"今世障害文化这恶魔势力如猛兽者甚多,排除
责任,在于青年;排除方法,不在武器,当以道德势力、精神势力相团
结,发挥伟大之感化力,以贯彻人类和平亲爱之主旨。近世文明,尚物
质,并不为贵。亚洲民族,自具可贵之固有的文明,宜发扬而光大之,
运用人类之灵魂,发展其想象力,于一切文化事业,为光明正大之组
织,是则中印两国之大幸,抑亦全世界之福也"②;又说,"吾两国先民
之努力,在精神上,在道德上,对于人类,实有莫大之贡献。今后正宜
发挥吾侪文化结晶之'爱',感化西方民族,使此悲惨无情之世界,得
有救济良方"③。他判断人类已经进入"第三期之世界",在这个历史时
期,人民"体力智力征服世界而外,尚有一更光明、升深奥、更广阔之
世界",而欲到达此世界,必须在一"明灯"照引之下才能顺利完成,
这盏明灯就是"服从与牺牲",并强调这是"吾人达到彼世界之唯一阶
梯","吾人欲得最大之自由,则必须能为最忍耐之服从;吾人欲得最大
之光明,则必须能为最轰烈之牺牲"④。他将甘地的"不抵抗主义"与佛
教的"忍耐"及"牺牲"精神合二为一,列为东方社会回应西方列强霸
凌的唯一"阶梯"。这种观念在当时招来了不少批评与抵制。

---

① 泰戈尔:《从友爱上寻光明的路》,见《申报》1924 年 4 月 20 日。
② 泰戈尔:《东方文明之发扬》,见《申报》1924 年 4 月 22 日。
③ 泰戈尔:《爱为济世良方》,见《晨报》1924 年 4 月 26 日。
④ 泰戈尔:《人类第三期之世界》,见《晨报》1924 年 4 月 29 日。

三、不受欢迎的"泰戈尔"

"文化泰戈尔"的中国追捧者主要是"东方文化派"的一干人马，但也不乏新文化阵线中的新人。新文化派之所以欢迎泰戈尔，动机当然也是多元的，有从"爱的使者"角度鼓掌的，有从"灵的福音"角度认同的，也有跟"东方文化派"一样，从其对物质主义批判的角度接受的，郑振铎的角度就属于最后一种。"现在的世界，正如一个狭小而黑暗的小室，什么人都受物质主义的黑雾笼罩着，什么人都被这'现实'的小室紧紧地幽闭着。这小室里面是可怖的沉闷、干枯与无聊。这里面的人，除了费他的时力，费他的生命在计算着金钱……以外，便什么东西都不知道，什么生的幸福都没有享到了。太戈尔则如一个最伟大的发现者一样，为这些人类发现了灵的亚美利亚……"[1]

但另一方面，即使在"东方文化派"的刊物阵地上，也能听到对于泰戈尔"调和"思想的质疑之声。《东方杂志》早在 1921 年就介绍了欧洲泰戈尔反对派的若干观点，如瑞士伯讷大学的赫尔褒兹对调和论的批评，"台莪尔以为把欧洲的推理科学，和印度的玄秘哲学联合起来，便会产生文明的佳果……这样一种思想，在西方人看来，自然是一种奇观，但是可惜除了'奇观'之外，再也没有什么价值了"[2]。这些批评虽然是以客观介绍形式呈现的，但也为不少迷信者敲了一下警钟。该文借赫尔褒兹的观点进一步分析，从欧洲的文化历史看来，一切进步的根源，大半出于希腊思想。西方文明之有今日之盛，大都出于希腊人之

---

[1] 郑振铎：《欢迎太戈尔》，《小说月报》14 卷 9 号，1923 年 9 月 10 日。

[2] 愈之：《台莪尔与东西文化之批判》，《东方杂志》18 卷 17 号，1921 年 9 月 10 日。

赐，便是将来的进步，也不外希腊思想的继续发展，但是希腊思想与印度思想从根本上来说是不能相容的，比如说，"希腊人主张自己造成人格造成命运；而印度人则主张自我扩大以消灭于宇宙之中。希腊人相信人格是从'地球母亲'里跳出来的，是从我们自己创造的宇宙观里生长起来的；而印度思想却教我们放大思想感觉之范围以与自然一致。两者如冰炭之不相容"。因此"西方人要采用印度文化，则必须放弃希腊精神。总之非雅典则孟买，二者实不可得而兼"①。"非……则……"式的不兼容判断，多少代表了中国部分人文主义者的质疑之声。

泰戈尔来华进行一系列讲演，为中国文化的出路以及中西文化关系等进行把脉，着实开了不少具有"印度特色"的处方，这些处方固然有其合理的地方，但在二三十年代的中国显得"不合国情"过于迂远，因此受到已经开始分化的中国思想界的同声批判。

首先，左翼知识界从唯物史观出发，认为其所谓"爱"的处方太过抽象，他们认为长久沉于死寂的东方民族，根本的解决之道在于改造经济制度。陈独秀说，人类之相残杀、阶级之相残杀、民族之相残杀，"这三种争夺残杀之根源，共总都由于社会经济制度之不良，换句话说，就是由于财产制度乃个人私有而非社会公有，完全不是科学及物质文明本身的罪恶"②。初步了解唯物主义的郭沫若也直接断言，"西洋的动乱，病在制度之不良。我们东洋的死灭，也病在私产制度的束缚。病症虽不同，而病因却是一样。唯物史观的见解，我相信是解决世局的唯一道路。世界不到经济制度改革之后，一切什么梵的现实，我的尊严，爱的福音，只可以作为有产有闲阶级的吗啡、椰子酒……无原则的非暴力

---

① 愈之：《台戈尔与东西文化之批判》，《东方杂志》18 卷 17 号，1921 年 9 月 10 日。
② 实庵：《评太戈尔在杭州上海的演说》，《民国日报·觉悟》1924 年 4 月 25 日。

的宣传是现时代的最大毒物。那只是有产阶级的护符，无产阶级的铁锁"①。显然，左翼知识分子认为只有进行一场彻底的无产阶级革命，从根本上铲除不合理的私有制后，才能最终解决近代文明的后遗症，才能最终解决东西方文化发展的不平衡不平等问题。

其次，部分具有五四情怀的左翼知识分子，则对笼统地反西方文化倾向表示了怀疑。东西方文化的概念必须厘清，否则赞成或反对都会无所依凭，"我觉得太戈尔在商务印书馆大会堂的讲台上，的确做了一首很好的抒情诗。只可惜这首攻击西方文化拥护东方文化的抒情诗里，既不曾明白说出东方文化是什么，也没有指明什么是西方文化"②。在他们看来，泰戈尔及其中国追随者所犯的就是这种"不问情由"的赞成或反对。"我们不是闭了眼睛不问情由地反对东方文化，我们却极不赞成这种自解嘲式的空叫东方文化，我们尤其反对那些标榜空名的东方文化而仇视'西方文化'的态度。"③

最后，一部分五四知识分子如周作人等，对某些人借"泰戈尔"之名发售现代"玄学"，保持了一定的警觉，在他看来，以宗教家和诗人的身份谈论科学，本身就不怎么靠谱，"我对于太戈尔也有一点不满，这并非别事，便是他以宗教家与诗人而来谈政治及文化，……宗教的政治论与诗人的文化观总是不很靠得住的"④。因此对于泰戈尔来华，他既不欢迎也不反对，只是觉得一些人"借了他老先生的招牌来发售玄学"，不甚"正当"⑤。

---

① 郭沫若：《太戈尔来华的我见》，《创造周刊》23 号，1923 年 10 月 14 日。
② 茅盾：《太戈尔与东方文化》，《民国日报·觉悟》1924 年 5 月 16 日。
③ 茅盾：《太戈尔与东方文化》，《民国日报·觉悟》1924 年 5 月 16 日。
④ 朴念仁：《太戈尔与耶稣》，《晨报副镌》1924 年 5 月 28 日。
⑤ 陶然：《"大人之危害"及其他》，《晨报副镌》1924 年 5 月 14 日。

四、泰戈尔与"中国文化的出路"讨论

泰戈尔来华,"欢迎"与"不欢迎"两种姿态同时出现,这两种态度的差异所折射的其实是当时国内两种不同文化思潮的对撞。近代以来对待中国文化、西方文化以及中西文化关系的态度方面,一直存在着"西化派"、"中化派"和"折衷派"的冲突。"折衷派"看起来是意欲"调和"中西,但正如前面所揭示的,他们强调中国文化的"纲领"作用,试图以中国文化之"纲线",贯穿西方文化之"散片",以我为主的意味十分浓厚,因此究其实不过是"中体西用"的某种变种,"折衷派"与"中化派"可以合二为一。如此一来,关于中西文化之争,实际上只剩下"西化派"与"中化派"两系了。"中化派"与"西化派"因而成为关于"中国文化出路"问题讨论的两种基本叙述模式。

"中化派"对泰戈尔的欢迎,个中缘由是非常明显的:并不是因为泰戈尔说出了多少石破天惊的新理论,而是因为泰戈尔的宣讲佐证或强化了他们一己的某些观点。借助一个具有世界影响的"东方文明"使者之口,表达自身对现代文化"偏至"的隐忧及复兴东方文化的信心,这原是值得嘉许的。然而,正如当时批评者所指出的,既对东西文化没有一个必要的界定,又对东西方文化的特质缺乏准确的概括,一口咬定西方文明的本质是"物质文明",东方文明的要髓是"精神文明",发誓要用"经久弥新"的东方文明去"调和"甚至取代唯"穿衣吃饭"是图的现代文明,这就显得可叹复可笑了。非常明显,东方文化并非全是"精神",也有"物质",并非全是"精华",更多的可能还是"糟粕";反过来亦复如是,西方文化并非"物质文化",也有"精神文化"。东西文

都是"物质"与"精神"共存,"精华"与"糟粕"互见的文明存在形式。作为一种被西方"捷足先登"的文明形式,现代文明代表了人类进步文化的基本方向,这一点已经得到历史的检验,毋庸赘言。凭借第一次世界大战之血污那一点事实,既不足以证实现代文明必然导致人类屠戮之结论,又不足以证明东方文明乃人类和谐之福音的结果,因为自东方文明诞生之日起,也发生过数不清的战争杀戮。因此,值此大战之机,深刻反思现代西方文化的"偏至"则无可厚非,若欲借此宣布西方文明的"终结"、宣告东方文明的"复兴",则除了获得精神上短暂的慰安之外,怕是不会有什么特别大的收获。

其实,关于现代文明的发展"偏至",特别是后发外生型国家的现代性"偏至",近代不少文人都有过探讨,周树人要算其中一个杰出代表。周树人对于西方现代文化和中国现代化得失利弊的把脉,与泰戈尔及其中国的人文主义者有某些相似之处,但是开出的药方、指出的路径却大异其趣。周氏的思想集中体现在《文化偏至论》(1908),该文既反思了西方现代化的利弊,更总结了近代中国"西化"的得失。文章指出,近代中华帝国在经历一系列败绩之后,"翻然思变",转而"革前缪而图富强",仓皇之中唯西方文化是举,于是出现了"竞言武事"、"机械其先"的热闹局面。[①] 然而在这种学习,却出现了不同程度的偏差。如片面强调"机械其先",导致的结果是实用理性对人之"性灵"的压抑。文章进一步探讨根源,认为这是重"物质"的西方文明的直接后果。另外,周树人还认为,近代中国引进"立宪国会"等现代政治形式本意是好的,但是又片面强调了让"大群""飞扬其性"一个方面,其结果

---

① 鲁迅:《文化偏至论》,《鲁迅全集》(1),人民文学出版社 1995 年版,第 44—45 页。

是不仅没有诞生"民治政体",反而结出"托言众治"而"借众以陵寡"的怪胎。因此对于重"物质"、"任众数"的两种"文化偏至",必须下一适当"药石"方可挽回。"诚若为今立计,所当稽求既往,相度方来,掊物质而张灵明,任个人而排众数"①,于是,"张灵明"而"任个人"成为周氏诊治西方文明病的法宝。

周树人把"非物质而重个人"、"张大个人之人格"②视为 20 世纪的时代精神,它不仅是救治欧洲"文化偏至"的"药石",也是东方古国"新生之津梁"。③对于"非物质",他说"黄金黑铁,断不足以兴国家"④;对于"张个人",他更以欧洲为殷鉴。在他看来,欧洲之强根本就在个人之强,中国之弱根本就在个人之弱,因此当务之急是在"立人",而"立人"的根本又在于"尊个性而张精神","欧美之强,莫不以是炫天下者,则根柢在人,而此特现象之末,本原深而难见,荣华昭而易识也。是故将生存两间,角逐列国是务,其首在立人,人立而后凡事举;若其道术,乃必尊个性而张精神"⑤。这是中国获得"新生"的必由之路,一旦个人强大,必然产生连锁反应,出现良性循环:虚伪之风顿消、内部生活强而丰富、人生富有意义、国家因个体强大而渐次强大,中国将因此而开辟出一条生路。总之,"非物质而重个人"被周树人概括为 21世纪的"新神思宗",一种崭新的时代精神。从个体心灵入手拯救国民精神,不仅是纠正西方早期现代性"偏至"的药石,也是救治东方愚弱、

---

① 鲁迅:《文化偏至论》,《鲁迅全集》(1),人民文学出版社 1995 年版,第 46 页。
② 鲁迅:《文化偏至论》,《鲁迅全集》(1),人民文学出版社 1995 年版,第 53—54 页。
③ 鲁迅:《文化偏至论》,《鲁迅全集》(1),人民文学出版社 1995 年版,第 55 页。
④ 鲁迅:《摩罗诗力说》,《鲁迅全集》(1),人民文学出版社 1995 年版,第 71 页。
⑤ 鲁迅:《文化偏至论》,《鲁迅全集》(1),人民文学出版社 1995 年版,第 57 页。

实现古国"新生"的良方。据此我们可以看出，相对于泰戈尔及其追随者而言，在对西方文化"偏至"和中国现代化"偏至"的理解方面，周树人论述得更为精确、把握得更为到位，给出的药方也更为切合中外现代文化的"病症"。

众所周知，"中化派"与"西化派"的思想冲突，在泰戈尔来华之前早已明火执仗，因此作为一个"文化事件"，泰戈尔的来华演说，本身并没有多大的思想价值，究其实，无非是"中化派"借助世界名人的麦克风，将其早就说过或早就想说的话再次播放一遍罢了。但是泰戈尔的思想也并不是毫无价值的，比如其提倡的"大爱"的精神、提出东方民族团结一致共同对外的思想等，对于一味宣扬"恨的哲学"和中华民族单打独斗的现实，未必没有某种纠偏和补充作用。其对印度文化的张扬，对于中国文化建设者而言，也是一种无形的声援。另外，他的若干观点，也刺激了中国学者对中国文化的出路问题进一步思考。十年之后的 1934 年，陈序经、胡适等提出"全盘西化"观念，这也算是对东方文化派的某种回应。至此，关于"中国文化出路"问题的两种叙事正式合龙。两种观点各是其是，各非其非，既互相碰撞，又互相滋养，这种态势一来有利于现代学术民主传统的形成，二来亦有利于将中西文化问题的讨论引向深入。

第六章 《东方杂志》对"文化罗素"的译介

　　1920 年 10 月 12 日罗素应邀来华，开始了他为时一年的讲学之旅。罗素尚未来华之前，各路报刊如《申报》、《晨报》、《新青年》、《东方杂志》等，满眼皆是绍介罗素的文字。罗素为数理哲学家，但他那抽象的哲学并没有引发中国听众的多大兴趣，倒是那些"社会改造"的话题引起了人们持久的热情。"研究哲学不是他的目的，他此来是为研究中国的社会状况的。他觉得这事不仅有趣味，而且非常重要，就是他将来要想对中国有所贡献，也就在这里。"① 作为最先系统介绍社会主义思想的刊物之一，《东方杂志》自然冲在报道罗素的最前沿。

　　作为一个有着鲜明文化倾向的现代媒体，《东方杂志》在"文化罗素"的传播过程中体现了何种"文化期待"呢？杂志曾派人跟随罗素，全程聆听其各种演讲，并从三个方面近距离对罗素进行了观察，一是"实用方面看出罗素"，二是"自由方面看出罗素"，三是"从调和方面看出罗素"②。据云，实用方面主要是指他处处照顾实际，不尚空谈；自由方面主要是指罗素的自由主义立场；调和方面主要是"主张采用基尔特社会

① 杨端六：《和罗素先生的谈话》，《东方杂志》17 卷 22 号，1920 年 11 月 25 日。
② 杨端六：《和罗素先生的谈话》，《东方杂志》17 卷 22 号，1920 年 11 月 25 日。

主义，就是调和精神的发现"①。当然，罗素涉及的问题，远远不止这三点，《东方杂志》要从罗素身上得到的东西也远远不止这些，其他如东西文化关系、社会改造的方法、中国未来发展方向等，都是《东方杂志》要表达的东西。实际上，刊物是在借罗素之口，说出自己一直在说或一直想说的话。因此，罗素在他们眼里就是一面镜子、一个扩音器，杂志不论选登罗素本人文章，还是直接发表相关评论，都是言在此而意在彼，具有或隐或显的建构目的。

一、从罗素视角再探中西文化关系

众所周知，《东方杂志》对东方文化素怀较高期许，在关于中西文化关系的若干次讨论中，包括杜亚泉在内的编撰不仅不认可有人对中国文化的指摘，而且对以注重"精神文明"的中国文化和专求"物质功利"的西方文化，下过一番"调和"的功夫。杜亚泉下台后，杂志的编辑方针和文化态度均有所调整，但在中国文化地位的认识上并没多少改观。因此借着罗素的来华，他们将这个已经讨论数次的问题再次拿上桌面。

罗素要算对中国文化有一定了解的西方哲学家了。他认为在世界几大古代文明中，埃及、巴比伦、波斯、罗马等古国文明都消失了，唯有中国文化"经过永久不绝的进化，至今还是生存着"。这个奇迹之所以出现，在他看来，主要原因是中国文化内在的生命力，具体而言就

---

① 杨端六：《和罗素先生的谈话》，《东方杂志》17 卷 22 号，1920 年 11 月 25 日。

是儒释道三教的独特作用。首先是儒家学说，"其生存之力既如此其伟大，则其本道自有优美之点在，宜受吾人之崇仰，宜得吾人之注意"[①]。他认为儒家学说，既无空疏的神秘信仰，也无"无用"的高尚道德，它专擅"伦理之事"，"平近易行"，虽有"礼仪上琐屑之点"，但与其他宗教比较起来，具有代行宗教的独特社会功能。在他看来，中国人之所以具有"优美之态度与完善之礼俗"，实乃儒家"教训"之功。"西人以凶悍手段侮辱华人，而华人每受之泰然，不屑以暴报暴以自贬其身价，此西人所当引为深耻者也。欧人每视此为华人之弱点，不知此乃其力之所在，中国自来所持以战胜其战胜者，即此力也。"[②]罗素发掘的儒教管理社会的正面功用也是东方同人反复阐述的。其次是道家。罗素特别推崇老子的自然思想，认为其尊崇的"道"，具有特别的意趣，"彼以为各人，各动物，及各物之举止行为各有其自然之方法与状态，吾人自身既当循此而行，而又须鼓励他人亦循此而行也"。因此，他认为在一定意义上，道家哲学"意趣实远胜于孔子"[③]。他认为老庄所提倡的自然生活，虽然不尽切时，也有玄妙色彩，但是它塑造的自然、艺术、诙谐、克制、悠悠不迫的民族性格，却举世少有，"此二特色在中国一切文学与美术及现时智识阶级之谈吐中均有之：中国人在任何阶级，均好嘻笑，从不坐失其诙谐之机。于智识阶级，中其诙谐尤为敏雅，故欧洲人恒不之觉，此盖中国人所引为荣事者也"[④]。这些"民族性"在近代常被国人疵议，但在罗素眼里，它们恰恰是中国民族性的优点。罗素对道家哲学

---

① B. Russell：《罗素东西幸福观念论》，《东方杂志》26 卷 15 号，1929 年 8 月 10 日。

② 罗素：《中西文化之比较》，《东方杂志》21 卷 4 号，1924 年 2 月 25 日。

③ 罗素：《中西文化之比较》，《东方杂志》21 卷 4 号，1924 年 2 月 25 日。

④ 罗素：《中西文化之比较》，《东方杂志》21 卷 4 号，1924 年 2 月 25 日。

及华人"生活之美与尊严"的肯定，也是《东方杂志》一贯的态度。再次是佛教。罗素认为佛教输入中国不久，即"占得宗教上确定之位置"，佛教作为一种宗教，"具神秘之教义及救世之道，并宣传一种未来之生活者也"①，中国人信奉佛教，并不排斥孔教，常常"一人可同时为佛教徒而亦为孔教徒"，二教并立的情形使中国人养成了纯粹入世与宗教观念的结合，因此对于社会是一种稳定剂，有利于国家的长治久安，"其效果则人民除内乱时期外，皆颇安乐，征服之民族许其自治，而异邦民族无须以其地广人众而恐怖也"②。不过，罗素也认识到，三教并存只是中国传统文化的特色，进入现代以后孔教就渐渐不能满足人们的精神需要了。

关于中西文化关系，罗素的观点简直就是东方同人观点的再版。罗素宣称，东西方文化是两种性质的文化，二者的"根本异点"在于"中国人之目的在享受，而吾西方人之目的在权力。吾西方人喜以己力服人，且喜以人力服自然。因其喜以己力服人也，于是建为强国；因其喜以己力服自然也，于是创为科学。中国人则赋性既逸且厚，既不宜以建立强国，亦不宜于创明科学"③。反观传统中国，他认为"罪孽观念"、"权力观念"、"实验方法"均没有生长土壤，只是进入近代以后，两种文化交流渐密，"科学与实业主义"才从欧洲输入④ 中国。这些都是《东方杂志》编辑一直传播的知识。

东方同人更为感兴趣的是罗素的东西文化互补论。罗素在《东

---

① 罗素：《中西文化之比较》，《东方杂志》21 卷 4 号，1924 年 2 月 25 日。
② 罗素：《中西文化之比较》，《东方杂志》21 卷 4 号，1924 年 2 月 25 日。
③ B.Russell：《罗素东西幸福观念论》，《东方杂志》26 卷 15 号，1929 年 8 月 10 日。
④ 罗素：《中西文化之比较》，《东方杂志》21 卷 4 号，1924 年 2 月 25 日。

方杂志》撰文指出，东西文化，互有短长，都需经过一番取长补短的功夫，"能采取吾人之长而亦保存其固有之长也"；而不是"采取吾人之劣点而又保守其自有之劣点"①，这一认识几乎是中国人文知识分子的共识。更让他们兴奋的是罗素的希望：互相吸收之后仍然保持自己的特色，而非将对方改造成另一个自己，"受过欧美教育的中国人，都以为要有一种新的质素，补足传统文化的生气，他们就想用了我们的文明去补足他。但是他们并不想建造和我们一个模样的文明"②。

罗素礼赞的中国文化包容性，也是中国人文主义者一直津津乐道的。他说，中国文化向来具有很强的包容性，一直与外来文明保持着密切联系，过去接受佛教文化，现在又接纳西方科学文化的。他相信，正如佛教并没把中国人变成印度人一样，科学也不会把中国人变成欧洲人。他还相信中国文化的这种特征，在面临欧洲文化的进攻之时，具有趋利避害的同化和净化功能，"西方文明的一切弊害——残忍，轻躁，压抑弱者，专图物质的那种偏见——他们明知是坏的，不愿意去仿效。至于西方文明的一切优点呢——以科学为最——他们却又是很愿意采取的"③；罗素还告诫中国人，切不可丢掉自己的文化，而"去统括的采用欧洲文化"④。罗素的这些论点和刊物一直强调的以我为主的"调和论"如出一辙。

① 罗素：《中西文化之比较》，《东方杂志》21卷4号，1924年2月25日。
② 罗素：《中国国民性的几个特点》，《东方杂志》19卷1号，1922年1月10日。
③ 罗素：《中国国民性的几个特点》，《东方杂志》19卷1号，1922年1月10日。
④ 杨端六：《中国改造的方法》，《东方杂志》18卷14号，1921年7月25日。

二、借罗素之口解剖中国"国民性"

反思中国"国民性"，讨论"民气"衰弱之表现及其与国家强弱之关系，是《东方杂志》开办以来的一个基本主题。翻开杂志1至4卷，有关"民气"问题的社说、评论，遍布每卷每期，如第1卷第1期有《论中国民气之可用》，第2卷第3期有《养民气论》，第2卷第5期有《论民气与国家之关系》，第2卷第8期有《论中国民气衰弱之由》，第3卷第4期有《论民气》，等等。在近代启蒙主义的时代氛围中，探讨"民气"衰弱之因，寻找增强之道，实际上也是改造国民性的一个重要途径，"国者，人民之聚合体也。民强，斯国强；民弱，斯国弱。善觇其国者，不观其国势之强弱，而观其民气之盛衰"①。可以说，国民改造作为一个"元问题"，或显或潜地贯穿了《东方杂志》的办刊始终。罗素谈论中国国民性，正好给了杂志一个机会，把这个陈年话题再炒一遍。

需要说明一点，《东方杂志》之请若干"西哲"，是有一点微妙讲究的，即所请之人，要么对华友善，要么对华有益，要么对中土文化有同情之理解，杜威是这样，泰戈尔是这样，罗素也是这样。在西方文化名人中，罗素能抛开偏见与歧视，能以"平等之态度待我"，且对中国文化抱有崇高的敬意，所以他对中国文化、中国人民，不论赞美还是批评，都很容易被采纳接受。

罗素首先批评，近代以来西方与中国交往，往往怀有三大不良动机，即战争、营利以及推销宗教，"西人之往中国，动机有三：即战争，

---

① 崇有：《论中国民气之可用》，《东方杂志》1卷1号，1904年3月11日。

营利，及使华人信奉吾人之宗教是也"[1]；而白种人在与黄种人交往过程中，也挟带着种族偏见，即不承认东方文明的价值，"时常有几个白种人，挟着一种谬见，说中国不是文明的国家。这些人大概已忘了文明是什么东西了"[2]。这种批评一方面道出了某种事实，一方面也表明了公正立场，在民族压迫深重的时代语境中，是能博得中国人民好感的。

通过比较，罗素确认，中国民族是伟大的民族，"拿优点和劣点互相对比，我想中国人总之不失为我所遇见的民族当中一种最好的民族，而且我正打算对于侵害中国民族的各大国，提起严重的公诉呢"[3]；中国文化也有悠久的历史，理应在世界文化之林占有自己的地位，"我想从根本上看来，他们差不多以为中国是世界最大的民族，有世界最优的文化呢"[4]；中国人民也与西方人一样，是文明、善良的人类，"向中国人说话和向英国人一个样子，他们回答我呢，也和英国人回答一个粗具学识的中国人那样"[5]。罗素对中华民族、中国文化以及中国人怀有如此同情与肯定的态度，就是提出一些善意批评，也能获得格外的尊重。

从比较的视点出发，罗素委婉批评了中国人的国民性。在他眼里，由于受传统文化的深刻影响，华人普遍有一种"镇静安闲"和爱好和平的态度，这一点正是急功近利和推崇实力的西方人所不具备的，"中国人呢从最高的阶级到最低的阶级，都有一种镇静安闲的态度，这种态度便是受过欧洲教育的也还不至于消失罢"[6]。这在肯定中国人文明、谦

---

① 罗素：《中西文化之比较》，《东方杂志》21卷4号，1924年2月25日。
② 罗素：《中国国民性的几个特点》，《东方杂志》19卷1号，1922年1月10日。
③ 罗素：《中国国民性的几个特点》，《东方杂志》19卷1号，1922年1月10日。
④ 罗素：《中国国民性的几个特点》，《东方杂志》19卷1号，1922年1月10日。
⑤ 罗素：《中国国民性的几个特点》，《东方杂志》19卷1号，1922年1月10日。
⑥ 罗素：《中国国民性的几个特点》，《东方杂志》19卷1号，1922年1月10日。

逊的同时，也暗含了对过于文弱国民性的批评。他还指出，中国人身上还有一种"大度"和安贫乐道的气质，"以余观之，一平均之华人，即极贫困者，亦较一平均之英人为愉快，其所以如是者，因为其民族基础之人生观，较吾人所具者，为更近人道而更为开通也"①。罗素还提到了中国人在面临贫穷、疾病等问题时的一种自我嘲解民族性，"贫穷也罢，疾病也罢，扰乱也罢，都可以置诸不问的。但是，为补偿这一种苦痛计，中国人却另具有享乐的本领；嬉笑，沉湎酒色，高谈玄哲，这都是中国人的享乐方法，而为西方工业国家所未有的。在我所熟悉的各种民族当中，中国人——无论那一阶级——可算是最善笑的民族了；他把什么事情都当作游戏，一场争吵往往只要一笑便没有事了"②。这种特点其实已近鲁迅所批判的"精神胜利法"，罗素在肯定中国人的"最善笑"的精神胜利之中，暗含了对中国民族的这种劣根性的暗讽。

对于中国民族的"劣根性"，罗素也曾不客气地直接指出过，他说："当我不久便要离去中国的时候，有一个优秀的中国著作家逼住我，要我说出中国人的几种最大的缺点。我很不情愿的说出了三种：就是贪婪，懦怯，和缺乏同情心"③。在他看来，正是这三大问题，造成了中国人丧失勇气、缺乏廉耻的民族性格，造成社会的腐败堕落。他特别强调，对物质利益的贪婪，不仅毒化了社会空气，甚至腐蚀了民族的机体，他说，"只有贪婪才是中国民族最大的缺点……除了极少的几个受过外国教育的中国人之外，大概都不免为了金钱去干败坏的勾当"④。

---

① 罗素：《中西文化之比较》，《东方杂志》21卷4号，1924年2月25日。
② 罗素：《中国国民性的几个特点》，《东方杂志》19卷1号，1922年1月10日。
③ 罗素：《中国国民性的几个特点》，《东方杂志》19卷1号，1922年1月10日。
④ 罗素：《中国国民性的几个特点》，《东方杂志》19卷1号，1922年1月10日。

罗素对于中国民族性的这种批评，颇为《东方杂志》所看重，刊物不仅全文刊登相关文章，还在卷首社论中专门就这个问题做出回应：

> 罗素是一个东方文化的宣传家，他回到欧洲之后，到处替我们中国民族大捧特捧，但是却也老实不客气的揭出这"文明古国"的三个弱点，就是（一）贪婪，（二）怯懦，（三）缺乏同情心。这种忠实的批评是很足以引起我们的反省的。只是我们对于这种结论还未能满意。因为他只断定了病症，却没有说出病源，这种恶劣的民族性究竟是怎样养成的，这是一个很值得研究的问题，而罗素却没有指示我们。①

斯时，正是外患日近、国土沦陷的国难当头，与其他爱国知识分子一样，《东方杂志》同人也在从各个层面检讨民族积弱的原因，探讨民族振兴之道。社论指出，"中国民族在历史上也是有过光荣的历史"，但"现在为什么变成了萎靡不振呢"？它分析认为，主要原因在于"民族太老了"，"一个民族，他的文化发展过了全盛之后，或者在久被压迫之后，便出现衰老的征象。贪财好货，卑怯懦弱，残忍而无同情心，这是衰老的民族所特有的性格"②。因此要实现振兴，必先去除这个衰老躯体的三个病灶，才能让其重新焕发青春的活力。

---

① 化鲁：《民族已老了吗》，《东方杂志》19 卷 23 号，1922 年 2 月 10 日。
② 化鲁：《民族已老了吗》，《东方杂志》19 卷 23 号，1922 年 2 月 10 日。

三、对"德先生"与"赛先生"的再次省思

不论改版前还是改版后，《东方杂志》与新文化运动一直存在着一种对话关系，其所讨论的问题总是以或显或隐的形式，回应《新青年》所提出的一系列问题。当然，《新青年》所涉及的问题，也不过是近代中国问题的更集中、更明确的表达。近代中国问题很多，其中"中国改造的方法"可说是一个母问题，政治改造、经济改造、文化改造、教育改造，各种改造纷至沓来，各种方案不一而足，现代中国成了改造的试验场。"根本的问题还是思想改造。改造思想的方法，我以为也有三个：第一，就是学者著书立说，第二，是教育家热心讲授，第三，是新闻记者公平指导。……其次就是学校教育问题"①。《东方杂志》之接受罗素与传播罗素，正是基于这样一个信念，即相信对方能为这种工程浩大的现代性转换提供有益的智力支持。"罗素先生以世界大哲学者来我中国。原欲以考察世界之眼光考察中国之社会状况。而后发为文章以贡献于吾人之前。"②《东方杂志》的编辑仰慕罗素的世界眼光，赞佩其"切中时弊"为堪与孔子比肩的"时中之哲"，相信其"若能假以时日，必有宏言伟论饷我国民"，并希望"少数彻底之人"能充分消化罗素之智慧，"秉强固不拔之精神去改造政府"③。

为尽快实现"改造"，杂志传播方式也发生微妙变化。过去的文字，罗素自罗素，编者自编者，两个主体的思想尽管有所重叠，但毕竟还是

---

① 杨端六：《中国改造的方法》，《东方杂志》18 卷 14 号，1921 年 7 月 25 日。

② 杨端六：《罗素先生去华感言》，《东方杂志》18 卷 13 号，1921 年 7 月 10 日。

③ 杨端六：《罗素先生去华感言》，《东方杂志》18 卷 13 号，1921 年 7 月 10 日。

两种独立声音，但在 1921 年 18 卷 3 号上，这种情况发生了变化。此期刊物发表一篇《罗素先生去华感言》，既不是客观的"述"，也不是主观的"评"，不知道哪是罗素的"感言"，哪是记者的"议论"，总之杂志与罗素的声音合二为一。在这篇文字中，《东方杂志》与罗素一起集中反思了"德先生"与"赛先生"的问题。

首先是对民主即"德先生"中国化问题的反思。考虑到中国深厚的服从传统和巨大的文化惯性，编辑们对于"德先生"在中国是否"水土不服"持犹豫态度，"西方的德谟克拉西非数年之中国所能企及"①，因此对"德先生"在中国的前景是颇为忧虑的。在其逻辑里，"德先生"有一个生长的环境问题，离开了这个环境就会生变。他们批评当时的"浪漫青年"，动辄搬用"极端之西方的德谟克拉西"，是非常幼稚的，"遇有稍讲秩序及服从之事件，即群起之反对之，卒至作事不成，社会不见救时之良药，今之青年大抵误认为德谟克拉西为一种原因，实则不过一种结果耳"②。在他们看来，民主是不断发展的，也是随时变化的，因此不同环境、不同时代之间的民主内涵也有很大差别，将来民主运动走向何处还未可知，"德谟克拉西之范围随时代之变迁而有广狭，十九世纪以前之欧洲政治运动，注意在削除独裁君主之权限，而以代议制度代之。在当时。德谟克拉西之目标在于不完全之选举制度，其后教育日益普及，智识日益发达，于是有普选之运动。工人妇女昔在屏弃之列者，渐次握得与政之权。然为时不久，此种平民的选举制度，在今日之欧美已有为人厌弃之机矣，实则国民教育发达至于今日之欧美，尤不能不归于有限制之德谟克拉西。以予观之，最近之将来，——否，最远之

① 杨端六：《罗素先生去华感言》，《东方杂志》18 卷 13 号，1921 年 7 月 10 日。
② 杨端六：《罗素先生去华感言》，《东方杂志》18 卷 13 号，1921 年 7 月 10 日。

将来——社会活动之中心决不能不在乎少数之青年志士，所谓群众云者，皆追随此少数人之后者者也"①。结合到当时中国情势，他们共同认为，国民教育不发达，民主土壤尚不丰厚，民主实现势必还有很长的路要走；而当务之急是对"追随少数人"之群众进行最基本的启蒙教育。

其次是对"赛先生"作用的双重性进行了反思。关于"科学"，《东方杂志》一直在进行默默的建设，具体表现是刊物始终没有中断各种科学知识的普及推广。然对"科学主义"，其编撰同人则有着和新文化运动者不同的理解。对第一次世界大战的反思具体展示了其科学观。在他们看来，科学是一种双刃剑，在极大方便了人们生活的同时，也为物质主义的泛滥提供了技术支持，所以对于"科学主义"的批判，成为了杂志一个时期重要的内容。当然，在批判"物质主义"的同时，他们也不忘夹进一些自己的"私货"，即认为罗素重精神生活的东方文化，可以弥补这种"文化偏至"的不足。批判西方文化，连带地批判物质主义、科学主义，从某种意义上讲，是杜亚泉主持的《东方杂志》宣扬的主要思想内容之一。尽管杜氏在1919年黯然下台，但是这样一个老传统并无多少改观。罗素的来华，为这种观点的再次抬头提供了一次契机。

一方面，这篇文章肯定了科学在"知识之增进与国家之扩大"以及改善物质生活待遇方面的价值，另一方面也指出科学的负面作用，如使"战争更残酷"等，科学在他们那里是一个双刃剑，是"恶之源，也是善之本"，需要辩证地加以看待："科学使战争更加残酷，大帝国亦使战争流布更广，然二者虽均能为害，实亦构成进步之必要条件。……工业

---

① 杨端六：《罗素先生去华感言》，《东方杂志》18卷13号，1921年7月10日。

主义及机械的发明，究为科学之产物，吾人之时代所以异于过去之时代者，实赖于科学之力。科学在其进步之过程中，虽亦尝为有害之动作，然导人类入于较过去更幸福之状态者，固科学也"[1]。

在 17 卷 22 号中，杂志以卷首评论的规格，重点解读罗素的《科学与文化》，再次对罗素"科学精神"的提法表达了高度认同：

> 罗素以为科学之真价值，实在此而不在彼，故其教育之定义，为"以教授之方法，为某种心习与某种人生观及世界观之构成。"科学教育之所以足重，即以其所构成之心习，与其所构成之人生观及世界观，与文学教育或古典教育不同也。然则，科学之真髓又何在乎？罗素答之曰，是在使吾人求知之欲望，不受他种欲望之干涉，是在将吾人歆歆惧之私、爱恶之情，与夫一切主观的感情生活尽力克制，而如物质之本来面目以观察物质[2]。

科学的真价值不仅表现在推动求知欲的养成，而且体现在帮助形成求知欲不受干涉的自由意志，并由此而形成"吾人对于世界之观念"。当然，解读者仍然不忘用理性对感情、物欲等进行"尽力克制"，罗素的理性节制情感的思想，与《东方杂志》的中庸调和论，在科学的问题上可谓是一拍即合。

---

① 罗素：《现今混乱状态之原因》，《东方杂志》18 卷 7 号，1921 年 4 月 10 日。
② 坚瓠：《罗素之科学观》，见《东方杂志》17 卷 22 号，1920 年 11 月 25 日。

四、罗素的两种苏俄镜像及其在中国的回响

欧战以来，罗素因为倡导和平、反对战争被英国政府罚款革职；又因为同情苏联、提倡"社会主义"而被禁止出境并系狱半年。罗素的思想和行为，一时之间成为许多"社会改造"论者的精神导师，"现在罗素已完全成了光明磊落的根本改造论者、世界改造的指导者，同情于它的人已经遍处都有，罢工的工人也多找他去指教"①。《东方杂志》之请罗素，自有请来"方师"以为中国把脉之意。

在给中国社会改造开出药方之前，罗素对中国的病症有两个基本判断，一是对经济基础的判断。在他看来，中国虽然贵族文化很发达，但整个经济状况还非常幼稚，约略相当于西方产业革命前的状态，因此不存在现代意义上的所谓无产阶级。没有"无产者"，只有类似沙俄的农奴。要之，中国的经济状况和阶级状况都是产业革命以前的东西。他认为，中国这种状况跟法国大革命前颇为相似，中国革命也将和法国革命一样，"是有力的军国国家间的政权的争夺，是军国的革命。这个倾向，到现在仍是如此，能够引起真正的社会革命的经济事情，是还未成立"②。

二是对中国思想现实的判断。他考察了中国几千年来思想专制的现实，认为思想统制乃是这种文化的基本特征，中国尚没有现代意义上的个体，更没有现代意义上的个体自由，有的只是"这两千年来的积弊"

---

① 张崧年：《志罗素》，《东方杂志》17 卷 18 号，1920 年 9 月 25 日。

② ［日］长谷川如是闲：《罗素的社会思想与中国》，《东方杂志》23 卷 13 号，1926 年 7 月 10 日。

对思想的束缚。所以现在的"我们现在惟一的方法，是从种种方面解除这种束缚，使我们得以尽量发挥自己的本能。因此，言论自由，出版自由，集会结社自由是我们最要紧的生活"①。当然，考虑到传统惯性力量，他认为自由在中国是不能即刻实现的，只能采取"俄国的方式"，"谓西方的德谟克拉西非数年之中国所能企及，而主张以俄国式的方法对付现在之问题"②。注意，罗素所谓"俄国式的方法"并非真正的俄国方法，而是他带有强烈无政府主义色彩的"行会社会主义"方法。

罗素的"行会社会主义"与苏俄的"社会主义"无疑是有本质区别的，但这并不妨碍其对苏俄的巨大热情，为了对"社会主义"实践有更为直观的体认，罗素决定亲自前往体验一番。在亲往苏俄考察之前，他对俄国社会主义曾有一个浪漫想象；考察结束后，他却对苏式社会主义产生了另外一种评价。

先看访问之前他对苏俄社会图景的想象。此时，他是布尔什维主义在英国少有的辩护者和拥护者。在他眼里，人类社会的公平正义，在苏俄已经真正实现，因为这个社会铲除了导致一切不公的经济基础，"社会上的事，如政治、美术……无一不是受经济底支配的。如经济制度有了改变，世上的事就都有了变动"③。他称赞俄国消除了剥削阶级，实现了真正的平等，"现在俄国布党中，只有一个阶级的，并没有什么不平等的和不一样的地方"。④ 因此，他对苏俄极尽辩护之

---

① 杨端六：《中国改造的方法》，《东方杂志》18卷14号，1921年7月25日。
② 杨端六：《罗素先生去华感言》，《东方杂志》18卷13号，1921年7月10日。
③ 罗素：《布尔塞维克底思想》，《东方杂志》17卷24号，1920年12月25日。
④ 罗素：《布尔塞维克底思想》，《东方杂志》17卷24号，1920年12月25日。

能事。一般人所最反对布党的地方，乃是对私有财产的剥夺，而在他看来，这正是其最高尚、最好的地方，"现在我们可以说布尔塞维克之所以为人所恨招人反对者，并不是因为布尔塞维克底罪恶和不好的地方，却正是为布尔塞维克底功德及好的地方"①。他还说，人们之所以"疾视他们"，就是因为对布党思想不了解的缘故。在他看来，人间一切"不公道"的根源就在于那种不平等制度，而要消除这种制度只能像俄国一样采取"革命"的行动。"如果要真正实在地来讲公道，就是一种革命的观念，就是要来革命。从社会上历史底沿革看起来，社会间的制度。都是很不讲公道的，不平等的地方很多，若真是要求讲公理，就不得不把旧社会中遗传下来的些不平等制度，完全破坏、完全打消。"②罗素坚持，人们之所以将布尔什维视为"过激派"，根本原因是在于"不了解他们底思想"，不了解其建立一个公平、公道的人间社会的理想。

再看罗素亲历苏俄之后的观感。1920年5月，罗素随英国工党代表团赴俄考察，历时一月，6月回国后不久就来中国访问。罗素将访俄见闻形诸文字，发表于英国及美国的 Nation 周刊，《东方杂志》旋即将其编译成汉文发表于17卷19号（1920年9月）。胡愈之在这篇译文的译者附识里，敏锐地捕捉到了罗素思想的一些细微变化："（这篇游记和之前的观点）有几处是相同的，有几处却已变换了意见了。罗素是彻底的和平论者，他以为用武力得来的自由，不免有许多的恶果，他在俄国所见情形已把这一层证明了。社会主义能够代替资本主义谋生产效率的增加，这一层也证明了。但在一方面有许多事情他经过实地考察之后，

---

① 罗素：《布尔塞维克底思想》，《东方杂志》17卷24号，1920年12月25日。
② 罗素：《布尔塞维克底思想》，《东方杂志》17卷24号，1920年12月25日。

很有点怀疑了,譬如苏维埃制度算是新俄国的一种特点,但照罗素的眼光看来,却不是名实相同的"。① 关于前后变化内容,《罗素的新俄观》也有详细罗列。

为什么访俄前后罗素思想会发生如此反转?中国解读者从各个侧面进行了分析。第一,罗素的"社会主义"并非苏俄的"社会主义"。《东方杂志》的分析师通过罗素近期的态度变化认识到,罗素的"社会主义"本质是"以无政府主义为终极的理想的……一种'行会社会主义'"②。这种"主义"的发生,究其实质并不是社会改造的方案,而是一种哲学家的玄想。罗素心目中的"社会改造",最根本动力来自于"内部冲动",而不是外部的强制行为。罗素的这种"社会主义",就好像"创造的艺术、爱、思想这类的东西,这些东西上必不可缺的便是自由",所以最后只能通向无政府主义,"他的改造社会的方法之根本便是他常说的冲动之转变。他说人的行为多是发于冲动,冲动分为两类,一是创造的,一是占据的,学术等都起于创造冲动……罗素这种主张便也是关系他的注重思想、学术、个人自由、爱情、善意的,以至他对于教育、人间关系(如男女关系)的主张都如此"③。显然,罗素的社会改造方案,也只是在个人思想内部进行的"冲动之转变",它与通过激烈的暴力行动达到社会改造目的的苏俄革命,是存在本质区别的。

第二,罗素本质上是一个自由主义者,他与布尔什维克的信念存在着根本不同。罗素讲教育、谈哲学、传布社会原理,"无处不以启发

---

① 愈之:《〈罗素的新俄观〉·译者附识》,《东方杂志》17卷19号,1920年10月10日。
② 张崧年:《志罗素》,《东方杂志》17卷18号,1920年9月25日。
③ 张崧年:《志罗素》,《东方杂志》17卷18号,1920年9月25日。

人类的自由思想为职务"[1]。英式自由主义者的思想底色，成了其臧否各种社会改造学说的立论根基。对此，《东方杂志》的记者是看得非常清楚的。

> 他论到各国的社会改造，都不甚满意。这并不是他只喜欢英国的办法，实在是他酷爱自由，所以对于拘束自由的手段，总是不赞成的。譬如讲到劳动阶级的运动，在德国有国家社会主义，在法国有工团（散地卡）主义，在俄国有无治（安那其）主义，现在又有变相的国家社会主义，那就是鲍尔希维主义。他对这几种主义的根本目的都不加毁坏，但是对于他们那几种手段都有贬词，这就是因为他们所用的手段都与人类思想自由有不少的妨碍……他情愿赞成无治主义，不赞成国家社会主义，情愿赞成工团主义，不赞成鲍尔希维主义[2]。

罗素的社会理想，是以保障个人自由为根本诉求的，其骨子里透露的是英国式的"自由主义"。他之赞成社会管理，是因为社会管理可以成为实现个人自由的有效手段，所以他对布尔什维克深怀恐惧是在情理之中的。

第三，罗素的本意只是试图在个人自由与社会控制之间做一些调和，本质上只是一个社会或个人的改良主义者，不能算是苏俄式的社会主义者。在这个问题上，《新青年》看得更为透彻，"一方面不赞成国家社会主义派的主张，一方面又不满意无治主义派的主张；一方面承认国

---

[1] 杨端六：《和罗素先生的谈话》，《东方杂志》17 卷 22 号，1920 年 11 月 25 日。

[2] 杨端六：《和罗素先生的谈话》，《东方杂志》17 卷 22 号，1920 年 11 月 25 日。

家社会主义非常有害，一方面又承认国家暂时为不可缺的机关"①。他反对国家，因为国家是"势力"的代表，"对内侵犯个人的自由，对外侵犯别国的自由"②。为了实现社会公正、个体自由，就需要在国家与个人之间进行某种调节，罗素的政治理想实际上是一种寻找个人自由和社会管理之间最佳平衡点的政治"乌托邦"。

《东方杂志》之报道罗素、跟踪罗素，一方面将当时世界上一种社会主义提倡者的思想及其变化过程，完整、详细地呈现给了世人，让中国人对社会主义思潮有了一个切实的了解；另一方面也将社会主义运动可能遇到的问题，将苏俄社会主义实践的负面因素如实地告诉读者，对中国渴望走苏俄道路的人来说未始不是一种警戒。客观地讲，在中国近代史上，在介绍社会主义思潮方面，不论时间、数量，还是深度、广度，还没见过哪个社会团体或刊物杂志能够超过《东方杂志》的。但随着译介的深入，东方同仁越来越意识到"过激主义"的巨大威胁。罗素"事件"之后的相当一个阶段，《东方杂志》对于苏俄的报道或言论，明显抱有警惕或排斥的态度。从这个意义上讲，罗素的苏俄著述，刺破了中国部分知识分子的"社会主义"梦想，打消了他们对于苏俄式"社会主义"的憧憬，因此，这次"事件"，不仅成为《东方杂志》对"社会主义"态度转变的关键，也成为部分人文知识分子对苏俄态度转变的关键。

《东方杂志》借助罗素这个由头重新剖析国民性、检讨东西方文化关系、反思科学、民主在中国的生长土壤，探讨改造中国的出路，可谓是一石数鸟、弹无虚发。实际上这些问题是《东方杂志》也是

---

① 高一涵：《罗素的社会哲学》，《新青年》7 卷 5 号，1920 年 4 月 1 日。
② 高一涵：《罗素的社会哲学》，《新青年》7 卷 5 号，1920 年 4 月 1 日。

当时中国思想文化界一直在讨论的问题。因此，此次迎接罗素可以看成一次自觉的文化行为。它是一次对西方"活文化"的请进来，也是一次中西文化的面对面交流。当然，更主要是一次寻找思想外援的活动。

20世纪20年代，刚刚步入"民主"轨道的中国，面临着政治、经济、思想、文化等方面成堆的问题，如何解决这些问题成为各派知识分子自觉的努力。在他们心中，传统似乎无法为这些问题的解决提供智力支持，他们不得不将探寻的目光转向西方，于是西方的各种"主义"成为中国知识分子不加选择的"拿来"对象。梁启超在欢迎罗素的演说中明确指出，目前的当务之急就是要把世界各种思想"无限制尽量输入"，并做"绝对的自由研究"，然后使中国成为各种学说的"试验场"。罗素之来，正是这种文化试验的一部分。"无论何种学说，只要是有价值的，我们都要把他输入，令各方面的人，对于那一种有兴味，就向那一种尽量研究。……我又想现在世界学者所研究种种理想的制度，在欧洲办不到的，或者在我们中国倒是最好的一个试验场。……我们中国因为近来社会进步比较的慢，欧洲先进国走错的路，都看得出来了，他治病的药方渐渐有了具体的成案了。我们像一块未有染过颜色的白纸，要他往好路走，比较的还不甚难。就这一点看来，我们的文化运动不光是对于本国自己的责任，实在是对于全人类的一种责任。至于哪一种方案是最好的呢？总要经过自由研究，种种试验之后，才可以决定。"①正是基于这种"实验主义"立场，《东方杂志》才开设舆论平台，引进各种学说，给当时中国的思想界注入新的活力。他们将引进思想比

---

① 梁启超：《讲学社欢迎罗素之演词》，《教育公报》1920年第12期。

作开杂货铺,"好像我们开一个大商店,只要是好货,都要办进,凭各人喜欢哪样就买哪样"①,希望顾客各取所需,自由选择,因而提倡"生活的理想化、理想的生活化"的罗素,自然成为讲学社选择外哲的第一人选了。

_____

① 梁启超:《讲学社欢迎罗素之演词》,《教育公报》1920 年第 12 期。

第七章 《东方杂志》对"汉字革命"
运动的反思

作为一句口号,"汉字革命"大概是由钱玄同首先提出来的。1922年"国语研究会"会刊《国语月刊》辟出"汉字改革号"(一卷七号),胡适、钱玄同、黎锦熙、蔡元培、周作人、沈兼士、赵元任、傅斯年等新文化运动健儿,从汉字存废、字母化以及国语建设方向等不同层面,提出了对汉字进行"革命"的意见。然而,作为一场语文运动,它的时间范围应该朝前往后延长很多,上限可溯及1892年卢戆章《〈中国第一快切音新字〉原序》的发表甚至更早,下限可延伸至新中国成立之后的1950年代甚至更晚。也就是说,清季民初以来凡是旨在对中国语言文字进行大众化、通俗化、拼音化改造的一系列文化活动都应该被摄入"汉字革命"的范畴。文字是语言的载体,语言是文字的意涵,然大体上是统一的,因此这里使用的"汉字革命"概念,实际上涵盖了近代以来大众语文运动的全部,主要包括晚清切音字运动、简字运动、万国新语运动以及通俗文运动;五四时期"汉字革命"、世界语运动以及国语运动;三四十年代拉丁化和大众语运动;等等。

几代语文革新者进行的是一场"将语文还给大众"和语文现代化的

系列尝试，这种革新运动当然离不开近代中国特定语境。近代中国的时代语境是什么？是如何启民于愚昧、救国于倒悬，是启蒙与救亡之交替与连续的变奏，是如何实现建立强大现代民族国家的"中国梦"。"近百年中华民族根本只有一个问题，那就是：中国人能近代化吗？能赶上西洋人吗？能利用科学和机械吗？能废除我们家族观念和家乡观念而组织一个近代的民族国家吗？"[1] 在人文知识分子不同的专业领域，创建一种新型的民族文化几乎成了其对历史的自觉承担，几代语文工作者"还语（字）于民"的努力就是这种历史承担的有机组成部分。

由于大众语文运动是在启蒙和救亡两大原动力推动下进行的，这也就决定了绵延近一个世纪的语文运动的两个基本诉求，即民族诉求和民主诉求。由于东方式民族主义本质上是一种面对西方凌压的民族自强运动，即是"一民族为他民族所压迫，而该民族本良心之自觉，不甘于压迫时所起之一种离心运动"[2]；也是一种"或预防将来之被征服，或矫正其现在之被蹂躏"[3] 的"师夷长技"的民族自新运动，所以从声光化电，到典章制度直至语言文字，泰西的所有东西都成为近代国人竞相追慕的对象。这就决定了近代语文的"民族"诉求的特殊性，即如何借鉴西方语文经验，尽快找到解决汉字与拼音关系、大众识字及普及教育等问题的一揽子方案，快速开启民智以使民众成为民族振兴的中坚力量。这就涉及大众语文的民主诉求了，"语文民主"面临的主要问题是，如何解决言文不一、手口分离的矛盾，如何解决语言文字与人民大众相脱离的

---

① 蒋廷黻：《中国近代史大纲》，东方出版社 1996 年版，第 2—3 页。

② 潘迈：《今后中国教育宗旨应含国家主义的精神》，《中华教育界》15 卷 8 期，1926 年。

③ 潘迈：《今后中国教育宗旨应含国家主义的精神》，《中华教育界》15 卷 8 期，1926 年。

问题，等等。在"民族"与"民主"的双重要求之下，现代语文革命呈现出"向外走"、"向下走"的运动曲线，具体而言就是怎样借鉴西国的拼音文字经验，将中国语言和文字的"贵族气息"消除殆尽，把它尽快交还给目不识丁的平民大众。

在从晚清到建国前后的近一个世纪里，中国大众语文经历了晚清、五四前后以及三四十年代三次大的变革时期，涉及汉字存废，字母化以及通俗化三个层面的革新问题。从第一个层面历时地看，晚清文改人士以器用眼光审视汉字弊端、重新认识汉字本质，突破了汉字神圣光环，在实现从神道文化向世俗文化转变中不无意义，然也为近人鄙弃汉字开启了闸门。吴稚晖提出的废除汉字论调，无疑就是这个认识的更进一步；五四"汉字革命"论者如钱玄同等接过吴稚晖的衣钵，断定汉字野蛮，不适科学时代之需要，因此必须予以废除，从而实现中国语文"根本解决之根本解决"。到了三十年代，民族危亡情势使人再一次打量汉字与民族的关系，汉字难写难认等弊端再一次被提出，汉字被认为是造成民众愚昧、民族积弱的根本原因，因此一度发出"汉字不灭，中国必亡"（鲁迅语）的刺耳声音。第二个层面是字母化运动，它也大致经历了三次高潮，即清季新世纪派发起的"万国新语"运动，五四时期继续的世界语运动以及三四十年代进行的罗马字、拉丁化运动；而与上述两种运动相呼应的，是先后进行白话文运动、国语运动以及大众语运动。要之，历经三个历史时期、横贯三个层面，这一系列大众语文运动，前后呼应，互为涵荡，波澜壮阔，蔚为大观，它们一起既构成了中国文化现代性的起源语境，也成为中国文化现代性的重要内容①。

---

① 参见赵黎明：《"汉字革命"：中国现代文化与文学的起源语境》，中国社会科学出版社 2010 年版。

现代大众语文运动敏锐地感应了时代潮流，准确地回应了时代对于语文的要求，客观地讲，它是一种进步的有益的语文还原运动；其所秉持的理论依据有它的真理成分，其所欲追求的目标如今也部分或全部地实现了，其对中国语文乃至中国文化现代转型立下的功绩，我们应该给予充分的肯定。然而，正如其历史功勋不可忘记一样，其理论的错谬和实践的偏颇也不可忽略。其太过强势和正确的"革命"，对中国语文乃至中国文化造成的伤害已经为人们所感知。实际上，在大众语文的建构过程中，批评的声音一直伴随左右，不过这种声音要么被无情淹没，要么被有意过滤掉罢了。现在是时候认真听取那些文化反对派声音了。这个反对派的群体成员构成既非一色，反对程度也不一样，本书选取的主要是"东方文化派"诸子。"东方文化派"指五四时期反对西化，提倡东方文化，主张新旧与中西调和的文化保守主义者，代表人物有杜亚泉、钱智修、梁启超、梁漱溟、陈嘉异、吴宓、胡先骕、梅光迪、刘伯明、柳诒徵、张君劢、章士钊等①。这种划分，我们基本认同。不过这里范围稍有扩大，比如将时代稍微在前、观点比较接近的"国粹派"章太炎、刘师培、田北湖等人，也纳入了"东方文化派"的范畴。

一、符号的随意性："汉字革命"的理论偏执

如前所述，清末文字改革是特定语境中的一场"文字救国"运动。

---

① 郑大华：《论"东方文化派"》，《社会科学战线》1993 年第 4 期。

民族自立自强的要求与民众文化程度现实之间的紧张，决定了语言文字的改革方向，也规定了文字改革的核心课题。语言文字的改革方向是什么？是如何实现汉字向"下流社会"的流散；文字改革的核心课题是什么？是如何将文字工具尽快普及于村氓细民。"识字不多而觊国家之富且强也，得乎？国家富强之源，不在一二上流社会之人才，而在多数下流社会之识字。"① 为了实现教育普及目标，迫切需要对教育工具汉字进行去精英化活动；把汉字从"神道"的牌位上拉将下来，在"器用"的层面上加以重新认识，就是这种活动的一部分。众所周知，在华夏文化传统中，人们对汉字历来存有崇拜情结。汉字的产生曾被祖先描绘成"惊天地，泣鬼神"的圣事。《淮南子·本经训》云："昔者仓颉造字，而天雨粟，鬼夜哭。"张彦远在《历代名画记》中对此解释是，由于文字的产生，"造化不能藏其秘，故天雨粟；灵怪不能遁其形，故鬼夜哭"。语言不仅是天道、鬼神的再现，还是教化、伦理甚至治乱的征象，古人对语言的重视到了无以复加的程度。"乱之所生也，则言语以为阶。"（《周易·系辞》）"一言而丧邦。"（《论语·子路》）"太上有立德，其次有立功，其次有立言，虽久不废，此之谓三不朽。"（《左传·襄公二十四年》）作为言语的记录符号，文字因而也受到推崇，这种崇拜表现在符箓、谶语、拆字、书法等各个方面。然而，在危机四伏，"以夷制夷"之声不绝于耳的清末，文字被拉下了"道体"的宝座，充当了卫道之"器"、变法之"具"。这种"体用"之间的有意转换成了清季文改人士实现文字通俗化的普遍策略，林格存认为，语言文字不过是思想的载体、器具，既然是工具，其功能就以便于使用为目的，"盖字者，要

---

① 沈凤楼：《江宁简字半日学堂师范班开学演说文》，《清末文字改革文集》，文字改革出版社1958年版，第53页。

重之器也。器惟求适于用"①；有人也强调汉字的重要性，但认为汉字神
性还俗后，使用起来更为便利，作用因而更为巨大，"文字之为益于社
会，一如神经之作用于躯干，然宜遍不宜偏；文字之为器于国民，犹斧
斤之于工师，贵易举，不贵繁重"②，而在此过程之中，他们逐渐认识到
文字不过是一种语言符号，"文字者所以为记语言之表识也"③，"古人各
因物成字，形体虽别，无非以字作记事珠耳"④；他们进一步将符号繁简
与进化难易相对应，"窃思语言者为人之心声，文字者记事之符号，故
语言与文字合则进化易，语言与文字分则进化难"⑤；直至最后将文字易
难与人民智愚、国运强弱相比附，"文字者智器也，载古今言语心思者
也。文字之易难，智愚强弱之所由分"⑥，如此，他们找到了对汉字进行
改良的充足理由。

按照现代语言学理论，语言文字是一种由能指和所指连接而成的符
号，而能指和所指的联系又是"任意的"，"能指和所指的联系是任意的，
或者，因为我们所说的符号是指能指和所指相连接所产生的整体，我
们可以更简单地说：语言符号是任意的。"⑦ 在西方现代语言理论产生之

① 林格存：《上都察院书》，《清末文字改革文集》，文字改革出版社 1958 年版，第
17 页。

② 马体乾：《谈文字》，《清末文字改革文集》，文字改革出版社 1958 年版，第 88 页。

③ 劳乃宣：《简字全谱自序》，《清末文字改革文集》，文字改革出版社 1958 年版，
第 77 页。

④ 赖鸿逵：《拼音字谱再版序》，《清末文字改革文集》，文字改革出版社 1958 年版，
第 15 页。

⑤ 刘照藜：《陈请资政院推行官话简字说贴》，《清末文字改革文集》，文字改革出
版社 1958 年版，第 132 页。

⑥ 沈学：《盛世元音序》，《清末文字改革文集》，文字改革出版社 1958 年版，第
9 页。

⑦ ［瑞士］费尔迪南·德·索绪尔：《普通语言学教程》，商务印书馆 2005 年版，
第 102 页。

前，中国的文字改革家们能够认识到"符号的任意性"，并借此找到中国语文改革的"阿基米德支点"，这当然是具有重要的理论和实践意义的。"语言文字之为用，无他，供人与人相互者也。……何况语言文字，止为理道之筌蹄，象数之符号乎？就其原理而论之：语言文字者，相互之具也"①，然而，时人所认识的"工具—符号"性却又往往流于肤浅的比附，比如他们将文字这种具有深刻人文内涵的语言工具与舟车、弓矢等日常用具相提并论，甚至认为既然是工具，唯一的要求就是简便、通用，"目的不外乎二：曰简便，曰与世界求同"②。五四时期，傅斯年更肯定地断言，"我实在想不出器具以外的作用。唯其仅仅是器具，所以只要求个方便"；又说："我们主张废止文言，改用国语，只因为文言代表思想是不方便的，国语是比较的方便的"③。在他们眼里，只要便利与否的实用问题，不要"古不古的问题"，更不要"国不国的问题"④，语言变成了超越国界、族界，与纪年、货币、度量衡等一样的东西。"因玄同对于文字之观念，以为与度量衡、纪年、货币等等相同，符号愈统一，则愈可少劳脑筋也。"⑤语言符号的"任意性"被简单地理解为语言符号的"随意性"，"我以为文字者，不过语言事物的记号而已。甲国此语无记号，乙国有之，就该采乙国的记号来补阙"⑥。一种符号不足用，

---

① 吴稚晖：《书驳中国用万国新语说后》，《吴稚晖先生全集》（五），中国国民党中央委员会 1969 年版，第 38—39 页。

② 吴稚晖：《切音简字直替象形汉文法》，《吴稚晖先生全集》（五），第 64 页。

③ 傅斯年：《汉语改用拼音文字的初步谈》，《国语月刊》1 卷 7 号"汉字改革号"，1922 年。

④ 傅斯年：《汉语改用拼音文字的初步谈》，《国语月刊》1 卷 7 号"汉字改革号"，1922 年。

⑤ 钱玄同：《答陶履恭论 Esperanto》，《钱玄同文集》（一），中国人民大学出版社 1999 年版，第 99 页。

⑥ 钱玄同：《汉文改革之讨论》，《新青年》5 卷 5 号，1918 年 11 月 15 日。

另谋其他符号来填补，这个办法当然也没有多少特别可疑之处，问题是钱玄同们把符号的"任意性"发挥得太任意了，直至得出可以随意废掉本国几千年文字的结论，他说，"我的符号比人家的好，我自然用我的；人家的符号比我的好，我自然该舍己从人。今天觉得甲符号好了，明天又遇见乙符号，确比甲符号还要好，自然该舍甲从乙，推而至于后天大后天……又遇见丙丁……假如丙确胜于乙，丁确胜于丙，自然该舍旧谋新"①。这种意见是一种在"新青年"之中获得广泛同情的普遍认识，他们把废除汉字视为新文化运动"根本解决之根本解决"的最有力手段②。

清季民初文改派首先通过启蒙救亡的语境压力，获得文字改革的合法性，然后从语言文字的工具属性入手，寻求文字改革的突破口，实践证明，这一文化策略的实施具有它的合理性和有效性。客观地讲，能够认识到语言文字的工具属性，并且意识到其与时代需求之间的不适应性以及改革的迫切性，这本身就是一个不小的进步，它不仅扩宽了长期以来人们关于语言文字的认识，而且有利于中国文化从传统向现代的转型。问题是，在对语言文字工具属性的认识上，他们的理解太过片面、太过肤浅、太过简单，把符号的任意性理解为符号的随意性，以至于走向极端，得出汉字必废的结论。

实际上，作为一种符号，语言文字除了具有任意性之外，还具有强制的"规约性"，即某一种规约是大家都相互了解的任意和有益的规定。也就是说，语言符号一定生长在具体的环境中，一定被特定人群所广泛认同和共同使用，并一定经历过漫长的时间洗礼，因而也一定会被打上

---

① 钱玄同：《罗马字与新青年》，《新青年》5 卷 6 号，1918 年 12 月 15 日。

② 钱玄同：《汉字革命》，《国语月刊》1 卷 7 期汉字改革号，1922 年。

民族与文化的深深烙印。关于这一点，现代语言学曾有深刻的揭示。在一些语言学家和民族学家眼里，语言被认为是民族构成的决定性因素之一，语言与文字的稳定性足以坚守一种文明的禀性。所以如此，是因为语言经历了漫长的时间演变，经过了民族众多说话人的濡染，从而形成了超稳定的人文结构。"语言与文字是一个文化中最保守（没有任何贬义）、最基本的成分。这种状态的形成基于下面二个事实。一、时间：任何一种语言(然后是文字)的形成与演变是经过了相当漫长的时期的。二、众多的说话人：参与和认同某一种语言的演变（直到约定为止）的，必是该语言集团的全体说话人。这二个事实引来第三个事实：漫长的时间和众多的说话人约定出语言背后的稳定的人文网络。"① 因此，他们认为语言是一个民族整体性的文化—心理底座，一切文化样式、思维习惯等都不能游离于这一底座，一切都被这个底座紧紧地吸附着。著名的"萨—沃"定理强调的就是这一点，"语言有一个底座。说一种语言的人是属于一个种族（或几个种族）的，也就是说，属于身体上具有某些特征而不同于别的群的一个群。语言也不能脱离文化而存在，就是说，不能脱离社会流传下来的、决定我们生活面貌的风俗和信仰的总体"②，因此，"语言强有力地规范了我们的思想"；"在很大程度上，思想是由语言决定的"③。洪堡特甚至指出，语言是一个民族生存所必需的"呼吸"，是一个民族的精神结构之所在，"语言仿佛就是民族精神的外在表现；民族的语言即民族的精神，民族的精神即民族的语言，二者的同一程度超过了人们的任何想象。民族精神和民族语言怎样一起产生自我们的认

---

① 钱连冠：《语言：人类最后的家园》，商务印书馆 2005 版，第 219 页。
② ［美］爱德华·萨丕尔：《语言论》，商务印书馆 2007 年版，第 186 页。
③ 钱连冠：《语言：人类最后的家园》，商务印书馆 2005 年版，第 234 页。

识所不可企及的同一源泉，这对我们来说是一个无法破译的谜"①。

在与汉字革命派进行论战之时，民初国粹派立论的基础跟上述理论十分一致，他们将语言文字视为与土地、人民相当的国家"法器"、"徽章"，"世界有文字之国，莫不以文字为祖宗之法器，国家之徽章，所存所亡，比重于人民土地。故屋人之社，必先除其文字……国家之建造与成立，所以显明之者，土地也，人民也，文字也。……有土地然后有人民，有人民然后有文字，有文字然后有国。国之云者，精神维系，权舆于文字，岂仅幅员部位之界限，形貌服色之标识，连而属之，遂足张驰范围哉"②。而实际上，公元前200年诞生的语言学专著《尔雅》，据有关学者归类研究，"其顺序依次是语言—人类社会的亲属……器具—兽—畜。要言之，即语言—人—自然—生物，语言排在第一位"③。《尔雅》将古人对世界万象的聚散离合，透过语义的汇通与条理加以固定，"词义系统成为人的世界蓝图，语言观成为人的世界观的基础"④。因此，"中国古人对于语言的重视显然出于他们对于语言本体论意义的一种独特的感受……体现和维系人与世界的这种多方位关系的语言，因而也非纯粹的符号系统和工具"⑤。可见，在中国思想世界里，文字与民族的关系，是一个毋庸多言的文化常识。

清季"新世纪派"轻言废除汉字而改用"万国新语"，在吴稚晖等人的论述里，语言文字是犹如车舟一样的交通工具，可以根据意愿随时

---

① ［德］洪堡特：《论人类语言结构的差异及其对人类精神发展的影响》，商务印书馆2008年版，第52—53页。

② 田北湖：《国定文字私议》，《国粹学报》47号，1908年。

③ 申小龙：《汉语与中国文化》，复旦大学出版社2003年版，第116页。

④ 申小龙：《汉语与中国文化》，复旦大学出版社2003年版，第118页。

⑤ 申小龙：《汉语与中国文化》，复旦大学出版社2003年版，第118页。

置换。对此，章太炎在不同场所进行了辩驳，他认为语言并不是什么人凭空杜撰的东西，而是社会生活的结晶、人们思维的依托，事物名称得来皆有根据，"诸言语皆有根"，且是在长期的历史过程中演变而成的，具有很强的稳定性。"语言者，不冯虚起。呼马而马，呼牛而牛，此必非恣意妄称也，诸言语皆有根。先征之有形之物，则可睹矣。何以言雀？谓其音即足也。何以言鹊？为其音错挫也。何以言鸦？为其音亚呀也。……此皆以音为表者也。何以言马？马者武也。（古音马、鱼同在鱼部）何以言牛？牛者是也。（古者牛、事同在之部）……此皆以德为表者也。要之以音为表，惟鸟为众；以德为表者，则万物大抵皆是。"① 因此，他将以专习文字、音韵、训诂的"小学"，上升到了"国故"、"王教"本体的高度，"盖小学者，国故之本，王教之端，上以推教先典，下以宜民便俗，岂专引笔画篆、缴绕文字而已"②。他警告万国新语倡导者，废弃本国语文，必将导致华夏"九服崩离"，"以冠带之民，拔弃雅素，举文史学术之章章者，悉委而从他族，皮之不存，毛将焉附？……语言文字亡，而性情节族灭，九服崩离，长为臧获，何远之有？"③ 他将"文史学术"比作"皮"，将"性情节族"比作"毛"，认为后者附着于前者之上，这种认识固然也有可议之处，但在一个文化民族主义者的眼里，国土疆域沦丧固然是亡国之兆，然失去语言文字以及由此文字记载的典章制度，那才是彻底的亡国。

在与新世纪派的论战中，章太炎反驳"中国宜用万国新语说"的一个有力证据，就是中国地理、民情、风俗、语言迥异于西方，在中国强

---

① 章太炎：《语言缘起说》，《国故论衡》，上海古籍出版社 2003 年版，第 31 页。

② 章太炎：《小学略说》，《国故论衡》，上海古籍出版社 2003 年版，第 10 页。

③ 章太炎：《规〈新世纪〉》，《民报》第 24 号，1908 年 10 月 10 日。

制推行世界语行不通。"必欲尽废汉文而用万国新语者，其谬则有二事：一、若欲统一语言，故尽用其语者。欧洲诸族因与原语无大差违，习之自为径易。其在汉土，排列先后之异，纽母繁简之殊，韵部多寡之分，器物有无之别，两相径庭……二、若谓象形不便故，但用其音者，文明野蛮吾所不论。然言语文字所以为别，声繁则易别而为优，声简则难而为劣。日本欲尝用罗甸字母，以其发音简少，故罗甸足以相资。汉土则不然。"① 西方多用音素文字且语音相近，世界语在西方有语言方面的天时地利，但用诸中国就有声韵繁简名实有无等许多不便。在《国故论衡》中，他多次阐述了中西语言文字的不同及形成原因。他认为，疆域广大，风土殊异；各地方言，承传不同；言文分离，"文语交困"的中国国情，决定了中国生搬硬套世界语不可能取得成功。此外，社会历史的不同也会造成语言文字的差异。"至于文字者，语言之符，语言者，思想之帜，虽天然言语，亦非宇宙间素有此物，其发端尚在人为，故大体以人事为准，人事有不齐，故语言文字亦可不齐。"②

这就涉及一个问题，即废除汉字的结果是"兴国"还是"亡国"？在章太炎看来，当然是"亡国"。章太炎一贯主张应以历史为根据来确认民族身份，有同一历史谱系的方为同一民族，这种民族被他称为"历史民族"；而历史又被分为语言、典章制度和人物事迹。"为甚提倡国粹？不是要人尊信孔教，只是要人珍惜我们汉种的历史。这个历史，是就广义说的，其中可分为三项：一是语言文字，二是典章制度，三是人物事

---

① 章太炎：《驳中国宜用万国新语说》，《章太炎全集》（四），上海人民出版社 1985 年版，第 341 页。

② 章太炎：《规新世纪》，《民报》第 24 号，1908 年 10 月 10 日。

迹"①。他认为三者是一个有机的整体，缺一不可；在世界历史上，异族侵略、破坏、毁灭一个民族，往往都从这三个方面下手。"今夫血气心知之类，惟人能合群。群之大者，在建国家，辨种族。其条列所系，曰语言、风俗、历史。三者丧一，其萌不植。俄罗斯灭波兰而易其语，突厥灭东罗马而变其风俗，满洲灭支那而毁其历史。"②这里，章太炎警告"新世纪派"，中国废除汉字的结果会比波兰、罗马更糟，是自己动手毁掉自己的民族。他还以埃及、印度为例，说明废汉行为不仅不能救国，反而可能亡国，而且是整个文化传统丧失的"深度亡国"，"文明古国埃及印度之亡，说者称其受祸所在，由于当时士大夫不爱本国文字……愿吾国人，准酌古今，研求保存之具，去其所偏，辨其所惑，议疏瀹文明，庶几埃及印度勿俾同溉焉"③。因此直至晚年，章太炎仍念念不忘文字之"大用"，多次开示学子，文字是种性的载体，"文字亡则种性失"："说文之说，稽古者不可不讲。时至今日，尤须拓其境宇，举中国语言文字之全，无一不应究心。清末妄人，欲以罗马字易汉字，谓为易从，不知文字亡而种性失。暴者承之，举族胥为奴虏而不复也。夫国于天地之间，必有以立。所不与他国同者，历史也、语言文字也，二者国之特性，不可先坠者也。昔余讲学，未斤斤及此，今则外患孔亟，非专力于此不可。余意凡史皆春秋，凡许书所载及后世所添之字足表语言者皆小学。尊信国史，保全中国语言文字，此余之志也。"④这就是一个提倡

---

① 章太炎：《东京留学生欢迎会演说辞》，汤志钧编：《章太炎政论选集》，中华书局1977年版，第276页。

② 章太炎：《哀焚书》，《章太炎全集》（三），上海人民出版社1984年版，第323—324页。

③ 田北湖：《国定文字私议》，《国粹学报》47号，1908年。

④ 章念驰：《章太炎先生生平与学术》，三联书店1988年版，第37页。

"种族革命"的资产阶级革命者，何以在繁忙的革命活动之余辟出大量时间精力从事文字音韵研究的原因。

实事求是地讲，"新世纪派"主张废除汉字、推行"万国新语"，出发点也是为了实现内启民智、外齐世界的宏愿，但是其对中国文字采取的偏激之举，既没有深厚的理论依据，也不符合中国实际，受到痛击是理所当然的。实践证明，曾经甚嚣尘上的"万国新语"正是因为不合实际并未在世界各地生根发芽，国粹派的相关批判可谓是点到了"新世纪派"的死穴。

二、"科学主义"与"世界主义"的神话

在开展"汉字革命"运动时，激进新文化派树起了两面重要的理论旗帜，一是科学主义，一是世界主义。美国学者郭颖颐在评述吴稚晖的"科学主义"时曾这样说，"科学，被吴稚晖紧密地编进了他的新社会概念，由科学培育的新道德，将使新的无政府社会得到实现。……认为中国的传统文化对科学合工业发展由阻抑性后果的观点，一直困扰着吴稚晖"①。实际上，用舶来的"科学"尺子，裁量中国包括语言文字在内的一切文化传统，进而得出中国传统文化阻抑西方现代文化结论的"科学主义"神话，是近代激进西化派的一个共同精神面相。在这里，语言文字方面的激进西化派预设了一个先验的逻辑，就是西方列强之所以强，就是因为语言文字强；而其语言文字之所以强，就是因为运用了拼音文

① ［美］郭颖颐：《中国现代思想中的唯科学主义》，江苏人民出版社1998年版，第30页。

字。又因为西方之强在于充分利用了科学。所以拼音文字必定是符合
"科学"要求的，而与此相对的象形文字则一定是违反科学的。"万国新
语根于希腊拉丁之雅。故详审参酌，始每字能删各国之不同，以定其精
当之一。故在方来之无穷，固未可谓莫能最良……然方今科学上互换智
识之诚心，欲求人人能吸收全世界每日发明之新理，必径必速，而讨论
如狂。故即在此短时必共知：私家则以新语著书，学校则以新语教授，
除去学界无穷之障碍。如科学上共用法国之度量等。此事固决不待国界
已去，然后始得大行①。"在"新世纪派"眼里，"万国新语"之所以"科
学"，是因为：其一，它吸收了希腊拉丁文字的长处，参酌了各国文字
的优点，而西方这些文字在他看来本身就是符合"科学"的；其二，它
以世界为适用范围，满足了现代科学打破时空限制的要求。

以这种指标来反观中国文字，就会发现汉字许多与所谓"科学"不
相符合的地方。在他们看来，汉字是科学时代以前的古文字，不能适应
科学名词层出不穷的现代要求。吴稚晖说："自二百年来，科学时代之
思想与事物，实世界古今之大变动，不惟操汉文之简单，自必穷于名
言，即西文何尝不奇字日出，词典年年加厚哉？应知科学世界，实与古
来数千年非科学之世界，截然而为两世界。以非科学世界之文字，欲代
表科学世界之思想与事物，皆牵强附会，凑长截短，甚不敷于应用。"②
按照现代科学的实用原则，他认为文字的本质特征不过是器物，其作用
不过是交际工具。"文字者，不过器物之一，如其必守较不适用之文字，
则武器用弓矢可矣，何必采用他人之快炮；航海用帆樯可矣，何必采用

---

① 吴稚晖：《吴稚晖先生全集》（五），（台湾）中国革命党中央委员会1969年版，
第40页。

② 吴稚晖：《个数应用之不备》，《吴稚晖先生全集》（五），第61页。

他人之汽舟；文字所以达意，与弓矢快炮汽舟之代力，非同物欤？何为不宝视祖宗之弓矢与帆樯，而必保其呆滞朴伟之音，板方符咒之字哉？是真所谓以伪传伪，习焉不察者也。"① 汉字不适于现代印刷技术，不便于排印、检字，有碍于现代文明的传播。他说，"汉字不惟无音，而且不便于排印，不便于检字，为文明传布，庶事整理上之大梗"②；又说，"中国文字与万国新语优劣之比较，不必深言之也。即以印刷一端之小事而论，作者当不至绝无半点科学上之智识。试问中国文字之排印机械，如何制造，能简易乎？作者亦必语塞"③。在这种逻辑之下，他杞忧将来有一天中国也科学昌明了，因为文字不适于学习、不适于排印、不适于交流，而给世界带来麻烦，他说，"因汉文之不适当，必应由吾人而自行废灭。即或汉文添改修补，造至至完备，可以代表科学世界之思想事物，或日后之科学，又惟中国为独精，各国人皆不能留学中国，然以汉字之不适于排印、不适于检查，作种种之障碍，我国人则忍之而终古，复强世界人各遭其困难，此为何等无意识之作为乎？"④ 结论当然是废除汉字采用"万国新语"。

另一方面，清季民初持续进行的世界语运动，跟席卷欧亚的无政府主义思潮也息息相关。无政府主义者认为，由"军国主义"、"祖国主义"、"家庭主义"、"私产主义"以及"宗教主义"五大主义构成的"强权主义"，正是其世界大同理想实现的最大障碍，因此世界语正好成为了实现世界大同的重要工具。"欲求万国弭兵，必先使万国新语通行各

---

① 吴稚晖：《笔划制造之不善》，《吴稚晖先生全集》（五），第 60 页。
② 吴稚晖：《笔划制造之不善》，《吴稚晖先生全集》（五），第 50 页。
③ 吴稚晖：《书驳中国用万国新语说后》，《吴稚晖先生全集》（五），第 42 页。
④ 吴稚晖：《个数应用之不备》，《吴稚晖先生全集》（五），第 63 页。

国，盖万国新语，实求世界和平之先导也，亦即大同主义实行之张本也。"① 与此相对的民族以及民族语文等，都成了应该予以丢弃的东西。"爱国者，守旧之别名，人种愈野蛮，此种观念愈重。"② 爱国是野蛮守旧的代名词，爱人类才是时代新潮流，"世界语，为今日人类必要之事业"，③ 陈独秀在《新青年》振臂一呼，钱玄同随即"极表同情"，并进行无限发挥，"夫世界进化，至二十世纪，其去大同开幕之日已不远。此等世界主义之事业，幸而有人创造，应如何竭力提倡，顾反抑遏之不遗余力，岂非怪事？……欧洲用此语出版之书籍，日新月盛，中国人亦渐知注意。私意谓苟非欧战，恐三四年来又不知若何发达。然现在虽因欧战，暂受濡滞之影响，异日欧战告终，世界主义大倡，则此语必有长足之进步无疑。中国人虽孱弱，亦世界上之人类，对于提倡此等事业，自可当仁不让。乃必欲放弃责任，让人专美，是诚何心？"④ 在他们看来，"世界大同"已成不可阻挡之潮流，顺昌逆亡，中国切不可错失良机；与世界大同相适应的世界语事业，也日新月异，中国人更不应放弃责任。总之，把世界主义与世界语二者看成了目的与手段的关系。

在科学主义与世界主义的双重推动之下，"改良"中国文字成为当务之急，"科学与人类利益既无国界可言，则人人皆知学问应为公有，人类必当互助；公心既如此发达，则狭隘之民族心理及国民性，自必渐归消灭，此一定之理也。玄同以为世界上苟无人造的公用文字，则各国文字断难统一；因无论何国皆不肯舍己从人；无论何国文字，皆决无统

---

① 醒：《万国新语》，《新世纪》6 号，1907 年 7 月 27 日。
② 吴稚晖：《〈论知识以外无道德〉按语》，《新世纪》79 号，1908 年 12 月 26 日。
③ 陈独秀：《答 T·M. Cheng》，《新青年》2 卷 3 号，1916 年 11 月 1 日。
④ 钱玄同：《论世界语与文学》，《新青年》3 卷 4 号，1917 年 6 月 1 日。

一世界之资格也。若舍己国私有之历史的文字，而改用人类公有之人造的文字，则有世界思想者，殆无不乐从；因此实为适当之改良，与被征服于他种文字者绝异也"①。

废汉论者还有一个理由就是，把教育落后、文化落后以及中国文化不能与现代文化并列的根源都归罪于汉字。首先，汉字太过繁难，普通百姓不易掌握，即使掌握也太浪费时日，不利于教育普及。清末文改人士感叹，"尝念中国文字最为完备，亦最为繁难……字典所收4万余字……士人读书，毕生不能尽识……童子束发入塾，欲尽其业，慧者亦须历十余年……缘文字与语言各别，读书识字，兼习其文，记诵之功，多稽时日也"②。钱玄同等悉数照搬，"汉字的罪恶，如难识、难写，妨碍于教育的普及、知识的传播，这是有新思想的人们都知道的"③；其次，汉字造成中国"自绝于世界文化"，致使中国文化与世界文化格格不入，傅斯年列举的"最祸害"现代世界文化普及的两大元凶之一，就是"初民笨重的文字保持在现代生活的社会里"。这种语言文字的最大危害就在于它使中国文化远远落后于世界文化。"不特妨害知识的普及，并且阻止文化的进取；因为他俩都是难能而不可贵，许多时间与精力用在学他俩上，自然没有许多余力谋智慧的进取、假使西洋人至今还用埃及巴比伦的象形文字，希腊罗马的古语，断断乎不能有现代西洋的文化。从此可知现在中国的文化不在水平线上，都是他俩的功德了。"④

---

① 钱玄同：《答陶履恭论 Esperanto》，《钱玄同文集》（一），中国人民大学出版社1999年版，第95页。

② 蔡锡勇：《传音快字》，《清末文字改革文集》，文字改革出版社1958年版，第4页。

③ 钱玄同：《汉字革命》，《国语月刊》1卷7期汉字改革号，1922年。

④ 傅斯年：《汉语改用拼音文字初步谈》，《国语月刊》1卷7期汉字改革号，1922年。

钱玄同也说,"汉字的罪恶……最糟的便是它和现代世界文化的格不相入。……为和世界文化不隔膜计,为补救国语的贫乏计我以为非无限制的采纳外国的词儿并且直写原字不可。但用此法,则汉字又是一种障碍物"①。中西文化平等地位的建立首先必须从文字平等开始。钱玄同说,"中国文字,断非新时代所适用。无论其为象形文字之末流,不足与欧西诸国之拼音文字立于同等之地位;即使一旦改用罗马字拼中国音,而废现行之汉文字体;然近世之学术名词,多为我国所无,即普通应用之新事物,其新定之名词,亦多不通;——如自来火、洋灯、大菜之类——诚欲保存国语,非将欧洲文字大大搀入不可;惟搀入之欧洲文字当采何国乎?是一至难解决之问题也。鄙意 Esperanto 中之学术名词,其语根即出于欧洲各国,而拼法简易,发音有定则;谓宜采入国语,以资应用"②。如此推理下去,他们的结论也是汉字非灭不足以立足于世界。

为了达到他们的文化目的,他们强调要坚决反对两件东西,一是反对所谓"国粹主义",他们坚持科学与国粹相对立,"对于世界方面,一切科学真理,是世界公有的,不是哪一国的'国粹'"③。他们嘲讽国魂国粹论之不合时宜,"至于有人说国语是国魂国粹,废国语是消灭国魂国粹,国将不国:这是十六七年前老新党的议论,动辄引俄灭波兰兼灭其语言为言……要想立国于二十世纪,还是少保存些国魂国粹的好!"④二是反对所谓"文化义和团",钱玄同说,"倘孙中山先生的《建国方

---

① 钱玄同:《汉字革命》,《国语月刊》1 卷 7 期汉字改革号,1922 年。

② 钱玄同:《答陶履恭论 Esperanto》,《钱玄同文集》(一),中国人民大学出版社1999 年版,第 99—100 页。

③ 钱玄同:《关于 Esperanto 讨论的两个附言》,《新青年》5 卷 2 号,1918 年 8 月 15 日。

④ 钱玄同:《答姚寄人论 Esperanto》,《钱玄同文集》(一),中国人民大学出版社1999 年版,第 266—267 页。

略》一旦实现，则全国交通，四民平等，穷乡僻壤之语言，农夫蚕妇之文艺，不难纷呈于吾前。苟目光不至如豆，肯欢迎'文化侵略'，不想做二十世纪的新义和团，则他国之语言文字咸得恣我撷取，国语国音之前途，缤纷灿烂，美丽将莫可名状"①。要之，在"科学主义"与"世界主义"的神话体系中，汉字、汉语成了一切落后、衰败、隔膜、反动的罪恶渊薮，成了必欲除之而后快的不祥之物，而世界语或万国新语则成了起弊救衰的神丹妙药。

为此，"东方文化派"提出了强烈的质疑，主要集中在如下几个方面：

第一，语言是一种符号系统，但并非简单的工具，作为一种记录思想表达感情的语言符号，本质乃是"人事"，不是舟车之类的用具，因此不能用"科学"来生搬硬套。而正因为是"人事"，世界各地，人群万殊，风俗各异，语言文字不齐乃是一种常态，"至于文字者，语言之符，语言者，思想之帜，虽天然言语，亦非宇宙间素有此物，其发端尚在人为，故大体以人事为准，人事有不齐，故语言文字亦可不齐"②。因而，语言文字只有合适不合适，没有先进落后之分，更没有优劣高下之别。章太炎说，"若夫象形合声之别，优劣所在，未可质言。今者，南至马来，北抵蒙古，文字亦悉以合音成体，岂有优于中国哉？合音之字，视可识者徒识其音，固不能知其义，其去象形差不容以一黍，故俄人识字者其比例犹视中国为少"③。杜亚泉甚至提出了中国文字优越论等

---

① 钱玄同：《给黎劭西的信》，《语丝》102 期，1926 年 10 月 23 日。
② 章太炎：《规新世纪》，《民报》第 24 号，1908 年 10 月 10 日。
③ 章太炎：《驳中国宜用万国新语说》，《章太炎全集》（四），上海人民出版社 1985 年版，第 337 页。

相反观点，他借日本学者之言，道出中国文字的优越和未来文字的发展方向，"予谓中国文字，他日必遍布宇内，何也？盖中国文字之美善，为宇内通用文字之冠。……不知文字之极则，在于通达意思，明确无误，简洁而不冗漫，传之千百年之后，仍使读者易于理会，凡此数事，求其无遗憾者，惟中国文字足以当之。他日之遍布于宇内，可断言也"①。相反，他认为"欧美文字之不便"倒是更多，如"数之不便"、"性之不便"、"冠词之不便"、"时之不便"、"字形变化之不便"、"字数长短错综之不便"、"字音冗长之不便"，等等。一句话，中国文字优于泰西拼音文字。这些观点都是在反驳过程中提出的，科学性与真实性都需要实践证明；中西文字孰优孰劣，现在乃至今后怕也无法有一个明确的结论，但是人文主义者以平等的态度审视两种文字，珍视自己文字的真价值，这在严重缺乏文化自信的中国近代，至少给废汉论者进一步的激进之举来了一记当头棒喝。

第二，所谓世界主义不过是一个幻相，所谓世界大同也不过是无政府主义的乌托邦，而作为无政府主义"章本"之一的世界语本身也问题多多，能否通行世界是一个很大的问题。曾有读者在《新青年》杂志撰文指出，就算世界主义能够获得认同，那也不过是人们避免"恃武力、呈狡谋而肆为杀戮"的一剂药方而已，世界主义与世界语根本不是一回事，"世界主义是一事，而世界语又是一事，二者未必为同问题。有世界语，未必即可谓世界主义之实现也，世人不察，以世界语为促进世界主义之实现者，误矣"②。为什么呢？那是因为世界大同只

---

① ［日］山木宪：《中国文字之将来》，杜亚泉译，《东方杂志》8卷8号，1911年10月16日。

② 陶履恭：《新青年》4卷2号，1918年2月15日。

是利益相同，不是语言完全归一；由于"国民性不可剪除，国语不能废弃"，世界语面临的真正问题是"不同之统一"，而不是"一致之统一"，"吾尝默察世界之趋势，国民性不可剪除，国语不能废弃，所谓大同者，利益相同而已。……易言以明之，世界之前途，乃不同之统一（Unity in diversity），而非一致之统一（Unity in uniformity）也"[①]。另外，世界语本身也问题很多，比如其强烈的"欧洲中心"色彩，"万国新语者，本以欧洲为准，取其最普通易晓者，糅合以成一种，于他洲未有所取也。大地富媪博厚，殊色异居，非白人所独有，明其语不足以方行世界，独在欧洲有交通之便而已"[②]。其语料来源、适用对象等都是以欧陆为本位的，其他各州未必适应。再则，一种既无永久之历史，又乏民族之精神，由一外国人造的新语言，能否传达、保存本国人民的思想，本身都是大有疑问的，陶履恭致信钱玄同云："夫一种之言语，乃一种民族所藉以发表心理、传达心理之具也，故一民族有一民族之言语，而其言语之形式内容，各不相同，语法有异，而所函括之思想观念亦复不齐。盖各民族之言语，乃天然之语言，各有其自然嬗变之历史，故言语乃最能表示民族之特质者也。……世界语既无永久之历史，又乏民族之精神，惟攘取欧洲大国之单语，律以人造之文法，谓可以保存思想、传达思想乎？吾未敢信也。"[③] 退一步讲，就算各国积极推行世界语，也并不意味着一定要将二者对立，相反，国际语与民族语完全可以并行不悖的，"平常人都以为国际语的最后理

① 陶履恭：《新青年》4卷2号，1918年2月15日。
② 章太炎：《驳中国用万国新语说》，《章太炎全集》（四），上海人民出版社1985年版，第337页。
③ 陶履恭：《新青年》4卷2号，1918年2月15日。

想，是在使一切国语和民族语都完全消灭，使全地球的人类都操同一的语言，都用同一的文字，这是对国际语的最普通的见解。其实国际语的理想决不至于这样夸大，国际语决不想侵犯一切的国语和民族语，不但不侵犯而且是辅助国语的。人类的思想能够相互交通是全赖语言文字的，但是在语言不同的人民相互交际时，还是和哑子一般，什么都不能了解，国际语的目的就只是弥补这一个缺点，除此以外国际语决不想干涉人民内部的生活"①。

第三，拼音文是否适用于中国是一个需要认真研究的问题。从清季到五四再到20世纪三四十年代，中国的文改人士一直做着一种拼音梦，试图通过万国语、罗马化、拉丁化等字母化途径，来实现言文一致、文字大同的目的。这当然是一个不错的设想，但是"东方文化派"指出这些设想忘记了两个基本事实。一是民族语言的基质。中国语言的基质是什么？是独立语，独立语与象形文字具有天然的亲近关系，并且在长期的历史演变中形成了"固定性"特点，不可随意改易，"一国文字之成立，实根据于民族语言习惯之特性，世界之语言，分独立、粘着、诘屈三大系，独立系者中国语言是也；粘着系者，日本朝鲜语言是也；诘屈系者，欧美诸国语言是也。独立语一音多义，故非象形文字不便；粘着、诘屈语一义多音，实非标音文字不便。标音文字为流动性，象形文字为固定性，世界文字之为象形者，不可易以标音，斯世界文字之为固定性者，不可使为流动性。非不可也，迫于一国民族语言习惯之势不能也"②；二是中国地域广大，方言万殊，标音文字是否有效。章太炎曾有详细阐说："世人徒见远西诸国文语无殊，遂欲取我华

---

① 愈之：《国际语的理想与现实》，《东方杂志》第19卷15号，1922年8月10日。
② 陈绍舜：《论注音字母》，《甲寅周刊》1卷24号。

风远同彼土。不悟疆域异形，大小相绝。彼一之国，当我数道，地既狭迫，风俗易同；我则经略广员，兼包区夏，刚柔燥湿，风土互殊，其异一也；又彼土常言，多言罗马，乃复杂以土风，雅、郑相贸。借使罗马先民，复生今日，闻彼正音，方当为畔嗳。夫以非正为正，则正者谪矣；两在非正之位，则一不独正矣。反观诸夏语言，承之在昔，殊方俚语，各有本株……故枉徇偏方，用为权概，既无雅俗之殊，宁得随情取舍，其异二也；又彼土自日耳曼以来，仍世朴塞，画革旁行，无过移书声气，虽有增华，离质非远。我则口耳竹帛，文质素殊。今若以语代文，便将废绝诵读；若以文代语，又令丧失故言。文语交困，未见其益，其异三也。"① 地域广大、风土互殊；殊方俚语，各有本株；以文代语，丧失故言，章氏所担心的三个问题第一条指的拼音化实现的外部障碍，第二条指的是拼音化实行的自身困难，第三条指的是拼音化实现后的文化后果。

杜亚泉也对"切音"文字在中国的有效性发出了一连串质问，"吾国研究音韵之学，制切音字母者，近世颇不乏人，如蔡毅若、沈学、王照、劳乃宣诸家，尤名于世。诸家之意，皆欲以切音字母，记述语言，缀成文字，以代旧日象形文字之用，然此种切音字母，果足以记述各地之语言而无所挂漏乎？其缀成之文字，果足以代数千年沿用之象形文字而无所窒碍乎？且记语言以成文字，不至因语言之歧异，失文字之统一乎？是等问题，皆足起当世学者之疑难。切音字母之不能普及以获实用也，亦由于此"②。章太炎也否定了新世纪派的"拼音"之路（实际是世界语），认为拼音文字并不适合中国国情。他说，"速谋语言统一，文字

---

① 章太炎：《正言论》，《国故论衡》，上海古籍出版社 2003 年版，第 44 页。
② 杜亚泉：《论切音字母》，《东方杂志》9 卷 5 号，1912 年 11 月 1 日。

不得用拼音，妄效西人，而使人昧于其义也"①。他认为如果不顾中国实情，直接使用拼音文字，其结果不仅不能造成语言统一，反而会带来语言文字的更大混乱。因为，中国语音多为单音，西方语音多为复音，如若硬套拼音文字，势必造成"此名与彼名同为一音，不易分辨"的复杂局面。他说，"盖自轩辕以来，经略万里，其音不得不有楚夏，并音之用，只局一方。若令地望相越，音读虽明，语则难晓。海西诸国，土本狭小，偷用并音，宜无窒碍。至于印度，地大物博，略与诸夏等夷，言语分为七十余种，而文字犹守并音之律，出疆数武，则笔札不通⋯⋯此则并音宜于小国，非大邦便俗之器用矣"②。因此，章太炎认为，在中国这样一个历史悠久、幅员辽阔、交通隔绝、方言繁杂的国度，就只能靠文字而不是靠语音来维护语言的统一性。"今以六书为贯，字各归部，虽北极渔阳，南暨儋耳，吐言难谕，而按字可知，此其所以便也。"③ 这些论述是一个深谙小学之道、民族历史以及二者深邃关系的国学大师的深刻洞见。

第四，教育落后之责该不该由汉字汉语来承担？从晚清到三四十年代，几乎所有汉字改革派都将汉字视为中国教育落后、文化落后的罪魁祸首。对此，"东方文化派"是坚决不认同的，杜亚泉曾如此反问，"吾国中若清文、若蒙文、若藏文，皆标音文字，何以吾国民之通识清文者亦不多见，而蒙藏之民，通文识字者亦不能多于行省之民也？"所以他得出结论，"国民通文识字者之少，由于教育之制度未备，不能归咎于

---

① 章太炎：《中华民国联合会第一次大会演说辞》，《章太炎政论选集》，中华书局1977年版，第535页。

② 章太炎：《小学略说》，《国故论衡》，上海古籍出版社2003年版，第8页。

③ 章太炎：《小学略说》，《国故论衡》，上海古籍出版社2003年版，第8页。

文字"①。章太炎也有类似的看法，"今者，南至马来，北抵蒙古，文字亦悉以合音成体，岂有优于中国哉？合音之字，视可识者徒识其音，固不能知其义，其去象形差不容以一粟，故俄人识字者其比例犹视中国为少……是知国人能遍知文字以否，在强迫教育之有无，不在象形合音之分也"②。在他们看来，凭此而对中西文字强分轩轾，不仅黑白颠倒，而且恰恰掩盖了中国教育的腐败，"或谓欧西各国言文合一，故学文字甚易而教育发达；我国文言分离，故学问之道苦，而教育亦受其障碍而不能普及。实则近年来文学之日衰，教育之日敝，皆司教育之职者之过"③。胡先骕提出，"今日最要之急务，在提高国民程度，同时并介绍真正西洋文化以补吾之不足焉"，遗憾的是，"今新派不此之务，乃以文字就国民程度，造成一种支离破碎不全之文学，养成一种盲从浮薄鄙夷国学之心理"④。

另外，汉字与拼音文字到底谁更优越，也是他们探讨的一个问题。日本学者山木宪通过对比，发现汉字其实优越于英法德文，"英文非解英文不能读，德文非解德文不能读。法文亦然，俄文亦然，凡欧美人无不然。若汉字则仅认其字态，虽以英人之音读之，或以德人之音读之，或以法人俄人之音读之，均无不可。……现在中国文字，既统一语言纷杂之东亚大陆人民，而为同文之国，更进一步即为宇内通用之文字

---

① 杜亚泉：《译者前言》，《中国文字之将来》，《东方杂志》8 卷 8 号，1911 年 1 月 16 日。

② 章太炎：《驳中国宜用万国新语说》，《章太炎全集》（四），上海人民出版社 1985 年版，第 337 页。

③ 胡先骕：《中国文学改良论》，《胡先骕文存》（上卷），江西高校出版社 1995 年，第 2 页。

④ 唐庆增：《新文化运动平议》，《甲寅周刊》第 1 卷第 34 号。

矣"①。宣扬汉字优越，断言汉字将为"宇内通用之文字"，固然有自我膨胀之嫌，但认识到汉字超越其他文字的诸多"便利"，对进一步理解汉文、增强民族文化自信等都是具有重要意义的。

三、线型进化论的谬用

"进化"是 evolution 的汉译，本为发展、运动、变化之意，但在近代特定语境中，它被赋予了两个方面的意义，一是由矢量时间观念，转为直线向前的进步意识；二是融入了当时人们对生物演变法则的社会化理解。进化论进入中国，严复当记首创之功。他选择性译介了达尔文的《物种探原》和赫胥黎的《天演论》，并进行了意义阐释，"其一篇曰物竞，又其一曰天择。物竞者，物争自存也。天择者，存其宜种也"②。他特别强调，物竞天择的生物法则，同样适应于人类社会，"动植如此，民人亦然。民人者，固动物之类也"③。显然，中国人对进化论的翻译、选择，都是与救亡图存的严峻现实紧密相连的；中国人对进化论的接受、理解也是与救亡图存的"阅读期待"密不可分的。因而中国人心目中的"进化论"，既非达尔文的进化论，也非赫胥黎的进化论，而是对进化论合乎目的解释。"物竞天择，适者生存"，中国进化论言说者的关注重心其实并不是自然和社会如何演进，而是是否紧跟潮流以及是否尊崇丛林

---

① ［日］山木宪：《中国文字之将来》，杜亚泉译，《东方杂志》8 卷 1 号，1911 年 3 月 25 日。

② 严复：《原强》，《严复诗文选》，人民文学出版社 1959 年版，第 14 页。

③ 严复：《原强》，《严复诗文选》，人民文学出版社 1959 年版，第 15 页。

法则。他们关注的核心既然是"进"与"变",而"进"与"变"的效法对象理所当然就是西方列强了。

落实在文化比较层面,进化论者形成了一种"先进"与"落后"的衡量尺度,这种尺度实际上是一种"实力尺度":国家实力强大的,文化一定先进;国家实力弱小的,文化一定落后。落后者必须全力效仿追赶先进者,否则就会在竞争中被淘汰出局。他们认为,这一尺度适用于社会生活的各个领域,科技教育如此,语言文字也是如此。"汉字革命"派对中西语言文字的论述,采取的无一例外地都是这一理路。吴稚晖说:"以功效言,举国运之盛衰,定文字之短长,字古代希腊罗马,以迄于今之英、法、德、美等,皆用拼音文字,而科学发达,工业兴盛,蔚为强国,似拼音长矣。"① 因此,"从进化淘汰之例,惟良者存,故支那文字应革命。此人人得而见之者也"②。五四时期,钱玄同也说,"玄同之意,以为中国文字,断非新时代所适用。无论其为象形文字之末流,不足与欧西诸国之拼音文字立于同等之地位;即使一旦改用罗马字拼中国音,而废现行之汉文字体;然近世之学术名词,多为我国所无,即普通应用之新事物,其新定之名词,亦多不通;——如自来火、洋灯、大菜之类,——诚欲保存国语,非将欧洲文字大大搀入不可;惟搀入之欧洲文字当采何国乎?是一至难解决之问题也。鄙意 Esperanto 中之学术名词,其语根即出于欧洲各国,而拼法简易,发音有定则;谓宜采入国语,以资应用。此为玄同提倡Esperanto唯一之目的"③。落后的国家,

---

① 吴稚晖:《西北为文明之摇篮》,《吴稚晖先生全集》(五),第 73 页。

② 李石曾:《进化与革命表征之一》,《李石曾先生文集》(上),(台湾)中国国民党党史委员会 1980 年版,第 69 页。

③ 钱玄同:《答陶履恭论 Esperanto》,《钱玄同文集》(一),中国人民大学出版社 1999 年版,第 100 页。

不仅政治经济落后，语言文字也照样落后，既然承认落后就要脱胎换骨，这就是他们所理解的语言文字上的丛林法则。

他们从时间的矢量意涵方面又获得了一种"进步"的观念，运用在语言文字上，就是文字必须遵循由繁到简、由难到易的演变规律，"文字屡变，由古文榴篆八分至隶楷行草，皆有由繁趋简之机，西国文字亦然。由巴比伦而犹太而希腊而拉丁，至今法文，欧美二洲皆用之，而音读各殊……"[1] 他们总结出语言文字由"象形"而"表意"进而"合声"的进化规律，认为汉字向"合声"方向发展是不可阻挡的历史趋势。他们认为这种前进就是进化，就是"优胜劣汰"。"事事需进化、需革命，岂独文字为然哉？现在吾所写者即是文字，即请举之以言可也……（甲）文字之根源与文字之进化；（乙）文字直接之进化与革命。合世界之文字略可分为三类（一）象形——如埃及古文……（二）表意——如支那文之一大部分……（三）合声——如西文（合声）而为字。埃及文最古，其文酷似物形。支那文次古，其所象之形，已不求酷似，且大部分为指事、会意、谐声，略形迹而通思理，自较进化……微露合声之端倪。希利尼以来之文化最近，纯用合声。由此推审而见文字进化之次序。其与生物进化，由简单生物进而为高等生物同理。"[2] 在文字进化的整个链条之中，汉字被他们摆在象形与音素文字之间，正好在中间位置，必须向前进化才不至于被淘汰，"于进化之理言之，惟良者存。由此可断言，象形表意之字，必代之于合声之字，此之谓文字革命。西文较之支那文自大善矣，然亦尚多缺点……然将日趋于便，且将合世界之文字二为

---

① 汤金铭：《传音快字书后》，《清末文字改革文集》，文字改革出版社 1958 年版，第 6 页。

② 李石曾：《进化与革命表征之一》，《李石曾先生文集》（上），第 69—70 页。

一，此文字之进化也"①。这是他们认为的汉字应该进化的理由之二。以进化论为理论武器，认为汉字由象形而表意，由表意而表音的演化，符合事物进化的规律。钱玄同也历数汉字的罪恶，说"中国文字论其字形，则非拼音而为象形文字之末流，不便于识，不便于写；论其字义，则意义含糊，文法极不精密……"② 又进一步断言，"汉字的变迁，由象形而变为表意，由表意而变为表音。表音的假借字和拼音文字，只差了一间……假借字还只是一种未曾统一而且不甚简便的注音字母。只要'百尺竿头再进一步'，则拼音文字就可以出世了。所以我说'从汉字的变迁史上研究，汉字革命，改用拼音，是绝对可能的事'③。正是以这种理论为依据，他们对废除汉字之说深信不疑。五四时期陈独秀曾这样回应吴稚晖早年的论调云："吴先生'中国文字，迟早必废'之说，浅人闻之，虽必骇怪，而循之进化之理，恐终无可逃。"④

另一条理由是汉字印刷方式不适合现代要求。根据当时的技术条件，他们列举文字镂刻的历史，认为印刷技术经历了人工雕刻—活字版—机器排印三大阶段，三阶段存在先后演进的关系。中国文字也正好处于中间状态，应该向前"进化"一步，赶上时代潮流。"合世界字体有关之印法，可分三类：（一）人工镂刻。东西文皆可用之，用法渐废。（二）活字版。西文较东方简而易排。（三）以机铸字。惟西文可用，此法将兴。经以上比较而后可断言曰：机器愈良，支那文愈不能用。从进化淘汰之理，则劣器当废，欲废劣器，必当废劣字。此支那文必须

---

① 李石曾：《进化与革命表征之一》，《李石曾先生文集》（上），第69页。
② 钱玄同：《中国今后之文字问题》，《新青年》4卷4号，1918年4月15日。
③ 钱玄同：《汉字革命》，《国语月刊》1卷7期汉字改革号，1922年。
④ 陈独秀：《答钱玄同》，《新青年》4卷4号，1918年4月15日。

革命间接之源因也"①。在这样的逻辑里，汉字废灭当然也是顺理成章的事情。他嘲笑章太炎云："某君致某报书，殷殷以世界语夺汉文席为虑，因诋毁之不遗余力，其情亦良足悯也。当此大雅将废，斯文衰歇之秋，果谁能抱残守缺，古调自爱，亦存亡缓绝为己任者乎？此正四顾茫茫，若不遇其人者也。虽然，试进一步论，则天演公理，适者生存，其不适者，澌灭随之，固非一二人之力所能挽回。"②

客观地讲，能够意识到汉字与现代社会的诸多不适应之处，并发出改良呼吁，这种改革意识的出发点应该说是值得嘉许的。然而他们忽略了两个根本问题，一是文字与民族的关系，二是进化论的适应范围。失去民族文化土壤，语言文字将成无源之水，无本之木；将生物进化理论照搬于社会领域，本身就是一种理论误置。吴稚晖等不仅没有意识到自己的错谬所在，反而嘲笑别人"抱残守缺、古调自爱"，因而遭到章太炎等近代人文主义者的严词批判，是理所当然的。

对废汉言论的清算首先是从其功利主义取向开始的。在与"新世纪派"的论争中，章太炎认为废除汉字，改用万国新语的做法，实质是受功利心驱使，毫无民族自尊心、自毁历史的"妄庸子"行为。"彼欲以万国新语剿绝国文者犹是，况挟其功利之心，歆羡纷华，每怀靡及，恨轩辕厉山为黄人，令己一朝坠溷藩，不得蜕化为大秦皙白文明之俗，其欲以中国为远西藩地者久，则欲绝其文字，杜其语言，令历史不焚烧而自断灭，斯民无感怀邦族之心亦宜。"③ 这里，章氏将废汉之举定位为功利主义在语言文字领域的表现，可谓一语点出"新世纪派"的死穴。近

---

① 李石曾：《进化与革命表征之一》，《李石曾先生文集》（上），第 69—70 页。
② 吴稚晖：《辟谬》，《吴稚晖先生全集》（五），第 66 页。
③ 章太炎：《规新世纪》，《民报》第 24 号，1908 年 10 月 10 日。

代功利主义含义比较丰富，它不仅包括了以有用与否为取去之意，而且还暗含了优胜劣败的丛林法则。"西洋人对于东洋文明之批评，亦常以东洋文明发源地之中国日即于贫弱，为东洋文明劣点之标准。"① 国力强则语文强，国力弱则语文弱，在"东方文化派"看来，西方人俯视东方文明的视角，很快成为了中国西化派丢弃祖国语言文字的逻辑起点。《东方杂志》曾刊登一篇日本学者的文章，其中就说到那些指摘汉字、企图废汉的行为，是"醉心西风"的"狂者之所为"，问题发生的根源"非文字之关系，乃国势消长之关系"，"予谓中国文字，他日必遍布宇内，何也？盖中国文字之美善，为宇内通用文字之冠。世有为汉字废论及汉字节减论者，欲废汉字而代以罗马字，或减少通用汉字之数，是殆类于狂者之所为，皆心醉西风之弊也。此论之发生，非文字之关系，乃国势消长之关系耳，好奇趋新之徒，雷同符合，将酿成不可救治之毒害"②。对于此论，杜亚泉专附译者前言，对此深表同情，认为其与自己"数年来怀抱之意见，殊多符合"，"此论文所谓中国文字者，即中国最通行之汉文汉字是也。世之论者，常谓中国文字为象形文字，记忆殊难，不及欧美标音文字之易于认识，且言文不能一致，故通文义尤难，国民中通识文字者之少，其原因实由于此。此说倡于欧美人之学习中国文字者。日本醉心欧美之人，乃附和之，遂有废止汉字节减汉字之论。至吾国之人，亦有主张用标音文字以期言文一致者。窃常闻而心非之"③。而对于"不惠于东人，不念邦族，不度地邑民居多少，惟欲改易旧言"的万国

---

① 伧父：《战后东西文明之调和》，《东方杂志》14 卷 4 号，1917 年 4 月 15 日。

② ［日］山木宪：《中国文字之将来》，杜亚泉译，《东方杂志》8 卷 1 号，1911 年 3 月 25 日。

③ 杜亚泉：《译者前言》，见《中国文字之将来》，《东方杂志》8 卷 1 号，1911 年 3 月 25 日。

新语运动，章太炎指出那是一种自甘"藩地"子民的殖民地心理，是典型的西方"牛马走"做派。应该说，这种批评是一针见血的。

其次是对线型进化主义的简单套用。在与"新世纪派"的论战中，章太炎对于时人滥用进化论进行了有力批判。他认为近人最大的迷误是将生物进化与社会进化及道德文化进化混为一谈。他坚持认为，知识有进化，道德无进化，而进化则又伴随进退两种现象。"进化之所以为进化者，非由一方直进，而必由双方并进。专举一方，惟言智识进化可尔，若以道德言，则善亦进化，恶亦进化；若以生计言，则乐亦进化，苦亦进化。双方并进，如影之随形，如罔两之逐景，非有他也"，章氏将其进化论称为"俱分进化论"①。善恶、苦乐，并非单方直进，也非双线并进。显然，这种二元相对、进退并存的理论，是对社会文化上的片面进化论的重要修正，可能更接近于人文社科领域进化的实际。"进化之实不可非，而进化之用无所取"，他不否认事物进化的事实，但也反对滥用进化的文化强权，这对重新思考进化论的文化适应性，具有重要的认识价值。

五四时期，白话文学运动也将把进化论的若干观点引进语文改革的领域，为文言向白话的转换寻找助力。胡适说："这个问题——'白话是古文的进化呢？还是古文的退化呢？'——是国语运动的生死关头！这个问题不能解决，国语文与国语文学的价值便不能确定。"②他坚持语言进化的标准是"应用能力"，具体来讲，"文言的种种应用能力久已减

---

① 章太炎：《俱分进化论》，《章太炎全集》（四），上海人民出版社1985年版，第386—387页。

② 胡适：《国语文法概论》，《胡适学术文集·语言文字研究》，中华书局1998年版，第7—8页。

少到很低的程度，故是退化的；白话的种种应用能力不但不曾减少，反增加发达了，故是进化的"①。所以他的结论是文言向白话进化乃是历史的必然，"文言，变为近代的白话，这一大段历史有两个大方向可以看得出。（1）该变繁的都渐渐变繁了。（2）该变简的都变简了。……该变繁的，都变繁了；该变简的，都变简了；就是那些该变而不曾变的，也都有一个不能改变的理由。改变的动机是实用上的困难；改变的目的是要补救这种实用上的困难；改变的结果是应用能力的加多。这是中国国语的进化小史"②。以是否适用为准绳，胡适所持的显然也是一种"实用主义"的进化观。

为此，学衡派对新文化派进化主义提出了严重质疑。胡先骕指出，胡适等的进化论使用犯了两重错误，一是误将科学世界的天演说，移用于人文领域，犯了"科学"与"人事"不分的错误，他说，"吾以为文人误用科学最甚者莫如天演学说……自达尔文'物种起源论'行事之后，证明创世纪之谬妄，而人类为由下等动物所演进，与夫物种之繁殖、由于生存竞争之激烈、物竞天择之效用，固矣。然此不过科学上之大发明，舍破除数种无根之见解外。固不必影响于一般之人生观也"③；二是在文学领域混淆"进化"与"变迁"的界限，认为事物由一种形态质变为另一种形态，才叫进化；一种事物向另一种事物变化只是发生了外在形式的改变，这应该叫做变迁。前者如由单细胞原虫动物到人类，

---

① 胡适：《国语文法概论》，《胡适学术文集·语言文字研究》，中华书局 1998 年版，第 9 页。

② 胡适：《国语文法概论》，《胡适学术文集·语言文字研究》，中华书局 1998 年版，第 7—20 页。

③ 胡先骕：《文学之标准》，《胡先骕文存》（上），江西高校出版社 1995 年版，第 274 页。

后者如古代峨冠博带向今日短衣窄袖变化。道德观念、人生哲学，属于变迁之类，原因很简单，后人的道德哲学不一定就比先贤高明。文学亦然，不过变迁更为复杂。举例说来，"商周到唐，中国文学有李白杜甫，西方由乔塞数百年而有莎士比亚、弥尔顿，以古况今，略可言进化与天演。但唐至清千余年诗无胜李杜者，17世纪至于今日，英国诗人未有胜于莎翁者，可见文学不能直称为进化，只能称为变迁"，因此，"不能概谓递嬗之迹者皆为进化为天演"，他进而批评胡适"以破除规律之自由诗、语体诗为进化为天演"，实质是"误解科学误用科学之害也"①。显然，他的批评也是有真理成分的。

附带提及一下印刷与汉字的关系问题。"新世纪派"抨击汉字不适于印刷，因此不配生存于科学时代，这里有足够证据可以证实此言皆非，一是中国早就发明了活字印刷术，比较好地适应了"以机铸字"的条件，近代报业的兴盛证明了汉字足于应对现代印业需求；二是电脑时代汉字输入技术的进步，有力证伪了汉字不适合印刷的结论，有时候甚至比单纯的"拼音文字"更为便捷。历史和现实都证明，不便排印检字，有碍于现代文明传播之类的认识太过武断，也说明盲目地搬用、滥用进化论是多么可笑。

四、语文知识的选择性错误

在对"汉字革命"派的批评反思中，"东方文化派"还从常识和学

---

① 胡先骕：《文学之标准》，《胡先骕文存》（上），江西高校出版社1995年版，第274页。

理上指出了其若干理论错位和事实错谬。

(一) 错将中国文言与白话之争比附为拉丁文与方言土语之争

为了取得白话文运动的合法性，加快白话文运动的进程，大众语文运动者往往喜欢对中国的文言与白话之别和欧洲的拉丁文与方言土语之别进行简单的比附，并以乔叟创造英国文学、但丁创造意大利文学、路德创造德国文学等为楷模，将中国的白话文运动想象成欧洲文艺复兴运动在中国的翻版。胡适的思路就是一个典型的例子，他断定文言和西方的拉丁文一样是已死的文字，白话跟各国的方言土语一样是活的文字，死的文字必须让位于活的文字，"汉文乃是半死之文字，不当以教活文字之法教之。（活文字者，日用语言之文字，如英法文是也，如吾国之白话是也。死文字者，如希腊拉丁，非日用之语言，已陈死矣。半死文字者，以其中尚有日用之分子在也。如犬字是已死之字，狗字是活字；乘马是死语，骑马是活语。故曰半死文字也"[①]。胡适极力建构白话的出发点当然可圈可点，可是在人文主义者看来，他犯了包括事实错误、逻辑错谬等在内的多重错误。拉丁文并不等于文言，英德法文也并不等同于白话，二者乃是"不相类之事"，胡先骕非常详细地指出了这一点，"希腊拉丁文之于英德法、外国文也。苟非国家完全为人所克服，人民完全与他人所同化，自无不用本国文字以作文学之理。至意大利之用塔斯干方言之国语之故，亦由于罗马分崩已久，政治中心已有转移，而塔斯干方言已占重要之位置，恰如汉文与日本文之关系，今日人提倡以日

---

① 胡适：《如何可使吾国文言易于教授》，《胡适学术文集·语言文字研究》，中华书局1998年版，第79页。

本文作文学，其谁能指其非？胡君可谓废弃古文而用白话文，等于日人之废弃汉文而用日本文乎。吾知其不然也。夫今日之英德意文固异于乔塞、路德、但丁时之英德意文也，则与中国之周秦古文也，与今日之文字较相若。而非希腊拉丁文与英德意文较之比也"①。也就是说，拉丁文对于各国通俗文来说，乃是一种外国文字，跟汉文化圈里汉字之于日韩文字颇有些相似，将拉丁文等同于汉字，这在人文主义者看来，不仅是一个事实错误，更是一个不可原谅"淆乱视听"。梁启超也认为"将文言比欧洲的希腊文、拉丁文，将改用白话体比欧洲近世各国之创造国语文学，这话实在是夸张太甚，违反真相"。因为"希腊拉丁语和现在的英法德语，语法截然不同，字体亦异，安能不重新改造？譬如我中国人治佛学的，若使必要诵习梵文，且著作都用梵文写出，思想如何能普及，自然非用本国通行文字写他不可"②。那么，西方什么样的语言文字才能跟中国的文白形成正确的对应呢？只能跟有关国家的古语今语相对应，比如英国通俗文只能对应于莎士比亚时代英国古文，"绝不能拿现在英、法、德文，和古代希腊、拉丁文的差别做个比方。现代英国人，排斥希腊、拉丁，是应该的，是可能的，排斥《莎士比亚集》，不惟不应该，而且不可能。因为现代英文和《莎士比亚集》并没有根本不同，绝不能完全脱离了他，创成独立的一文体。我中国白话之与文言，正是此类"③。所以人文主义者一致认定，"他们将文言与白话的关系了解为

---

① 胡先骕：《评〈尝试集〉》，《胡先骕文存》（上卷），江西高校出版社1995年版，第39页。

② 梁启超：《〈晚清两大家诗钞〉题辞》，《梁启超全集》（九），北京出版社1999年版，第4930—4931页。

③ 梁启超：《〈晚清两大家诗钞〉题辞》，《梁启超全集》（九），北京出版社1999年版，第4930—4931页。

拉丁与各国土语文学的关系则是一显然的错误"① 这种错误之所以发生，跟新文化运动发起者对欧洲语文的事实了解有关，也跟其强烈的宣传目的有关，"近人引用拉丁文与土语文学之例证来推广白话文运动的确收到了宣传的效果，但就事论事，却是出于对近代西方文学发展的曲解或误解"②。概括起来，这里的错误至少有四个方面：第一，将欧洲各国土语文学的兴起，简单地理解为代替拉丁文；第二，将中国的文言白话之争，简单地比附为拉丁与方言之争；第三，绝对化地将拉丁文与文言理解为"死的文学"，土语与白话文学理解为"活的文学"；第四，将拉丁文与方言土语、文言与白话的对立关系绝对化了。

（二）言文一致的迷思

近现代语言变革者发动大众语文运动的一个常见理由是中国文字"言文分离"，不利于启蒙兴国。基本逻辑是：语言与文字分离，造成学习困难、识字率低；而识字率低，民智不开，又成为国家衰弱的根本原因；因此中国欲强大必自语文改革始，而改革语文必走文言向白话、汉字向拼音转化的道路。如早在 1887 年，黄遵宪指出言文不一的现象，"语言与文字离，则通文者少；语言与文字合，则通文者多"③。1898年，裘廷梁进一步指出言文不一的危害，"有文字为智国，无文字为愚国；识字为智民，不识字为愚民；地球万国所同也。犹吾中国有文字而

---

① 余英时：《文艺复兴与人文思潮》，《文史传统与文化重建》，三联书店 2004 年版，第 63—65 页。

② 余英时：《文艺复兴与人文思潮》，《文史传统与文化重建》，三联书店 2004 年版，第 63—65 页。

③ 黄遵宪：《日本国志·文学志》，选自郭绍虞编：《中国历代文论选》（四），上海古籍出版社 1980 年版，第 117 页。

不得为智国，民识字而不得为智民，何哉？裘廷梁曰：此文言之为害也。文与言判然为二，一人之身，而手口异国，实为两千年来文字一大厄也"①。而到了五四时期，不论废汉论者还是白话文论者，都异口同声地把言文不一视为了汉字野蛮，文言落后的最主要证据，钱玄同的话最有代表性，他说，"我现在想：古人造字的时候，语言和文字，必定完全一致。因为文字本来是语言的记号，嘴里说这个声音，手下写的就是这个声音的记号，断没有手下写的记号，和嘴里说的声音不相同的。拿'六书'里的转注来一看，很可以证明这个道理……照这样看来，中华的字形，无论虚字实字，都跟着字音转变，便该永远是'言文一致'的了"②。可以说，"言文一致"成了语文改革家判断语文优劣的理想标准。

"言文不一"果真是中国文字的致命弱点吗？"言文一致"果真是一种语言的最佳境界吗？中国语文"言文不一"有没有特殊的文化原因？对此，近代对语文改革持审慎态度的人文学者，从语文内部规律和外部成因两方面提出了他们的质疑。

首先，文字具有相对较强的稳定性，而语言的变化性较大，因此语言与文字不一致是语言文字生存的一种常态，不值得大惊小怪。这种语言文字发展不平衡的现象，固然带来诸多不便，但相对而言，其便利更多，如保持时间上的连贯性、地域上的统一性等，"其文字不至随语言而改变，于学术上及社会上之便利殊多"③。因而在文字与语言的关系

---

① 裘廷梁：《论白话为维新之本》，《近代史资料》（1963—2），中华书局 1963 年版，第 120 页。

② 钱玄同：《尝试集序》，《中国文学大系·建设理论集》，上海文艺出版社 2003 年版，第 106—109 页。

③ 杜亚泉：《译者前言》，见［日］山木宪：《中国文字之将来》，《东方杂志》8 卷 1 号，1911 年 3 月 25 日。

上，他们认为宁可"改变语言以就文字"，而不是相反，杜亚泉说，"理想之文字，必简略于语言，但能有一定之规则与语言相对照斯可矣。且欲使语言与文字，有对照之规则，亦惟有改变语言以就文字，使言语渐归于统一，不能改变文字以就语言，致文字日即于纷歧"①。显然，在他眼里，改变文字以就语言，反而会造成混乱的结果。

其次，文言白话各司其职，各擅其长，不能强归一致，也不能强分轩轾。胡先骕认为文言与白话所用场合不同，口语多用于写实，文言多用于抽象，所以二者不必混为一谈，"夫口语所用之字句多写实，文学所用之字句多抽象，即敷陈其义，亦不易领会也，且用白话以叙说高深之理想，最难剀切简明。今试用白话以译 Bergson 之创制天演论，必致不能达意而后已，若欲参入抽象之名词，典雅之字句，则又不为纯粹之白话矣。又何必不用简易之文言。而必以驳杂不纯口语代之乎"②。杜亚泉则坚持，文言白话作用于人的器官不同，效果不一，不能"强令一致"，"至于文字语言，不能强归一致，语言发于口而感于耳，文字作于手而触于目，器官既异，作用自殊，强令一致，则便于口者不便于手，利于耳者不利于目，无两全之道也"③。

再次，"言文不一"反而有利于传统的继承。胡先骕曾举例说，英国诗人乔叟五百年前之诗之所以"已如我国商周之文之难读"，就是因为英语"谐声"和"言文一致"的缘故，因此他认为言文分离，对于典籍的保存、文化的传承功莫大焉，"向使以白话之文，随时变迁，宋元

---

① 杜亚泉：《译者前言》，见 [日] 山木宪：《中国文字之将来》，《东方杂志》8 卷 1 号，1911 年 3 月 25 日。

② 胡先骕：《胡先骕文存》（上卷），江西高校出版社 1995 年版，第 2 页。

③ 杜亚泉：《译者前言》，见 [日] 山木宪：《中国文字之将来》，《东方杂志》8 卷 1 号，1911 年 3 月 25 日。

之文，已不可读，况秦汉魏晋乎？此正中国言文分离之优点，乃论者以之为劣，岂不谬哉？且盘庚大诰之所以难于尧典舜典者，即以前者为殷人之白话，而后者乃史官文言之记述也。故宋元语录，与元人戏曲，其为白话，大异于今，多不可解。然宋元人之文章，则于今日无别。论者乃恶其便利，而欲故增其困难乎，抑宋元以上之学，已可完全抛弃而不足惜，则文学已无流传于后世之价值"①。杜亚泉也设想，假如文字随语言而转，以拼音代中国汉字，有着数千年悠久历史的中国文化，必定陷入不能读不能传的境地，"若我国亦用标音文字，则不但春秋战国之文，将无从索解，即汉唐宋明之文，亦将不能卒读矣。四千年之中，至少有三四种专门之文学，承学之士，虽白首不能尽通。今则历朝著述，藏之名山，传之后世，沧桑屡易，而文字则亘古如新，其便利二也"②。因此，他们认定，"言文分离"既是特殊国情造成的，也是文化传承的需要。

最后，欧西言文，何尝合一。他们批判大众语文的倡导者，动辄以欧西为法，而实际上并未了解欧洲语文的实际，杜亚泉曾这样批评言文一致的"无谓"："言文一致者，彼派之所倡导者也，以为言文一致，则学问易于进步，又以欧美诸国为言文一致之过，是皆无稽之说也。欧美之国民，非尽能读其文字，其不受教育之人，虽无不能言语，而亦不能解文字"③。胡先骕批评新文化运动时也说："且言文合一，谬说也。欧西言文，何尝合一，其他无论矣。即以戏曲

① 胡先骕：《胡先骕文存》（上卷），江西高校出版社 1995 年版，第 5 页。

② 杜亚泉：《译者前言》，见 [日] 山木宪：《中国文字之将来》，《东方杂志》8 卷 1 号，1911 年 3 月 25 日。

③ [日] 山木宪：《中国文字之将来》，杜亚泉译，《东方杂志》8 卷 1 号，1911 年 3 月 25 日。

论，夫戏曲本取于通俗也，何莎士比亚之戏曲，所用之字至万余，岂英人日用口语须用如此之多之字乎？"[1] 他们不仅注意到泰西文字"言文不一"的现象，而且认识到中国文字"言文不一"的特殊地理原因。"欧洲各国，区域较小，而各国之文字不同。若我国亦用标音文字，使言文一致，则一国之中，将有数十百种文字出现。今全国之内，方音虽异，而文字可通，即日本朝鲜安南诸国，亦得通行同一之文字，使东亚各国性情风俗，不至绝然悬异者，未始非同文字之赐。此其便利一也。"[2]

综上所述，他们得出的是这样一个结论："言文一致"既没有历史的根据，也没有理论的基础，它是中国大众语文运动家对西方语言传统的有意"误读"，"言语自言语，文字自文字，言文一致之实安在乎？"[3] 不过，我们也应该看到，这种批评固然有可取的因素，但其立足于"精英"的文化立场，跟面向大众的整个时代潮流是背道而驰的，因此，他们的声音显得不合时宜也就不足为怪了。

（三）废孔与废汉、汉字与文化传承方面的荒谬

五四时期，大众语文论者比其前任（如吴稚晖等）又多了一条"废汉"理由，就是汉字是"孔门学说及道教妖言"的记载符号；要想废孔，必先废汉，这是新文化运动者的通用逻辑。钱玄同说："救现在中

---

① 胡先骕：《中国文学改良论》，《胡先骕文存》（上卷），江西高校出版社 1995 年版，第 2 页。

② 杜亚泉：《译者前言》，见〔日〕山木宪：《中国文字之将来》，《东方杂志》8 卷 1 号，1911 年 3 月 25 日。

③ 〔日〕山木宪：《中国文字之将来》，杜亚泉译，《东方杂志》8 卷 1 号，1911 年 3 月 25 日。

国的唯一办法……欲废孔学，不可不先废汉文；欲驱除一般人之幼稚的野蛮的顽固的思想，尤不可不先废汉文……二千年来用汉字写的书籍，无论那一部，打开一看，不到半页，必有发昏做梦的话。此等书籍，若使知识正确，头脑清晰的人看了，自然不至堕其彀中；若令初学至童子读之，必致终身蒙其大害而不可救药……欲废孔学，欲剿灭道教，惟有将中国书籍一概束之高阁之一法。何以故？因中国书籍，千分之九百九十九都是这两类之书故；中国文字，自来即专用于发挥孔门学说，及道教妖言故"；又说，"我以为今后的中国人，应该把所有的中国旧书尽行搁起，凡道理、知识、文学，样样都该学外国人，才能生存于二十世纪，做一个文明人。既然如此，就应该学外国文，读外国书。那固有的汉语，因事实上不能立刻消灭，只好暂时留住一部分勉强可用的，——把那不适用的都送进博物院去，——以为短时间内交通之用，但与学术无关。至于文字，在文章方面，既改用口语，较之旧日之言文不一致者，亦可便利许多。在书写方面，则应复用草书，或兼采古体俗体之笔画简单者，……如此将就行去，也可勉强敷衍十年二十年"①。他将此种剿灭汉文的行为称为"根本解决之根本解决"②。陈独秀也极力附和，鼎力襄助，申言一定要废除汉字这"腐毒思想之巢窟"，"惟仅废中国文字乎？抑并废中国言语乎？此二者关系密切，而性质不同之问题也。各国反对废国文者，皆以破灭累世文学为最大理由。然中国文字，既难传新事新理，且为腐毒思想之巢窟，废之诚不足惜"③。基于此理，

---

① 钱玄同：《对于朱我农君两信的意见》，《钱玄同文集》（一），中国人民大学出版社1999年版，第220页。

② 钱玄同：《中国今后之文字问题》，《新青年》4卷4号，1918年4月15日。

③ 陈独秀：《答钱玄同》，《新青年》4卷4号，1918年4月15日。

鲁迅也告诫青年人不读或少读中国线装书。

表面看起来，这样的文化行为真可谓釜底抽薪，彻底而又彻底了。但实际上很多问题是似是而非的。

第一，废除古文甚至汉文，能不能确保废除腐毒思想？显然不能。具有人文主义倾向的周作人，对于废汉的片面行为曾提出过委婉的批评。他说，荒谬的思想与晦涩的古文，融合为一不能分离，固然道出了某种事实；将表现荒谬思想的专用器具撤去，也是一种有效的办法，可是这并不是一个根本的办法。具有"荒谬思想"的人，无论他用古文，还是白话文，无论是德文，还是世界语或其他什么文，"如不真是'洗心革面'的改悔"，"未尝不可以拿来做黑幕，讲忠孝节烈，发表他们的荒谬思想"[1]。周作人此论的重点固然是强调"思想改革"的重要，但这里实际上也击中了废汉论者的要害。

第二，即使真的废除了汉字，能否从根本上废除中国文化？当然也不可能。任何一个民族一定有它的基因谱系，文字是其中重要的一系但不是唯一的一系，废除了它的文字，也许可以改变这个民族的文化历史，甚至可以部分地改变这个种族，但是不能从根本改变它的基因。"汉字革命"口号提出后，有人致信《新青年》，调侃地质问钱玄同："我想钱先生的意思，不是仅为汉文不好，是因汉文所载的东西不好，所以要把他拉杂摧毁了，廓而清之。我想这却不是根本的办法。吾国的历史、文字、思想，无论如何昏乱，总是这一种不长进的民族造成功了留下来的。此种昏乱种子，不但存在文字历史上，且存在现在及将来子孙的心脑中。所以我敢大胆的宣言，若要中国好，除非中国人

---

[1] 仲密：《思想革命》，《每周评论》第 11 期，1919 年 3 月 2 日。

种先行灭绝！可惜主张废汉文汉语的，虽然走于极端，尚是未达一间呢！"①

第三，汉字文言果真如废汉论者所言一无是处吗？其实非也。大一统中华文化的形成很大程度上得益于汉字文言的稳固性。从时间维度上来说，前面言及的周秦汉唐之文，之所以能代代相续，"亘古如新"，古老的汉字实在立下了汗马功劳，"四千年之中，至少有三四种专门之文学，承学之士，虽白首不能尽通。今则历朝著述，藏之名山，传之后世，沧桑屡易，而文字则亘古如新"②。所以汉字担负了一种文化接续的重任，"言文分离"成就了一种文化的统一性，从这个意义上讲，"此正中国言文分离之优点"③，而不是相反。另外，汉字特有的"认形不认声"优点，不仅使其历经数次异族文字入侵而巍然不变，而且能够不断同化异族语文，这对保持中国文字的向心力，保存中华文化的统一性，可谓功莫大焉，"至吾国之文字，以认形故，不易随语言之推迁而嬗变，虽吾国家数为异族所征服，然吾国之语言，属单音之中国语系，与入主中国之民族之多音系语言大异，且虽偶用其字与辞，必以认形之字译其音，如巴图鲁、戈什哈之类，故文字语言不受外族之影响。虽以佛学之输入。印度文化影响吾人之思想极大，且使我国文字语言增加无数之名词。如菩萨、罗汉、和尚、比丘、涅槃、圆寂之类，然不能使吾国文字之形状与文法有所改变。彼入主与杂居之民族，但有舍弃其语言文字以

---

① 任鸿隽：《致新青年》，见《钱玄同文集》（一），中国人民大学出版社1999年版，第202页。

② 杜亚泉：《译者前言》，见［日］山木宪：《中国文字之将来》，《东方杂志》8卷1号，1911年3月25日。

③ 胡先骕：《中国文学改良论》，《胡先骕文存》（上卷），江西高校出版社1995年版，第5页。

同化于吾国，故吾国能保存数千年来文学上不断之习惯与体裁直至于今日。"① 而从空间维度上来说，中国地域广大，方音各异，"南北诸省，发音不同，各操乡谈，如聋哑之对话"，正是中国文字维持了这个伟大民族的统一。"第一须知欧洲各国文字认声，中国文字认形。认声之文字，必因语言之推迁而嬗变；认形之文字，则虽语言逐渐变易，而字体可以不变。故如明字古音读如 mang，现时京音读如 ming，南昌读如 miang，江南一带读如 min，而明字之形初不变易也。吾国文法又极简单，无欧洲文法种种不自然之规律，因而亦少文法上之变迁，故吾国文字不若欧洲各国文字之易于变易，故宋元人之著作，吾人读之，不异时人之文章；而英国乔塞之诗，已非浅学之英人所能读矣。再则希腊拉丁文之灭亡，纯由于政治之影响与民族之混淆，致使其语言文字益加驳杂而变易愈大。"②

客观地讲，新文化运动者试图通过"废汉"之举达到改变文化方向，其眼光之独到、手段之毒辣，让人不得不深为惊叹。汉字与中国文化的确有一种特殊的关系，高本汉说，"中国不废除自己的特殊文字而用我们的拼音文字，并非出于任何愚蠢的或顽固的保守性。……中国人抛弃汉字之日，就是他们放弃自己文化基础之时"③。两位西方汉学家的论说，也可以视为是对五四新文化运动家的严厉批评。废除汉字不仅不可能，而且不能够，汉字废除之日，也就是中国文化沦丧之日。

现在回头看，"东方文化派"对于中国语言文字改革中的激进文化

①　胡先骕：《评胡适〈五十年来中国之文学〉》，《胡先骕文存》（上卷），江西高校出版社 1995 年版，第 212 页。

②　胡先骕：《评胡适〈五十年来中国之文学〉》，《胡先骕文存》（上卷），江西高校出版社 1995 年版，第 209 页。

③　转引自林宝卿：《汉语与中国文化》，科学出版社 2000 年版，第 63 页。

行为的批判，尽管有的地方未必周全，有的地方还存有为争而争的义气之见，有的地方不无与革命派争夺话语权的嫌疑，等等。但是总的来讲，他们的批判和反思是切中"汉字革命"派的要害的，他们的理论基础和历史依据在今天的眼光看来仍然是靠得住的，所以我们不能基于"革命—保守"的二元对立思维将其划为"保守主义"阵营。从功效上来看，一种批判的声音伴随着"汉字革命"运动的始终，这对"汉字革命"派可能更为激进的文化行为，未必不是一种有力的牵制和矫正，从这个意义上讲，"东方文化派"已经完成了它的历史使命。实际上，汉语拼音加汉字简化方案的颁布实施，就我们的理解，就是"东方文化派"与"汉字革命派"文化理想斗争妥协的结果，其他语文领域的类似折衷方案也是这样。另外，两种不同文化思路的改革派之间不断进行的批评与反批评，客观上也形成了中国语文界乃至整个文化界的对话传统，这种立意在建设的话语交锋极大地丰富了现代思想学术的张力内涵，对于中国现代文化界"复调"民主传统的形成具有深远的意义。

第八章 《东方杂志》与中国现代"戏剧改良"

一、被遗忘的戏剧"舞台"

作为文学革命运动的一部分，"戏剧改良"在近代虽然滥觞甚早，但真正意义上的"革命"，却也是从《新青年》开始的。从 1917 年 3 月至 1919 年 3 月，杂志对这个问题展开了持续的关注，或在"通信"栏目来回商榷，或发专号集中讨论。尤其醒目的是它的两个专号，即 4 卷 6 号（1918 年 6 月）的"易卜生号"和 5 卷 4 号（1918 年 10 月）的"戏剧改良号"。在这个阵地里，各路作者对旧戏存废、新剧译介诸问题进行了热烈的争辩，一时之间，《新青年》一跃而为现代戏剧改革的舆论中心，新青年派（不管懂戏与否）成为这项"文学改良"事业的急先锋。

然而戏剧改革的另一舞台《东方杂志》，却不为多少人所知晓。早在新文学发生之前，《东方杂志》就刊登了王国维的《宋元戏剧史》，从另一角度开启了戏剧改良的大幕。杂志从 9 卷 10 号（1913 年 4 月）开始刊载，然后在 9 卷 11 号，10 卷 3 号、4 号、5 号、6 号、8 号、9 号，共分 8 次载完此文。站在今天的立场看待这篇文章，你会发现它已经十分"现代"了，其所提出的进化观念、自然观念、悲剧观念、俗文观念、世界观念等，与胡适等新文学派相比并无多少逊色，因此视《宋元戏曲史》为戏剧改革的理论先声并不为过。1920年，《东方杂志》主编易人、刊物改版，更加强化了对"世界之潮流"的译介。改版社评（17卷1号），这样表明其转变意向："本志于世界之学术思想社会运动，均将以公平之眼光，忠实之手段，介绍于读者……本志以为能描写自然之美趣，感通社会之情志者莫如文学，而国人之治西洋文学者尚鲜，即有少数译籍，亦往往不能脱古文辞赋之结习，其与西洋文学将弥失其真，故今后拟以能传达真相之白话文，移译名家之代表作，使国人知文学之果为何物。"① 在这种编辑思想指导之下，译介外国戏剧成为了杂志非常自觉的文化使命。18卷12号"编辑室杂话"直言其意向云："本志很想译登些近代戏剧"，因此在1920年之后的十多年时间内，几乎每卷都有关涉戏剧的文章，或译介欧美戏剧文学思潮，或选择性地翻译各国剧本，其对欧美戏剧文学的译介也达到了顶峰。

相对于《新青年》而言，《东方杂志》对戏剧改革的关注，有两年多的时间错位，前者的倡导是在1918年，后者的接续是在1920之后。我们考察的重点时期侧重在改版之后的十年左右时间（1920—1932）。之所以选择这个时期，主要基于这样几个事实，其一，这个时期是中国戏剧改良的关键时期，新文学发生后，如何译介外剧、如何改良旧剧、如何创作新剧，都是时代最紧迫的任务，《东方杂志》对这些问题均有直接、间接的回答；其二，这个时期是该杂志译介外剧、创作新剧和改良戏剧讨论最集中的时期。之前，除了王国维的《宋元戏剧史》，鲜有

---

① 坚瓠：《本志之希望》，《东方杂志》17卷1期，1920年1月10日。

讨论戏剧的文章，更不要说新剧旧剧的刊登了；之后，刊物基本成了一本时事性杂志，侧重于报道政治外交等，在文学方面虽也偶尔发表一些新文学作品，但再也没有集中讨论戏剧改革方面的文章。

中国戏剧如何改良？这是中国戏剧现代化面临的核心问题。这个问题虽然纷繁复杂，但归纳起来，不外乎旧剧改造、外剧引进以及新剧创造三条门径。客观地讲，这三方面的工作都是《新青年》起头的，然而之后大量具体实在的工作却是由《东方杂志》等承担的。在中国现代期刊史上，对于戏剧改革如此自觉提倡、系统译介、持久建设的刊物，实在找不出第二家，可以说，《东方杂志》是催生现代戏剧的特殊温床或舞台。然而这一舞台却并没有得到相应的关注，一是过去的文学史不提刊物的作用则罢，一提就是《新青年》，至于《东方杂志》则鲜有问津者；二是对于东方同人这个特殊知识群体，人们往往给予标签式的认识，对其守成与开新并举的文化态度，缺乏具体的认知。因此，本章拟将《东方杂志》当作一个有态度的媒体，将其一以贯之的十年时空缩为一个文化整体，在更广泛的意义上认识杂志对中国现代戏剧改良所做出的独特贡献。

二、旧戏存废与新旧剧关系的讨论

改版之后，《东方杂志》放弃"特别国情说"、跟进世界潮流、拥护新文学、提倡白话文，文化态度方面逐渐向《新青年》靠拢，初看起来似乎成了与新文化派相向而行的同道。然而仔细考察之后，会发现二者之间其实存在着不小差异。调和的文化姿态、稳健的编辑方针、审慎的去取选择，这种理性、温和的办刊风格，与《新青年》相比是颇异其趣的。表现在对待新旧文学问题上，新青年派所取的是二元对立思维，新旧之间势不两立，不是你死就是我活，没有任何中间地带。为了建立新体诗，就势必废除旧体诗；为了建立新戏剧，就一定要置旧戏于死地，这种非此即彼的绝对化思维，在参与戏剧讨论的《新青年》多数论者身上均有或轻或重的表现。

1918年，《新青年》连续用了两期（5卷4号、5号）专题讨论旧戏存废与新旧戏关系问题，参加讨论的新文学作家中，既有宿儒钱玄同、周作人、胡适，也有新秀傅斯年等。在对旧戏的价值判断上，两代人几乎众口一词：旧戏"野蛮"、"落后"、"有毒"，理应立刻废止。其一，他们认为旧戏是旧社会的写照，与现代生活格格不入。傅斯年说："中国戏剧，最是助长中国人淫杀的心理。仔细看来，有这样社会的心理，就有这样戏剧的思想，有这样戏剧的思想，更促成这样社会的心理；两事是交相为用，互为因果。西洋名剧，总要有精神上的寄托，中国戏曲，全不离物质上的情欲。……中国戏剧里的观念，是和现代生活根本矛盾的，所以受中国戏剧感化的中国社会，也是和现代生活根本矛盾的。"① 照他的逻辑，旧戏既是"旧社会的照相"，要想建立新社会，旧戏这个旧的教育机关就不能不推翻，"将来中国的运命和中国人的幸福，全在乎推翻这个，另造个新的。使得中国人有贯彻的觉悟，总要借重戏剧的力量。所以旧戏不能不推翻，新戏不能不创造。旧社会的教育机关不能不推翻，新社会的急先锋不能不创造"②。

其二，认为旧戏游戏竞技的成分太重，与实际人生相隔太远。欧阳

---

① 傅斯年：《戏剧改良各面观》，《新青年》5卷4号，1918年10月15日。
② 傅斯年：《戏剧改良各面观》，《新青年》5卷4号，1918年10月15日。

予倩断言："中国之戏剧，一种之'杂戏'而已，不能绳之以理。"① 而在傅斯年看来，不论昆曲、高腔、皮簧、梆子等所谓"高等戏"，还是碰碰戏、秧歌戏、高跷戏等"下里巴戏"，都因将"人生之真拆开"而"不离乎把戏的精神"，这与"演事实"、表现"人类精神"的现代戏剧相隔甚远。"真正的戏剧纯是人生动作和精神的表象，不是各种把戏的集合品。……中国戏剧，全以不近人情为贵，近于人情，反说无味。……动作是人生通常的动作，言语是人生通常的言语；百般把戏，无不合有竞技游戏的意味。竞技游戏的动作言语，却万万不能是人生通常的动作言语——所以就不近人情，就不能近人情了。"②

其三，认为旧戏从动作唱腔到结构语言，"毫无美学的价值"。傅斯年罗列了旧戏美学上的一大通"缺点"，如"违背美学上的均比律"、声音"刺激性过强"、"形式太嫌固定"、"意态动作的粗鄙"、"音乐轻躁、乱人心脾"，等等。在文学形式上，他还指摘旧戏"颇难当得起文学两字"，主要根据是戏文非"本色"、未能切合戏中人身份心理；因声造文、强文就声，没有自然的词句；结构上"其直如矢，其平如底"，缺乏"曲折含蓄的意味"；体裁上，剧中人物"不是失之太多，就要失之太少。太多时，七错八乱，头绪全分不清楚了，太少时一人独唱，更不能布置情节。"③ 不仅没有美学上的价值，而且没有思想上的意义，"论到运用文笔的思想，更该长叹。中国的戏文，不仅到了现在，毫无价值，就当他的'奥古斯都期'，也没什么高尚的寄托"④。一句话，中国旧戏一无

① 欧阳予倩：《予之戏剧改良观》，《新青年》5卷4号，1918年10月15日。
② 傅斯年：《戏剧改良各面观》，《新青年》5卷4号，1918年10月15日。
③ 傅斯年：《戏剧改良各面观》，《新青年》5卷4号，1918年10月15日。
④ 傅斯年：《戏剧改良各面观》，《新青年》5卷4号，1918年10月15日。

是处，已经失去了存在的理由。

旧戏既然"毫无"思想和艺术价值，那么如何对待旧戏、如何改良旧戏呢？新青年派采取的总策略是一概予以废止，而代之以欧美移入的"新剧"。傅斯年就这样说："未来的新剧，唱工废了，做法一概变了，完全是模仿人生真动作，没有玩把戏的意味了，拿来和旧戏比较，简直是两件事。所以说旧戏改良，变成新剧，是句不通的话，我们只能说创造新剧。"① 之所以要用新剧代替旧剧，而不是在旧剧基础上修修补补，在傅斯年看来是因为受"戏剧进化的阶段"规律的制约。他把戏剧进化分为四个不同阶段，"（一）各样把戏和歌曲独立并存；（二）歌曲里容的把戏的材料，再略带上些演故事；（三）成了戏曲的体裁，故事重了，歌曲反轻了；（四）纯粹戏剧成立，歌曲又退出来，去独立了。"② 也就是说，旧剧和新剧在进化的链条上，所处位置有先后之别，不可同日而语，也不能混为一谈，"改良旧戏和创造新戏，是两个问题"。③ 基于这样的认知，傅斯年不仅坚持废除旧戏，而且对经过改良的"过渡戏"也取排斥态度，他说，"所谓'过渡戏'者，北京通称新戏，但是虽然和旧戏不同，到底不能算到了新戏的地步。"④ 在他眼里，旧戏虽然经过改良，但没有从根本上改变"体式"，它还是"音乐、歌唱、情节三种混合品"⑤，在进化的道路上它与新剧不在一个层面。胡适的观点也与此类似，他反对"旧戏改良"就是"复兴"昆剧的观点，认为这种论调的要害就是缺乏"文学进化的观念"。在他的观念里，"体裁更自由"，便于

---

① 傅斯年：《戏剧改良各面观》，《新青年》5 卷 4 号，1918 年 10 月 15 日。
② 傅斯年：《戏剧改良各面观》，《新青年》5 卷 4 号，1918 年 10 月 15 日。
③ 傅斯年：《戏剧改良各面观》，《新青年》5 卷 4 号，1918 年 10 月 15 日。
④ 傅斯年：《戏剧改良各面观》，《新青年》5 卷 4 号，1918 年 10 月 15 日。
⑤ 傅斯年：《戏剧改良各面观》，《新青年》5 卷 4 号，1918 年 10 月 15 日。

"写生表情","力求脱离乐曲一方面的种种束缚"等，才是戏剧进化的真正方向①。

由此可以看出，在《新青年》上发表文章的作者，一律把新剧、旧剧视为两种截然不同的东西：它们之间有着进步与落后、文明与野蛮的区别，要确立前者，就不能不否定后者，反之亦然。尽管《新青年》也同期刊发了少许"商榷"文字，但其实是作为反面靶子而设的，至多是为取得平衡编排效果而设的，这些文字的微弱声音，多被淹没在激扬高亢的挞伐声中，丝毫未起到双声对话的作用。尽管如此，这些文章还是提出了激进主义戏剧改革者所不得不面临的问题，如中国旧戏所用的"抽象的方法"即"假象会意的方法"，与现代象征主义手法其实并无多少冲突；中国旧戏遵循的"程式化"，与西方戏剧家所尊奉的"三一律"，也有不少异曲同工之处，"所以我们只能说中国旧戏用假象的地方太多，却不能说用假象就是不好；只能说用规律的地方太多，不能说用规律就是不好；只能说他用音乐的地方太多，不能说音乐唱工，就是不好。'因噎废食'，那是极端的主张，不是公平的论调"②。

1919年改版之后，《东方杂志》虽在介绍新学、引进西潮、提倡新文化等方面与《新青年》同声相求，然而这"大同"之中其实包含着"小异"，有些差异甚至还是根本性的，这一点在旧戏改良方面体现得尤为明显。与新青年派激进姿态形成鲜明对照的是，《东方杂志》在对待传统艺术问题上仍然延续了其一贯的文化态度，这种稳健、持重的态度，跟《新青年》所列"靶论"——张厚载的《我的中国旧戏观》，倒是十分接近。宋春舫是在两个杂志上同时发文章的作者之一，在《新青年》

---

① 胡适：《文学进化观念与戏剧改良》，《新青年》5 卷 4 号，1918 年 10 月 15 日。
② 张厚载：《我的中国旧戏观》，《新青年》5 卷 4 号，1918 年 10 月 15 日。

大力推介欧美现代戏，他一口气开列了一百多部戏剧作品名单，大有以欧洲新戏取代中国旧戏之势；然而在《东方杂志》上，他撰文一方面厘清象征主义戏剧、心理派戏剧等近世新浪漫戏的来龙去脉，一方面又特别强调其与中国传统戏剧的深厚渊源。在东西方戏剧关系上，他并没有像新青年派一样，把"旧戏"放在与"新剧"对立的位置上，恰恰相反，他倒是认为中国旧剧在写实精神与象征手法等方面，与西方现代戏剧有着诸多的相通之处，因此传统戏剧并非如有人所说的那样一文不值：

> 象征派与写实主义，未尝不可相合，如易卜生固为写实派者，而其 When We Dead Awaken 一剧，纯乎玄妙主义。进而言之，司脱林保反对妇女也最酷，持自然主义也最力，而于 Swanwhite 等剧，更何尝不浸润于象征主义之说哉！吾国旧剧，虽经持新学说者之丑诋，然多含象征派的观念。吾国戏台向无布景一端，即其明证。美小说家 CarLand 之语曰："今日欧美戏剧，毫无生气，参以中国象征派之戏剧，或可另开生面而导引观者之兴趣。"其言虽过，然亦可见近时文学家对于戏剧之趋向。夫然，则象征主义，既日占优势，而自然主义失败之时日当不远矣①。

周作人也是在这两个杂志上先后发表戏改文章的人，然而有趣的是其在不同媒体上他的观点前后矛盾，有的甚至冰炭不容。1918 年，他在《新青年》发表《论中国旧戏之应废》，以不容置疑的口吻，摆出与

---

① 宋春舫：《近世浪漫派戏剧之沿革》，《东方杂志》17 卷 4 号，1920 年 2 月 25 日。

旧戏决裂的姿态。在他看来，旧戏在两个方面失去了存在的理由，一是从世界戏曲发展史来看，中国戏剧处于"野蛮"阶段，表现为"中国戏多含原始的宗教的分子……五光十色的脸，舞蹈般的动作，夸张的象征的科白：凡中国戏上的精华，在野蛮民族的戏中，无不全备"；二是就其思想内涵而言，毒素太多，"有害于'世道人心'"，主要表现为"淫，杀，黄帝，鬼神"，更具体讲就是"房中，武力，复辟，灵学"，这些东西"是根本的野蛮思想，也就是野蛮戏的根本精神"，结论是"旧戏野蛮"，"没有存在的价值"，"旧戏应废"①。到了 1924 年他在《东方杂志》发表《中国戏剧的三条路》时，对过去的观点来了一个一百八十度的大转弯："中国现在提倡新剧，那原是很好的事，但因此便说旧剧就会消灭，未免过于早计；提倡新剧的人，倘若对于旧剧存着一种'可取而代'的欲望"②，仿佛前面所说的决绝之言跟他毫无关系似的。同是一个作者，在不同文化场里说出的话语如此不同，颇耐人寻味。当然，这里不能完全排除由于时间推移、作者认识因此发生变化的因素。

在这篇文章里，周氏一改六年前的武断姿态，对于戏剧改良中的各种关系，特别是新旧关系，采取了具体问题具体分析的改革策略。他摒弃"互相争执"、"互相吞并"二元对立思维，采取了"新剧当兴而旧剧决不会亡"的"分道扬镳"之法，指出中国戏剧改革应该在三条平行路线上同时进行：一是纯粹旧剧，应该完全保存旧式，以供研究之用；二是一般旧剧，应加以"消极的改良"，使之为大众服务；三是纯粹新剧，也应实验，以满足小众之需。总之，新旧各剧应该各得其宜、各尽其妙，"我相信中国戏剧现在有以上的三条路可走，他的作用一是艺术的，

---

① 周作人：《论中国旧戏之应废》，《新青年》5 卷 5 号，1918 年 11 月 15 号。
② 周作人：《中国戏剧的三条路》，《东方杂志》21 卷 2 号，1924 年 1 月 25 日。

二是学术的，三是社会的"①。

　　所谓"艺术的"，主要是针对小剧场改革而言，是一种少数人"自作自译自演自看"的实验戏剧，其特点是"并不公开，完全摆脱传统，蔑视社会心理，一切以自己的兴趣为断，不受别的牵制……非营业性的、非教训的"②。关于这一点，后面将有详论。所谓"学术的"，主要针对纯粹旧剧而言，它也是为少数人而设，"惟研究文化的学者、艺术家，或证明受过人文教育的人们，才有参观的权利"，演出形式也是"应用小剧场，也不公开……随时开演"，但参与的目的不是为了改良，而是为了"完全保存旧式"以满足研究之用，因此，旧戏的一切行当都应原汁原味地予以保存：

　　　　在这种状况之下，旧戏的各面相可以完全呈现，不但"脸谱"不应废止，便是装"跷"与"摔壳子"之类也当存在，甚至于我于光绪朝末年在北京戏台所见的……的扮演似亦不妨保留，以见真相。中国旧剧有长远的历史，不是一夜急就的东西，其中存着民族思想的反影，很足供大家的探讨，有很多丑恶的科白，却也当有不少地方具特别的艺术味，留东方古剧之一点余韵，因此这保存事业也是当然的③。

至于说到"社会的"，在他看来那才是需要加以"改良"的部分，首先，这类戏剧的消费对象应该是多数大众，而不是少数精英。既然这种戏剧

---

　　① 周作人：《中国戏剧的三条路》，《东方杂志》21卷2号，1924年1月25日。
　　② 周作人：《中国戏剧的三条路》，《东方杂志》21卷2号，1924年1月25日。
　　③ 周作人：《中国戏剧的三条路》，《东方杂志》21卷2号，1924年1月25日。

是为大众而设，他认为就应该"以旧剧为本，加以消极的改良，与普通所谓改良戏不同"。这里所谓的"消极改良"，含义是指"把旧剧中太不合理不美观的地方改去，其余还是保留固有的精神，并设法使他调和，不但不去毁坏他，有些地方或者还当复旧才行"。可以看出，对于旧剧，他一反五四前后之"禁止"观念，认为那种观念是一种与中国现实相去甚远的"理想主义"。因此反对"要积极的去变更"，认为这种改良的结果"往往弄的不新不旧，了无趣味，或者还要加上教训的意思，更是无谓"①。

此时，除了主张三种剧艺平行发展、各自独立之外，周作人的戏剧改革思想还有两个显著变化，一是反对新剧对大众的媚俗态度及旧剧对新潮的调和姿态，"使新剧去迎合群众与使旧剧来附和新潮，都是致命的方剂，走不通的死路……现在的倾向，新剧想与旧的接近，旧剧想与新的接近，结果是两败俱伤，因为这其间有很大的一个距离，不是跳得过去的"②。二是反对艺术趣味上的大一统倾向和所谓"正宗"思想：

> 我们平常不承认什么正宗或统一，但是无形中总不免还有这样思想。近来讲到文艺，必定反对贵族的而提倡平民的，便是一个明证……现在如必要指定一派为正宗，只承认知识阶级有这特权，固然不很妥当，但一切以老百姓为标准，思想非老百姓所懂者不用，言语非老百姓所说者不写，那也未免太偏一点了。将来无论让社会怎样变更，出现最理想的世界，其时一

---

① 周作人：《中国戏剧的三条路》，《东方杂志》21卷2号，1924年1月25日。
② 周作人：《中国戏剧的三条路》，《东方杂志》21卷2号，1924年1月25日。

切均可以平等而各人的趣味决不会平等，一切均可以自由而各人的性情决不能自由；有这个不幸（或者是幸）的事实在那里，艺术的统一终于不可期，到底只好跳出乌托邦的梦境，回到现实来做自己的一份工作。有人喜欢王尔德，有人喜欢梅德林克，更有许多人喜欢"狸猫换太子"以及"张欣生"！！我们没有宗教家那样的坚信，以为自己的正信必然可以说服全世界的异端，我们实在只是很怯弱地承认感化别人是近乎不可能的奇迹，最好还是各走各的，任其不统一的自然，这是唯一可行的路①。

看得出来，周作人发表在《东方杂志》的这篇文章，不仅观点与《新青年》时期有霄壤之别，就是文化态度也有颠覆性的变化。在这个特定的文化场域里，周作人回到了理性、务实的基本面，其所提出的戏剧艺术多元发展观念、新旧各剧百花齐放观念等，为中国戏剧改良提供了有益的思路。

三、自觉为西方戏剧译介提供平台

1918年《新青年》4卷6号辟出"易卜生号"，集中刊发了有关易卜生的系列著译，如胡适的《易卜生主义》、袁振英的《易卜生传》，以及罗家伦、胡适翻译的《娜拉》，陶履恭翻译的《国民之敌》、吴弱男翻

---

① 周作人：《中国戏剧的三条路》，《东方杂志》21卷2号，1924年1月25日。

译的《小爱友夫》。而在 5 卷 4 号上（1918 年 10 月 15 日），宋春舫开列了《近世名戏百种》书单，胡适在附记里对译介目的做了专门强调："我以为国内真懂得西洋文学的学者应该开一会议，公共选定若干种不可不译的第一流文学名著：如一百种长篇小说，五百篇短篇小说，三百种戏剧，五十家散文，为第一部西洋文学丛书，预定五年译完……并一一为作长序及著者传略，然后付印。"① 可见其译介西方戏剧的宗旨是非常明确的，那就是为新文学"输入'范本'"②，以为中国戏剧改良的殷鉴。

《东方杂志》改版后，更加注重与"世界潮流"合拍，在文学改良问题上逐渐与新文学派靠近，欧美戏剧文学因而也格外受到重视。杂志 16 卷 1 号将宋春舫 1918 年在《新青年》所刊《近世名戏百种》，更名为《世界名剧谈》再次发表。值得注意的一点是，编者"罗罗"有意将宋氏原文加以"篡改"，以强调戏剧文学在改良社会、改造文学中的作用，他说，"西洋文学，当十九世纪初期，小说占卓越之地位，降至今日，则剧本起而代之。文学上之各种势力，无有如剧本势力之伟大者。盖无论何国之社会状态、政治状态及个人情感性质，惟剧本能描绘分析极形尽致也"③。作为一个有倾向的思想平台，《东方杂志》这时更为鲜明地提出，要用"以能传达真相之白话文，移译名家之代表作"④，在这种指导思想之下，西方戏剧的白话译作被大量刊发出来。

《东方杂志》译介西方戏剧主要集中在从 1920 年到 1931 年（第

---

① 见宋春舫：《近世名戏百种》文前胡适附言，《新青年》5 卷 4 号，1918 年 10 月 15 日。

② T.F.C：《论译文戏剧》，《新青年》6 卷 3 号，1919 年 3 月 15 日。

③ 罗罗：《世界名剧谈》，《东方杂志》16 卷 1 号，1919 年 1 月 15 日。

④ 坚瓠：《本志之希望》，《东方杂志》17 卷 1 号，1920 年 1 月 10 日。

1928 卷）这十二年间，此间大体与现代文学的"第一个十年"吻合，新剧断续出现、新作家也崭露头角，但总的看来并不十分成熟，现代戏剧基本处于酝酿准备期。在这个准备期内，《东方杂志》对现代戏剧改革的基本策略，是通过译介西方戏剧，哺育中国现代戏剧，其"编辑室杂话"透露了这一意向，"本志很想译登些近代戏剧"①，为此，它开展了对西方各种戏剧思潮作品的全面译介。下面不妨罗列一下这期间发表的一些翻译剧本：

表 8—1

卷序、时间	期号	剧本名称	国别	幕别；剧种	著、译者
1920 年 第 17 卷	5 号	《最短的剧本》		独幕	愈之
	15 号	《美洲来的姨母》	世界语	九幕；喜剧	天月
	21 号	《海上公主》	法国	独幕剧	罗思丹；冠生
1921 年 18 卷	12 号	《外交》	犹太	独幕剧	宾斯奇；愈之
1922 年 第 19 卷	2 号	《灵魂的权利》	意大利	独幕剧	Giuseppe Giacosa；王靖
	7 号	《爱斯霞英斯的爱》	希腊		Theocritus；李玑
	10 号	《光明的早晨》	西班牙	独幕剧	Quintero 兄弟；王靖
	11 号	《两幅面孔的奴隶》	美国	寓言剧	Mary Carolyn Davies；子贻
	13 号	《小梦》	英国	寓言剧	高尔斯华绥；邓演存
	19 号	《街头人》	英国	独幕剧	Afred Sutro；赵惜迟

---

① 《东方杂志》18 卷 12 号，1921 年 6 月 25 日。

续表

卷序、时间	期号	剧本名称	国别	幕别；剧种	著、译者
1923 年第 20 卷	4 号	《怀中册里的秘密》	西班牙		倍那文德；愈之
	6、7 号	《好的预兆》	德国		Roderick Benedix；余芷湘
	12 号	《盲人与驴》		喜剧	M.Dondo；旅魂
	14 号	《隐士》	印度		泰戈尔；梁宗岱
	19 号	《死及其前后》	日本		有岛武郎；张定璜
1924 年第 21 卷	2-5 号	《少奶奶的扇子》	英国		王尔德；洪深
	7 号	的《加丝伦尼霍立亨》	爱尔兰		叶芝；芳信
	13、14 号	《爱艺术的国王》	俄国		卢那却尔斯基；耿济之
	19、21 号	《在贵族长家里的晨餐》	俄国		都介涅夫；曹靖华
1925 年第 22 卷	13 号	《生存的时间》	奥地利		显尼志劳；杨袁昌英
	24 号	《最后的假面孔》	奥地利		显尼志劳；杨袁昌英
1926 年第 23 卷	1 号	《未完之杰作》		多幕剧	Stephen Phillips；竟成、师毅
	3、4、5、6 号	《茂娜凡娜》	比利时	多幕剧	梅特林克；徐蔚南
	8 号	《时间之神》	日本	多幕剧	菊池宽；葛绥成
	9 号	《寂寥似的》	英国	多幕剧	勃拉得霍士；杨袁昌英
	14、15、16、17 号	《爱欲》	日本	多幕剧	武者小路实笃；章克标
	19 号	《恶魔的黄金》		多幕剧	Sarah Jefferis Curry；钦榆、芳信
	24 号	《黑蝴蝶》	葡萄牙		OlaveBilac；钟显谟

续表

卷序、时间	期号	剧本名称	国别	幕别；剧种	著、译者
1928年第25卷	14号	《结婚的一天》			Arnold Bennett；顾仲彝
	15、16号	《绿鹦鹉》	奥地利		Arthur Schitzler；伯颜
1929年第26卷	17、18号	《复仇以上》	日本		菊池宽；胡宜闲
1930年第27卷	15、16号	《无可奈何的医生》	法国		莫里哀；王了一
	20号	《人类的呼声》	法国	独幕剧	哥克多；王了一
1931年第28卷	13、14号	《谎》			H.A.Jones；汪梧封

乍看起来，这些译作并非如胡适所说的"一流"作品，即使是某些著名作家，如莫里哀、梅特林克、王尔德、叶芝、泰戈尔等，也并没有译介其代表性作品；而且，由于篇幅限制，大部分作品要么是选译，要么是短剧，客观地讲，这些作品并不足代表当时世界戏剧的最高水准。但是杂志刊发了大量介绍性文章，及时跟踪最新潮流，全面介绍各种流派，对前述缺失做了全面弥补。不论是现实主义戏剧，还是浪漫主义戏剧，抑或现代派戏剧，都有大量引进；它还重点推介伟大作家，这些作家之中，有古典主义剧作家如莎士比亚等，有批判现实主义剧作家如易卜生、契诃夫等，也有唯美主义、表现主义作家如王尔德、斯特林堡等，总之，《东方杂志》对当时的世界潮流，既有历时的梳理，又有共时的引进，信息量之大，内容之丰富，没有任何一家民国杂志能够比肩。具体说来，这一波译介有这样一些特征：

其一，注重戏剧流派的介绍，注重在流派坐标中把握戏剧家的艺术追求。比如陈嘏在介绍滋德曼之时，就将其放在 19 世纪德国自然派文学的框架内，首先肯定其"尊重写实"的基本态度，然后辨析其与其他写实主义如"完全客观自然主义"的区别，再通过其主要作品，如《名誉》、《故乡》、《约哈涅之火》、《生存之乐》等，分析其艺术特色，指出其在取材上"大都取寻常家庭间事件为材料"、艺术上"只是以诗人直觉见解，描写世界"①。在《东方杂志》22 卷 18 号上，章克标发表的《德国的表现主义剧》也将魏特金（Wedekind）和斯德林堡（Strindberg）放在表现主义的艺术范围之内把握，认为他们的创作体现了表现主义戏剧的艺术精髓：

> 表现派是提出对象中最深奥的部分，显示最本质的所在，他们是超越现象的世界，进入 Ding an sich 的，永远的世界，以富有热情的灵魂为肯定的、积极的活动。所以他们对于心理学的解剖所得到的各个人的运命、境遇、环境可以不顾，对于表面所发现的事项，可以置之度外……没有个别的描写，没有外形的束缚，只有纵横活动，向核心向本质的所在，跃进灵魂的底奥。他们所趋向的，不单是个人的特殊的运命，是人类全体的运命，是全人类所共通的本质，普遍的世界理想。因之他们的作品，大都是关于资本主义的目的，劳工的未来，机械的价值，战的意义，两性间的爱欲问题，人生的济度等等一般的问题。他们追求本质，更要直接表现，所以把一切特殊的、第二意义的东西毫不顾惜的加以舍弃，由各别向全体，由特殊向

---

① 陈嘏：《十九世纪末德国文坛代表者》，《东方杂志》17 卷 15 号，1920 年 8 月 10 日。

普遍、向类似、向典型再到象征①。

其二，注重对各种流派之间历史关系的梳理。这里还是以章克标的上文为例。他认为德国表现主义的兴起，并不是凭空从天上落下的，而是对前代艺术的辩证否定，是对当时自然主义和印象主义的反动，"当物质文明的十九世纪，不认人类有自由意志，故这时代的艺术，对于自然和人生，是立足在纯客观的科学的见地，把作者的主观自我，逐出艺术创造圈外；而于人类的神性、自由意志，毫不措意，这就是印象主义、自然主义、写实主义……自然主义和写实主义所做到的，不过是自然的再现，只要是忠实的描写、是纯客观的再现，因而应该是创造的艺术，却把创造的本体藏起来，而一心于苦虑如何做成一张'照片'。但是艺术终究是创造，想全然放弃作者的主观而成为纯客观，是绝对不可能之事。所以自然主义在其自身的哲理上，已有一根本缺陷"②。于是，"表现主义便是反对这一种艺术而起的……要从外界的印象、自然的模仿、纯客观的自然再现等境地中跳出，而注重自我、尊崇主观，把自然及现世的实在，在自己的心内改造、变形而再表现出之。想把为自然奴隶的人解放出来，在艺术的世界成为自然的支配者，所以不是印象，是表现，不是自然及人生的再现而是表出"③。宋春舫所撰《德国之表现派戏剧》采用的分析方法与章氏如出一辙，"表现派之兴，将与自然派为激烈之战争乎？曰，不然。表现派所反抗者，为新浪漫派神秘派及其他种种新浪漫派之人生观。以为人类之躯壳，直同'鸽巢'，

---

① 章克标：《德国的表现主义剧》，《东方杂志》22卷18号，1925年9月25日。

② 章克标：《德国的表现主义剧》，《东方杂志》22卷18号，1925年9月25日。

③ 章克标：《德国的表现主义剧》，《东方杂志》22卷18号，1925年9月25日。

故其环境，亦无足轻重。夫尘世虚空本为一般理想家宗教家所承认，然此种观念足以使'势力''情感''争斗'无存在之余地，而人类将归灭绝。然则清静无为，直毁灭人类之代名词耳。故表现派一方面承认世界万恶，一方面欲人类奋斗，以剪除罪恶为目的。吾人对于外来之影响之印象，宜抱主动之态度，正不必如新浪漫派，以人类永处客观之地位，而为被动之目的物也。人类生存此世，虽饱受苦辛，然决不当受命运之束缚，故表现派之剧中，常有一'我'与'世界'相抗，两种势力，互相消长，而终不能调和；果能调和，必在万恶俱灭，理想世界实现之后也"①。

在《东方杂志》17卷22号上，述者"冠生"在介绍20世纪法国现代派戏剧时，也非常注重此一艺术流派与其他艺术流派之间的历史联系，认为它对写实主义、浪漫主义、象征主义、心理主义既有否定，也有继承，是对多种艺术流派辩证运动的结果，"半世纪来，法国之舞台，始倦于写实主义之平凡，中疲于心理主义之烦琐，后困于象征主义之沉闷，法国之人皆如久渴之思饮、久郁之思嚏，翘首企足，以望浪漫文学之复活，于此时也，乃有天生才人应运而出，奋其如椽之笔，起沉疴于积年，挽狂澜之既倒，使法国之舞台耳目一新、日月重光者，则罗思丹也。罗思丹之戏剧，其感情热烈，逼真高乃依之《亚拉共》；意象雄奇，脱胎于嚣俄之《吕孛拉》……又如象征主义而用意加深，形容世态、曲状人心……兼采写实主义与心理主义而感情加深，盖能运其天才，采各家之精华而陶铸之者也。世谓之新浪漫犹未足以概之也"②。

---

① 宋春舫：《德国之表现派戏剧》，《东方杂志》18卷16号，1921年8月25日。

② 冠生：《二十世纪法国文坛之新鬼》，《东方杂志》17卷22号，1920年11月25日。

其三，具有一种"历史的观念"，善于区分戏剧之新旧，善于发掘新剧的革命性因素。这种历史观念普遍存在于近代知识分子头脑中，成为其分析戏剧文学发展的基本模式，比如《新青年》上发表的《近代文学上戏剧之位置》，就刻意指出"近代文学"与"古代文学"的不同，认为二者至少在五个方面表现出巨大的差异："从前的文学是乡土的文学，近代文学是世界的文学"；"从前的文学是特别阶级的文学，近代文学是国民的文学"；"从前的文学是作家一人空想的文学，近代文学是社会生活的写实文学"；"从前的文学是一种无用的好玩品，近代的文学是一种神圣的事业"；"从前的文学，是形式的死文学，近代文学是生命的活文学"①。至于戏剧文学，他认为戏剧是从韵文中分蘖而出的新型文学品种，在近代文学中占"最重要的位置"，因为"文学的本领，是要把人生如实的表现出来，要如实的表现出来，自然要深刻细致，印象方能鲜明，戏剧自然是最适当的文学。……再进一层，近来艺术的趋势，已向于综合的一方面，就是音乐美术文学联合在一起的艺术，那戏剧更可以占最高的位置。……所以近代文学中最重要的文学是戏剧，最有名的文学家是戏剧家"，该文还断言，由于旧戏不具备这些特点，所以"从戏剧的性质来批评中国的旧戏，自然是毫无价值可言的了"②。这种观点跟陈独秀如出一辙。"论中国剧，根本谬点，乃在纯然囿于方隅，未能旷观域外也。剧之为物，所以见重于欧洲者，以其为文学美术科学之结晶耳。吾国之剧，在文学上美术上科学上果有丝毫价值邪？"③

---

① 知非：《近代文学上戏剧之位置》，《新青年》6卷1号，1918年1月15日。

② 知非：《近代文学上戏剧之位置》，《新青年》6卷1号，1918年1月15日。

③ 陈独秀：见《通信·新文学与中国旧戏》，《新青年》4卷6号，1918年6月15日。

这种"进化"的、新旧分野的观念，也渗透到了《东方杂志》译介者头脑之中，他们看待某一戏剧流派往往也采取这种二元对立的眼光，如宋春舫就认为，"十九世纪浪漫派戏剧，既为反对复古派而生，其精神在于摒弃'习惯'，扫除不合时宜之制度，颇有'破坏偶像'之气概。故其文体，亦忌柔顺而尚活泼，以自鸣天籁，不受一切形式上之束缚为号召，一言以蔽之，以'自然'抗'不自然'也。"① 他甚至认为浪漫派在形式上对"三一律"的突破，也是其偶像破坏活动的一部分，因为"三一律最劣之点，在于限制戏剧家，致不能尽情发挥剧中应有之情节"②。胡愈之的文字表现得更为明显，他绘声绘色地描述了法国古典主义与浪漫主义在剧场斗法的情景，说雨果的名剧《亚尔娜尼》（Hernani）在巴黎法兰西大剧场开演的时候，剧场几乎变成新旧两派的战场，两派文人都在剧场里面挤满，一个个摩拳擦掌像要拼命的样子。"浪漫派的健将像嚣俄、哥脱等人，故意着了稀奇古怪的服装，神宇轩昂的表明那种浪漫的气概。等到戏剧开演的时候，浪漫派一面拼命的喝彩，古典派一面拼命的叫喊，剧场里这样的喧扰是从来没有的。这一场大戏的结果，终于是浪漫派胜利。从那天以后，法国文学界才打破古典主义的束缚，另辟一个自由的新天地。"③ 文章认为，不论主题、题材，还是体裁形式，甚至"古典派奉为天经地义的三一律，也一概打破"，所以浪漫主义戏剧对于古典主义戏剧是一种从内容到形式的全面革命。

其四，译介注意从具体作品入手，而不是从概念或观念出发。从具

---

① 宋春舫：《近世浪漫派戏剧之沿革》，《东方杂志》17 卷 4 号，1920 年 2 月 25 日。

② 宋春舫：《近世浪漫派戏剧之沿革》，《东方杂志》17 卷 4 号，1920 年 2 月 25 日。

③ 愈之：《近代法国文学概观》，《东方杂志》18 卷 3 号，1921 年 2 月 10 日。

体作品分析作家特色，从具体作家阐述流派特色及艺术追求，前述各种介绍文章大体遵循了这一论述思路，而表现得最为明显的是在18卷13到14号对未来派戏剧的译介。杂志连载了意大利未来派的五个剧本（《换个丈夫》、《月色》、《朝秦暮楚》、《只有一条狗》、《眼睛闭了》），译者点出了对这种戏剧形式的"阅读指南"："未来派的学说，以及他们对于戏剧改良的表示，完全是一种'狂人'的学说。他们所刊的剧本，也是'狂人'的剧本。我们脑筋里，向来是没有这种东西。所以一定要看了剧本，然后可以下几个评语"，然后根据剧本对其艺术追求进行详尽的介绍，指出其"完全是一种'没理由'的滑稽剧"、"大多是单幕短剧"、"同神秘派是没有丝毫关系的"、"是完全意大利的一种出产品"等特质。宋氏还结合意大利思想文化实际，指出其产生的土壤及其对中国戏剧改革的启发意义，"意大利除了希腊以外，是欧洲最古的国，国人的脑筋跟我们中国人差不多，只晓得崇拜古人，新思想都被那历史观念吸尽了……所以引起了这一种反抗力。可是这种反抗力，出了意大利的境，就没有什么魔力了。这也未始不是未来派势力不能发展的缘故。还有一层，邓南遮那一班人所提倡的'审美派'学说，也都是把'现在'的问题抛在脑后，把'过去'的却十分得意，所以我们也可以说未来派是审美派所引起的一种反抗力"[1]。

有意思的是，在对西方戏剧思潮（当然不止戏剧思潮）的介绍中，杂志还形成了一种专擅述学的"述学体"。按照编者的意图，这种文体不仅要顺应"科学精神与民治主义所支配的二十世纪"时代潮流，而且要"提供事实的真相，给读者做自下主张的底子"，进而达到"以有用

---

① 宋春舫：《未来派戏曲四种》，《东方杂志》18卷13号，1921年7月10日。

的知识，开拓读者之心胸"的目的。"所供给的知识，不但应该是最新的，而且应该是最精粹、最简要的。"① 因此，在形式上形成了自己鲜明的特色，大多往往采用普通大众也能看懂的语体文，对某种专书进行压缩编写，形成了一种既通俗简要，又有学术含量，然而又有别于学术论文的述学文体。

四、译述西方戏剧，输入现代观念

按照新青年派的设想，翻译西方戏剧作品时译者须把握两个基本宗旨，一是为现代戏剧改革提供"范本"，二是向中国剧坛输入"这些戏剧里的思想"。② 改版后的《东方杂志》很好地遵循了这一宗旨，其译述人员把翻译工作视为向中国文坛植入现代文学观念的重要途径，非常自觉地从事着这种观念移植的工作。胡愈之在一篇文章中曾明确地指出了这一点，"翻译文艺和本国文艺思潮的发展，关系最大……所以像曹拉、莫泊三、斯特林堡、哈提等的小说，易卜生、霍德曼……剧本，以及俄国作家的作品，都应该拣要紧的翻译"③。以新的文学观念以救传统观念之弊，可以说是输入外国戏剧思想的核心要义。那么，这些翻译剧作带进了哪些新的文学观念呢？其又对中国旧有文学观念产生了什么样的冲击呢？

首先，是自然与进化的观念。当然这种观念并不完全是译作带来

---

① 坚瓠：《本志的第二十年》，《东方杂志》20 卷 1 期，1923 年 1 月 10 日。
② T.F.C.：《论译文戏剧》，《新青年》6 卷 3 号，1919 年 3 月 15 日。
③ 愈之：《近代文学上的写实主义》，《东方杂志》17 卷 1 号，1920 年 1 月 10 日。

的，早在 1912 年，王国维在《东方杂志》发表的《宋元戏曲史》中，就从传统文学演变中读出了"历史意味"，"凡一代有一代之文学。楚之骚。汉之赋。六代之骈语。唐之诗。宋之词。元之曲。皆所谓一代之文学。而后世莫能继焉者也"①。这种"历史意味"一定程度上开启了新文学戏剧改革的观念先河。在王国维看来，文学固然"一代有一代之胜"，然而也有一种进化的趋向，这种趋向就是逐步走向"自然"，"宋之词"胜于"唐之诗"、"元之曲"胜于"宋之词"等，所胜之处皆在于"自然"："盖元剧之作者。其人均非有名位学问也。其作剧也。非有藏之名山。传之其人之意也。彼以意兴之所至为之。以自娱娱人。关目之拙劣。所不问也。思想之卑陋。所不讳也。人物之矛盾。所不顾也。彼但摹写其胸中之感想与时代之情状。而真挚之理与秀杰之气。时流露于其间。故谓元曲为中国最自然之文学。无不可也。"② 可以说，这种以"自然"为取向的进步文学思想，直接开启了新文学作家，如胡适等的文学观念的先河。

《东方杂志》所刊介绍欧美戏剧文章，大多也采用了这种历史的、进化的角度，观察梳理西方戏剧的发展历史，如胡愈之把近两百年的欧洲文学，分为古典主义、浪漫主义、写实主义和新浪漫主义四个阶段，认为这两百年的文学历史就是四种思潮前后否定的辩证发展过程③；又如宋春舫在分析浪漫派戏剧的演变时也指出，"浪漫派于文学史上，含有革命的元素，而为反抗者之代名词。例诸近时之新浪漫派戏剧，其旨趣与十九世纪初叶之浪漫派迥不相同，而世人仍以'浪漫派'之三字头衔者，盖以为此种戏剧对于写实主义自然主义取具体反对的态度而

---

① 王国维:《宋元戏曲史》,《东方杂志》9 卷 10 号, 1913 年 4 月 1 日。

② 王国维:《宋元戏曲史》,《东方杂志》10 卷 8 号, 1914 年 2 月 1 日。

③ 愈之:《近代文学上的写实主义》,《东方杂志》17 卷 1 号, 1920 年 1 月 10 日。

已"①；在另一篇文章中，他更从古希腊戏剧一直谈到现代戏剧，梳理其发展脉络，归纳其发展趋势，认为古今戏剧演变的规律是逐步走向民主的过程。古希腊戏剧家沙福克耳的《安提白王》等不仅代表了古希腊戏剧，而且代表了欧洲戏剧的最高成就，但这些戏剧取材于希腊神话，剧中所演也是人神交战的故事，所以"以历史的社会学的眼光而评沙福克耳之杰作，其迷信神权万能之点，正为'天人交战'时代一种文学上之表示。吾无以名之，名之曰'神权时代'的戏剧"；这种神话戏剧一直演到罗马衰亡至 13 世纪。直到十六七世纪，法国戏剧家高乃依、拉西纳悲剧和莫里哀喜剧的出现，这种状况才发生变化，但这些戏剧家虽已脱离神权万能的思想，"而剧中之离合悲欢，尽是帝王家事。即如《加西》一剧……其剧中情节，亦惟知描写两贵族之仇爱而已"；莎士比亚为"亘古未有之第一大戏剧家"，然其剧本，"亦尽脱胎于史乘，沧海桑田，说尽兴亡恨事，故十六七世纪时代之戏曲，当名之曰'贵族戏曲'"。在他看来，由"贵族戏曲"而变为"社会戏曲"，离不开法国戏剧家巴马显（Beaumarchais），其剧本"均可代表中等社会与贵族相争之起点而以奴胜，则贵族之势衰可知矣。此为'中等社会戏曲'发展之起点"；逮至 19 世纪末，法国白里安（Brieux）的《梅毒》等剧作出现，"对于社会之恶习惯，痛下针砭，萧伯纳因称之为莫里安后第一人，而是时之戏曲已渐归向德模克拉西，殆以世界大势所趋"，此时的戏剧"以提倡人道主义为解决人生问题之关键，而吾之所谓平民戏曲者，乃出现于舞台之上矣"。他认为这种"平民戏曲"约可分为四种，一是"研究资本家与劳动家之问题"，二是"改良法律问题"，三是"描写人类堕落状况"，

---

① 宋春舫：《近世浪漫派戏剧之沿革》，《东方杂志》17 卷 4 号，1920 年 2 月 25 日。

四是"解放妇女问题",其他如宗教种族等问题也划入其中。这种戏剧"要皆具不平则鸣之趣旨,而为平民一吐气扬眉也"①。从神到人,从贵族到平民,从浪漫到写实,在他看来,这就是中外戏剧的"德模克拉西"趋势。宋春舫从欧洲戏剧的演化史中读出的是"自然"、"进化"观念,当然也不排除是用这些预设观念在解读欧洲戏剧史。

其次,是写实的观念。五四前后,"写实主义"是被新文学先驱作为一种崭新文学资源加以利用的,有时甚至作为一种批判旧文学、建构新文学的思想武器。如胡适对易卜生的解读,就将它看成写实主义的作家,"易卜生的文学,易卜生的人生观,只是一个写实主义……人生的大病根在于不肯睁开眼睛看世间的真实现状。明明是男盗女娼的社会,我们偏说是圣贤礼仪之邦;明明是脏官污官的政治,我们偏要歌功颂德;明明是不可救药的大病,我们偏说一点病没有!却不知道,若要病好,须先认有病;若要政治好,须先认现今的政治实在不好;……易卜生的长处,只是他肯说老实话,只在他能把社会种种腐败龌龊的实在情形写出来叫大家仔细看"②。胡适的这席话,与其是在说挪威的现实,毋宁是在说中国的现实;与其是在说北欧的文学,毋宁是在批评中国的旧文学,早期的文学译介者之特别看重"写实主义",立意大体与胡适相同。"今后最要紧的便是翻译近代写实主义的代表著作,因为新兴的象征主义神秘主义,和我国文艺思想,隔离尚远,惟有写实文学,可以救正从前形式文学、空想文学、'非人'的文学的弊病。"③ 胡愈之将写实主义视为一种"新文艺",它与拟古的浪漫主义"旧文艺"有着本质的

---

① 宋春舫:《戏曲上的德模克拉西之倾向》,《东方杂志》17卷3号,1920年2月10日。

② 胡适:《"易卜生主义"》,《新青年》4卷6号,1918年6月15日。

③ 愈之:《近代文学上的写实主义》,《东方杂志》17卷1号,1920年1月10日。

区别："1.新文艺重理智，旧文艺重情感；2.新文艺重现实，旧文艺重理想；3.新文艺求真，旧文艺求美；4.旧文艺以艺术为最大目的，新文艺却以研究人生为目的；5.旧文艺的态度是主观的，新文艺却是客观的；6.旧文艺多描写惊心骇目的事迹，新文艺却不脱日常生活的事情。此外写实派和浪漫派也有相同的地方。就是同具自由的体裁，和不受约束的格调，这层也是近代写实主义和拟古主义的一大区别了。"① 至于写实文学在戏剧体裁上的表现，他认为主要有三点："一、科学化，二、长于丑恶描写，三、注重人生问题"，他还转引勃兰兑斯的观点，认为易卜生戏曲讲述的是近代五大问题，即宗教问题、老年与青年、新思想与旧思想的冲突问题、阶级问题、男女两性问题，"易卜生的戏剧，因为能把上面的各种人生问题，一一的写出，把现实社会的一切病症，细细的讲出，所以近代人心，感动得很厉害"②。

基于写实主义文学理念，他认同托尔斯泰对莎士比亚的批评，"总括几句话：托尔斯泰攻击莎士比亚有两大要点，就是不近自然，不切人生。从这地方可以看出西洋近代文学和古代文学的区别。大概古代文学重形式，尚雕琢，他那种结构的严密和辞藻的富丽，就令我国古文家选学家做来，也不过如此。……近代文学所注意的是人生方面，不重形式，不讲雕琢，文体上一切不自然的束缚都要除去。从十九世纪中世以后，这种趋势非常强大，托尔斯泰就是其中的代表作家，所以他和主义相反的莎士比亚是绝不相容了"③。很明显，胡愈之这篇译述文章的价值取向，与新文学运动之初陈独秀的《文学革命论》是完

---

① 愈之：《近代文学上的写实主义》，《东方杂志》17 卷 1 号，1920 年 1 月 10 日。
② 愈之：《近代文学上的写实主义》，《东方杂志》17 卷 1 号，1920 年 1 月 10 日。
③ 愈之：《托尔斯泰的莎士比亚论》，《东方杂志》17 卷 2 号，1920 年 1 月 25 日。

全一致的。

胡氏还特别点明西方写实主义文学对中国新文学建设的借鉴价值，认为我国的文艺到如今还没有脱离古典主义轨道，"比起西洋近代文学来，既缺少狂放的情绪，又没有写实的手段，始终被形式束缚着，没有一点振作的气象"，宋元之后的文学虽有写实的风格，但可惜没有得到充分的发育，不能和西方文学相提并论。究其原因，固然不乏思想束缚太甚的因素，但主要还是缺少与外国文艺的接触交流，"文艺的潮流太平静了、太单调了，所以不会进步"，因此在现时代，当务之急是坐上"写实主义的摆渡船"，克服旧文艺"太空洞、太不切人生"的弊端，以使包括戏剧在内的中国文学"走向新文艺的路上去"；反之，"若是不经过写实主义文学的一个时期，我国的新文艺，不用说是不会发展，就是会得发展，也是不充实的、不精练的，不能切合现代需要的"①。

再次，是悲剧的观念。关于中国戏剧的悲剧观念，王国维在《宋元戏曲史》中有所论及，他认为元代杂剧中就有不少悲剧，如《汉宫秋》、《梧桐雨》、《西蜀梦》、《火烧介子推》、《张千替杀妻》等，这些剧作初步脱离了大团圆的窠臼，"初无所谓先离后合。始困终亨之事也"，其中最有悲剧色彩的是《窦娥冤》和《赵氏孤儿》，"即列之于世界大悲剧中。亦无愧色也"②。总之，在1913年前后的王国维眼里，中国不仅有悲剧作品，还有无愧于世界的悲剧杰作。

到了五四前后，新文学派否定了王国维的这种看法。认为传统旧戏有的是"大团圆"思想，缺的是"悲剧的观念"，"闭着眼睛不肯看天下

---

① 愈之：《近代文学上的写实主义》，《东方杂志》17卷1号，1920年1月10日。

② 王国维：《宋元戏曲史》，《东方杂志》10卷8号，1914年2月1日。

的悲剧惨剧，不肯老老实实写天工的颠倒惨酷，他只图说一个纸上的大快人心。这便是说谎的文学。更进一层说：团圆快乐的文字，读完了，至多不过能使人觉得一种满意的观念，决不能叫人有深沉的感动，决不能引人到彻底的觉悟，决不能使人起根本上的思量反省"①。看得出来，胡适否定传统戏剧的悲剧意识，主要不是因为其与王国维悲剧观念的不同，而是着眼于更大的建构目标，即从整体上撼动传统戏剧观念，从而建立起现代戏剧的悲剧意识。

在悲剧问题上，改版前的《东方杂志》"正着说"，新文化运动中的《新青年》"反着说"，改版后的《东方杂志》则"合着说"——1930年《东方杂志》27卷15号发表的熊佛西《论悲剧》一文，可以看成是对于悲剧的总结性文章。熊氏从悲剧的西方源头说起，在分析亚里士多德关于悲剧的论述后，强调指出现代悲剧跟古代悲剧还是不同的，"现代的批评家以为舞台上表演死和流血是一件毫无意识的事情……由死发生的悲痛只是些激烈粗暴的悲痛，不是深刻的悲痛，而现代人认为世界最悲痛的事情是内心的隐痛，所以现代伟大的悲剧往往是描写人生矛盾、特种性格的分析，采用的方式是'杀人不见血'，其结局虽不是死，然与观众悲痛之情感较之于死时有过之而无不及，且更含蓄深刻"②。文章的结穴归总到其对现代戏剧创作的价值，认为悲剧意识的最大功用是以此改变中国戏剧大团圆格局，用主人公的毁灭，给观众留下恐怖怜悯的情感，进而达到净化灵魂和升华思想的效用。"悲剧还有一种程式，这就是'不团圆主义'。历代伟大的悲剧都是'不团圆'的结局。这在艺术上有很大的价值，因为不团圆可以激发观众的沉思，可以引

---

① 胡适：《文学进化观念与戏剧改良》，《新青年》5卷4号，1918年10月15日。

② 熊佛西：《论悲剧》，《东方杂志》27卷15号，1930年8月10日。

发观众的余味。但凡事不能勉强，团圆不团圆，亦应如此。当圆则圆，当散则散，应该顺着戏情的因果而定"①。基于此，他同意胡适的看法——中国戏剧缺乏悲剧意识，也没有伟大的悲剧，而对王国维的看法则持保留态度，在他看来，《窦娥冤》、《赵氏孤儿》、《桃花扇》等，实在算不上严格意义上的悲剧，因为这些作者的潜意识里崇尚"团圆主义"。

五、提倡剧场改革，推动"小戏院"运动

小剧场改革是当代实验话剧探索的重要内容，一般认为，1982 年由林兆华执导、在北京人艺上演的《绝对信号》（高行健创作），是中国小剧场运动的开端。然而，实际上作为一种先锋艺术，它早于 19 世纪末 20 世纪初就在欧洲产生了；而中国对这种先锋艺术的接受，则是在五四新文化运动前后。据笔者掌握的资料，较早将"小戏院"介绍到中国的，当是曾游学欧洲数载，并对西洋戏有深入了解的宋春舫。1920年 4 月，他在《东方杂志》17 卷 8 号上发表《小戏院的意义由来及现状》，对"小戏院"的历史、现状进行了系统阐述，并强调其对中国现代戏剧改革的借鉴价值，"在近代戏院的历史里面，最有趣味、最有意义，而且同时对于我们讲改良中国戏剧的时候，最有研究价值的，就是这个小戏院运动。"②

关于小戏院在欧美的发达与衍变过程，宋春舫做了一次较为清晰的

---

① 熊佛西：《论悲剧》，《东方杂志》27 卷 15 号，1930 年 8 月 10 日。

② 宋春舫：《小戏院的意义由来及现状》，《东方杂志》17 卷 8 号，1920 年 4 月 25 日。

梳理，他认为小戏院的诞生应该上溯到 1887 年，标志是法国戏剧家盎多安在巴黎创设的"自由戏院"。这个戏院在很多方面做了先锋探索，如缩小剧场规模、采取预约观众的方法、不带"金钱目的"的演出等。这种实验剧场艺术，很快就在欧洲风行开来，1890 年，俄国的斯坦尼斯拉夫斯基在莫斯科创立"艺术戏院"；1891 年，英国的格林在伦敦设立"独立戏院"，德国的莱因哈脱在柏林所创办"小戏院"；1912 年，小戏院之风吹向美利坚，这一年芝加哥、波士顿和纽约同时出现三个小戏院，此后小戏院在美国遍地开花，在宋春舫发文时已经有了 50 个之多。据他的观察，美国的小戏院，不单是承袭了欧洲实验剧场的某些先锋因素，更多的是表现更为开放的探索性，"美国的小戏院，比较的更加来得通俗一些，不限定要上等社会的人可以进去。其中还有一个小戏院，完全的可以自由进去，不收看费。还有一种可以拆卸的戏院，可以随意的搬动。这都是欧洲所没有的。而且美国的小戏院，有几个带设着'戏剧实验室'；用科学的方法去研究戏剧，把关于戏剧上种种的布置与同构造，细细的去分析并且实验起来。在卡内奇工业学校里面，现在有一个'实验戏院'，专门是研究戏剧用的。在哈佛大学，也有一个'工场戏院'。是倍格教授所管理的，里面有一班专门去学习戏剧的学生"[1]。在他看来，小戏院艺术所追求的戏剧通俗化、观众广泛化、剧场自由化等，都是对传统戏剧的超越。

除此之外，他认为小戏院对戏剧艺术还有一些影响，一是对剧本创作的影响，人们不再热衷长剧写作，而对独幕剧情有独钟，"小戏院里面，常常特别的喜欢排演独幕戏。我们简直可以说独幕戏的发达，是全

---

[1]　宋春舫：《小戏院的意义由来及现状》，《东方杂志》17 卷 8 号，1920 年 4 月 25 日。

然靠着小戏院而来的"①。在他看来，小戏院青睐独幕剧，独幕剧需要小戏院，二者之间是一种互为涵养、相得益彰的关系。二是对剧院经济的影响，小规模的戏院加上短小精悍的独幕剧，在一定程度上减轻了戏剧演出的成本，缓解了戏剧表演的经济压力。三是对主演体制的影响，戏院小，剧本短，演出频次多，演出形式灵活，每个人做主演的机会骤增，"独幕戏每夜可以排演得好几本，所以每一个扮演者，都有做一本剧本中主要人物的机会；'枱柱制度'可以破坏了"②。四是对剧场风格的影响，从剧本，到布景、化妆等，都透露出一种新的戏剧风格，就是所谓"简单的美"，"在一切的布置上面，他们的目的，都是'简单的美'、他们要希望花极少的钱，得最大的美术上的效果。这是大戏院里面所没有的事"③。

总之，在宋春舫看来，小戏院还对剧作家的写作方式、观众的观剧方式以及剧场的经营、管理方式都产生了决定性的影响：

> 第一，从他的名字上看起来，我们可以知道小戏院是一个容不得很多座位的戏院……不一定要特别的建筑，随便什么合宜的地方，如同一个大厅或是一个大讲堂，都可以改成功一个小戏院……第二，小戏院里大都盛行预约的方法。大多数的小戏院，都不在门口卖票，他的经费是由预约的人预先供给的。……，可以免了金钱主义的压迫……可以免了检查……第三，

---

① 宋春舫：《小戏院的意义由来及现状》，《东方杂志》17卷8号，1920年4月25日。

② 宋春舫：《小戏院的意义由来及现状》，《东方杂志》17卷8号，1920年4月25日。

③ 宋春舫：《小戏院的意义由来及现状》，《东方杂志》17卷8号，1920年4月25日。

看客……对于戏剧的趣味，必定比平常大戏院看客来的深一些……第四，小戏院的组织，完全是一种美术家的集合，不是一种营业的团体……第四，小戏院里面，常常特别的喜欢排演独幕戏，我们简直可以说独幕戏的发达，是全然靠着小戏院而来的，没有小戏院以前，注意独幕戏的人很少①。

在此文中，他确定了小戏院在戏剧的现代转型过程中的特殊意义，认为它是"一种最有意义的运动"，因为它所倡导的"反对营利主义"、减轻了资本对戏剧的过度干预，减轻了戏剧对资本的过度依赖，一定程度上有利于戏剧向艺术本位的回归；小戏院所奉行的"实验的精神"，即不拘成规、勇于探索的先锋精神，对于现代戏剧改革也起到了积极的促进作用。宋春舫还特别指出了这两种因素，对于中国戏剧改良的借鉴价值，"我们现在讲改良中国戏剧，这一种小戏院是最可以做到的事情。第一是因为他容易举办，第二是因为，假使我们中国的戏剧若要改良，这一种实验的与反对营利主义的精神，也断断是少不来的"②。

小戏院运动对戏剧改良的价值当然不止这些，早期戏剧改革者已经注意到小戏院与独幕剧之间的渊源关系，已如上述。剧场改革作为一个单独议题被提出来是在宋春舫文章之后。1921 年 2 月，《东方杂志》18 卷 3 号发表了马鹿的《戏剧上的表现主义运动》，文章在描述表现主义戏剧运动之时，用了相当篇幅来介绍其中的剧场改革内容，认为剧场改革乃是表现主义戏剧"最大胆最奇特的"革命。在译介者眼

---

① 宋春舫：《小戏院的意义由来及现状》，《东方杂志》17 卷 8 号，1920 年 4 月 25 日。

② 宋春舫：《小戏院的意义由来及现状》，《东方杂志》17 卷 8 号，1920 年 4 月 25 日。

里，戏剧上的表现主义，"专尚剧中人人物的表现的新艺术运动"，特点是"不主张考究布景，甚至连演剧台都可以废掉"①。该文还以柏林德利本大剧场为例（曾主演过王尔德的表现新剧 Bunbury），详细说明这种新剧场的特征，"没有舞台，只在观众席中，放一张茶桌，四只椅子，就算一个舞台的布景了"；而且拆除了观众座席与演剧舞台之间的壁垒，取消了演员与观众之间的角色定位，让整个剧院都成为舞台，让所有观众都参与剧情，"平常的剧场大概分为二部，前方是观剧座，后方是演台，以台前的环拱为界。在新剧场中这种设置完全废掉，观剧座就是演台，演台就是观剧座。演员和看客杂坐……"②文章指出，这种新戏已在欧洲蔚成风气，世界各地都已感受到它临近的气息了。文章还借助伦敦《观察报》剧评家之言，向中国读者传达了其所包含的新的艺术观念：

> 在德国几个著名的作家、编剧家、演剧家看来，世界便是个剧场，除世界以外便没有什么剧场，人并不是什么现象世界中反映出来的，人自己便足以代表现象世界。在人的当中包含着"一切"。所以人是演剧的中心，不论什么东西来做装饰都是无用的。换句话说，作家、编剧家、演员的职务，都只是表现出新意义的人来③。

值得注意的是，在引进这种西方戏剧新潮的时候，介绍者始终没有忘记

---

① 马鹿：《戏剧上的表现主义运动》，《东方杂志》18 卷 3 号，1921 年 2 月 10 日。
② 马鹿：《戏剧上的表现主义运动》，《东方杂志》18 卷 3 号，1921 年 2 月 10 日。
③ 马鹿：《戏剧上的表现主义运动》，《东方杂志》18 卷 3 号，1921 年 2 月 10 日。

其与我国传统戏剧的不同——认为它是"跟我国旧剧场完全不同的戏剧艺术"。

1924 年，周作人在《东方杂志》21 卷 2 号上发表《中国戏剧的三条路》，对"纯粹新剧"和"小剧场办法"有比较详细的论述。在译介西方新潮戏剧的整体背景上，这篇文章可以看成是对小剧场艺术实验的总结性文字："由有志者组织团体，自作自译自演自看，唯会员才得观览，并不公开，完全摆脱传统，蔑视社会心理，一切以自己的兴趣为断，不受别的牵制。这种戏剧应该有两种特点，与别种戏剧不同，便是非营业性的、非教训的。这全然为有艺术趣味的少数而设，而且也不妨以其中的某种趣味为集合点，组成精选的小团体，将来同类的团体增多，可以互相提携，却不必归并以雄厚实力。因为我相信这总是少数人的事……"[1] 这些论述在一定程度上引领了中国实验戏剧的理论潮流。

在《东方杂志》25 卷 15 号上，愈之撰写了《巴黎国际戏剧节的两晚——俄国的新演剧艺术》，文章以自己的亲身见闻，详细介绍了戏剧节的盛况，特别介绍了苏联伐克丹戈甫剧团所演的《都兰多公主》，"这一本戏剧，在布景、表情、服装、音乐各方面都可以说是革命的独创。他在这一本戏里，打破了一切演剧艺术上的陈旧的规律与方法，一切都是新创的，一切都是来自舞台上所未尝见过听过的，不论观众对于此种新演剧艺术能否充分了解，但第一次看了这戏，却没有一个不惊奇此种改革的独特与大胆。可是表现的方法虽十分新奇，材料却是很陈旧的。原来这都兰多公主是十八世纪一个意大利诗人戏剧家戈奇所作的童话

---

[1] 周作人：《中国戏剧的三条路》，《东方杂志》21 卷 2 号，1924 年 1 月 25 日。

剧……"①文章及时跟进世界戏剧最新潮流，把苏俄戏剧在布景、表情、服装、音乐等方面的革命，一股脑地呈现在中国读者面前，这在当时也是具有鲜明的先锋色彩的。

在从 1920 年到 1932 年这十余年时间内，《东方杂志》特别关注新文学的发展，其关注的主要内容既非诗歌也非小说，而是戏剧文学——它通过欧美剧作的翻译，为新文学提供创作范本；通过欧美戏剧思潮的译介，为中国戏剧的内容及形式革新注入活力。对于现代戏剧改革的若干重大问题，如旧戏改造、剧场改革等，杂志不仅提供舆论平台，还直接参与问题的讨论。当然，作为一家现代媒体，《东方杂志》只能以一种特殊方式，即通过"把关人"的手段，如选稿、编稿、加按等方式，呈现自己的建构意向。

改版之后的《东方杂志》，文学立场逐步向《新青年》靠拢，它声援新文学运动，支持戏剧改良，然而其稳健、中和、重在建设的文化姿态，与激进、偏颇、重在破坏的新青年派相比，存在着相当大的差别。在戏剧改革问题上，它与《新青年》之间既是一种对话关系，也是一种补充关系。言其对话，指的是其所从事的一些戏剧改革活动（如旧戏改良），是对新青年派的某种回应；言其补充，指的是它从事的大部分译述活动，是对《新青年》早期设想的有力贯彻。新青年派以否定方式提出问题，东方杂志派以肯定的方式进行回应；新青年派提出改革设想，东方杂志派则付诸实践，《新青年》与《东方杂志》以一种相反相成、相辅相成的方式，对中国现代戏剧改革起到了巨大的推动作用。

---

① 愈之：《巴黎国际戏剧节的两晚》，《东方杂志》25 卷 15 号，1928 年 8 月 10 日。

1919 年杜亚泉辞职后的三年时间内，刊物着重介绍西洋文学，但从 20 卷 1 期即 1923 年起开始，逐渐扩大了创作比例，实现译介与创作并重的策略。刊物在 20 卷 1 到 3 号连载了洪深剧作《赵阎王》之后，从 21 卷之后新剧创作就逐步多了起来，现代戏剧史上的第一代戏剧家，如欧阳予倩、洪深、熊佛西等，利用这个舞台发表了不少优秀作品[①]，因此，对中国现代戏剧而言，《东方杂志》不仅是哺育的温床，还是栽培的园丁。

---

① 据不完全统计，1922—1931 年期间，在《东方杂志》刊登的戏剧创作作品有 15 件，除了 24 卷之外，几乎每卷都有若干号刊登戏剧作品，现罗列于此：19 卷 24 号，心南创作科学剧《爱之光》；20 卷 1—3 号，洪深《赵阎王》；21 卷 20 号，欧阳予倩《回家以后》；22 卷 1、2、3、4 号，洪深《申屠氏》；22 卷 5 号，很工《死刑》；22 卷 9、10、11 号，洪深《第二梦》；23 卷 10、11 号，熊佛西《一片爱国心》；23 卷 13 号，王德芳《自然》寓意短剧；23 卷 20、21、22、23 号，顾仲彝《梅萝香》；25 卷 9 号，熊佛西独幕剧《醉了》；25 卷 17、18、19 号，熊佛西四幕剧《蟋蟀》；26 卷 13 号，熊佛西独幕剧《偶像》；27 卷 17、18 号，熊佛西《爱情的结晶》；28 卷 1 号，熊佛西《苍蝇世界》；28 卷 9 号，顾仲彝《两小说家一画师》。

第九章 《东方杂志》与中国现代文学批评

一、现代文学批评倡导的时代语境

《东方杂志》倡导文学批评，是一种非常自觉的文化行为。早在1919年改版之前，编者（署名"君实"）即专门撰文，倡导广义的批评。文章站在文化出版角度，以欧洲"文明各国"为殷鉴，呼唤职业批评家的出现，"恒有一部分之学者，专门从事于出版物之批评。一新书甫出，报章杂志中批评之文字，纷至沓来，目不暇给。书之尤有价值者，批评之人愈众，其裨助出版界之进步，实非浅少。"它还罗列了各种"批评之效"，"一可以绝劣等出版物之发生。二可以助优等出版物之普及。三可以为读者之导师而鼓舞其读书之兴。四可以作者之诤友而促出版界之改进"①。刊物改版之后，及时跟进世界新潮，全面介绍西方思潮，"文学批评"就是这些思潮中的一种。

新文学兴起之后，新文学创作出现一片繁荣景象，新诗、小说、新

---

① 君实：《著作与批评》，《东方杂志》16 卷 1 号，1919 年 1 月 15 日。

剧等作品如雨后春笋般涌现，然而新文学的另一翼——文学批评并没有得到同步发展，新文学结构失衡的现象十分突出。为了扭转这种局面，新文学运动家实行"拿来主义"文化策略，以引进西方批评思潮作为建设新文学批评的突破口。《东方杂志》23卷8号在介绍表现主义思潮时，就专门加一个"译者附识"，说明了译介西潮的这种动机，"中国文学批评，尚极幼稚，吾人苟欲图谋发达，自当以西洋对于此方面之研究为参考；而最足以资吾之参考者，吾以为非亚里士多德之《诗学》，乃最近之表现主义的文学批评论也"。该文在对文学批评在西方的发展历程等进行详细的梳理后，重点概括了文学批评所面临的几个关键问题："诗人想做的是什么东西？他对于他的志愿究竟达到什么程度？他竭力的想表现的是什么？他怎样表现？他的作品对于我们有点什么印象？我怎样才能最完善地表现这个印象？这些是近世批评家对着诗人作品所发的问题。"[1] 这些问题虽然是针对"表现主义批评"而言的，但实际上也可称是现代文学批评的一般任务。

创作与批评协同发展，是一切文学健康成长的必然要求，然而在新文学初创之际，由于认识上的原因，重创作而轻批评的现象大量存在。新文学中的有识之士敏锐地意识到了这种偏颇，他们提出首要任务是改变人们对批评的偏见，给予文学批评应有的地位。朱光潜曾借助西方经验，这样强调批评及批评家的价值："一般人往往把创作力与批评力划为两事，以为没有创作力的人才去干批评的勾当。创作家尤蔑视批评，比方华兹华司就说，人的精力与其费在批评，不如费在创作，因为创作失败，只白费自家精力，批评失当，就不免贻误他人。这种见解在从前

---

① 斯滨加著、华林一译：《表现主义的文学批评论》，《东方杂志》23卷8号，1926年4月25日。

极普遍，从圣博甫以后，人才逐渐发觉没有创造力，也决不能从事批评。圣博甫所作，文人行状，其所流露的创造力，实无异于写实派小说"①。因此，着意提高批评的地位，成为新文学全面建设的重要着力点。

作为新文学的友军，《东方杂志》自觉地分担了建设文学批评的重任，自觉地承担起了文学批评宣传家的角色。1920 年，《东方杂志》在编者按语中直接呼吁："中国现在，文艺创作固然要紧，但文艺批评更来得要紧。"②1922 年，杂志在介绍批评家阿诺德时，也特别强调文学批评之于文学创作的价值，"文学批评，是开文学创作先路的功人；有文学批评先造成最好的意思，先开辟清了路径，先预备了材料，然后创作的能力，才能动手施行，然则文学批评的事业，何等重大！那里容人轻视呢？"③1927 年，朱光潜在介绍西方三大批评家时，再次呼吁建立健全的现代文学，建立现代文学批评，"批评力较之创作力，高下诚有悬殊，但是没有批评，创作也决难有大成就。要想伟大的创作出现，天才与时会必须互相凑合。所谓时会，便是当时思想潮流。天才禀诸自然，而时会则须藉人力造作。造作时会的人是批评家，不是创作家。创作家只能利用时会，处被动地位，受当时思想潮流之激荡，而后把他所受的时代影响，反射到作品上去。假如没有批评家努力传播思想，思想便不能成为潮流；世间纵有天才，也必定因为缺乏营养、缺乏刺激，以至于干枯无成就"④。胡愈之多次撰文提倡建立文学批评学，在文章"附志"

---

① 朱孟实：《欧洲近代三大批评学者》（二），《东方杂志》24 卷 14 号，1927 年 7 月 25 日。

② 愈之：《布兰兑司》"编后附识"，《东方杂志》17 卷 5 号，1920 年 3 月 10 日。

③ 华林一：《安诺德文学批评原理》，《东方杂志》19 卷 23 号，1922 年 12 月 10 日。

④ 朱孟实：《欧洲近代三大批评学者》（二），《东方杂志》24 卷 14 号，1927 年 7 月 25 日。

里面，他声称撰写该文的动机，就是为了说明"我国现在建立文学批评的必要"①。

除了辅助创作发展之外，文学批评还有一种向世界推介中国文学的功能。当时有不少人认识到，过去一段历史时期，中国文学之所以闭关自守，绝缘于世界文学，很大程度上应归咎于文学批评的缺位。"中国文学在世界文学上没有位置，世界文学对于中国文学也一点不生影响，这全然是文艺批评不发达的缘故。没有健全的文艺批评，不能把世界思潮引到本国来，就是本国有了几个创作天才，也很容易淹没的。"② 文学批评担负了与世界文学交流的特殊责任，在他们看来，这种交流是双向的，既"把世界文学引到中国来，又把中国文学传到世界去"，因此他们"盼望中国产生几个布兰兑司"③。

中国要想产生勃兰兑斯、阿诺德、克罗齐之类的批评家，首先是要向这些西方批评大师学习，学习其从事现代文学批评的一般"原理"，在这种逻辑思路中，西方批评家及其批评思想被传输到了中国。因此《东方杂志》介绍西方文学批评，大多从批评流派、批评家的介绍入手。这些批评流派包括古典主义批评、印象主义批评、表现主义批评、社会历史批评等，批评家几乎涵盖了当时西方重要的批评大师，如马修·阿诺德（Matthew Arnold）、亨德（Hunt）、勃兰兑斯（Georg Brandes）、克罗齐（Benedetto Croce）、圣博甫（Sainte Beuve）、泰纳（Taine）等。

---

① 愈之：《文学批评——其意义及方法》，《东方杂志》18 卷 1 号，1921 年 1 月 10 日。
② 愈之：《布兰兑司》"编后附识"，《东方杂志》17 卷 5 号，1920 年 3 月 10 日。
③ 愈之：《布兰兑司》"编后附识"，《东方杂志》17 卷 5 号，1920 年 3 月 10 日。

二、文学批评的概念、分类及功用

　　《东方杂志》译介西方的文学批评，首先是从最基本的概念辨析入手的。什么叫批评？它与一般所谓"批评"有什么关系？什么叫文学批评？文学批评具有什么样的作用？诸如此类的问题，在新文学批评学并未建立起来之前，是并没有得到很好解决的。首先，他们指出，此处的"批评"并不是一般意义上对他人是非的"臧否"，"我们一说到批评，每以为批评便是批驳，便是攻击，这是一种误解"①。也不是单向度地否定一切，而是对事物的综合分析与客观评价，"我们一说到批评，又以为批评的态度，便是怀疑的态度，这也是一种误解，怀疑派是否定一切的，批评家不过对于批评的东西加以分析和综合，对于他的本身价值却始终是肯定的"②。在他们看来，在向以不议他人是非，视批评他人为"一己之败德"的社会文化氛围中，为批评"正名"显得尤为重要，"我们中国，如今还不知有多少人，把'批评'两字，当做全是说人家不好讲，以为批评批评别人，是一己之败德，是丧人格的行为，是自己'刻薄''不恭'的表现，所以说'罔谈彼短'。这也许是中国人崇尚谦恭的结果"③。在这种情况之下，首先要做的工作是借助西人关于"批评"的说法，去掉国人加在这一名词之上的各种负面认识，如此，马修·阿诺德关于批评的概念得到了广泛的认同，胡梦华将阿氏的定义译为"不含功利思想以努力于学习与宣扬世人所

---

　　① 愈之：《文学批评——其意义及方法》，《东方杂志》18 卷 1 号，1921 年 1 月 10 日。
　　② 愈之：《文学批评——其意义及方法》，《东方杂志》18 卷 1 号，1921 年 1 月 10 日。
　　③ 华林一：《安诺德文学批评原理》，《东方杂志》19 卷 23 号，1922 年 12 月 10 日。

知所想之最高者"①，胡愈之则译为"把世间所知所思最好的东西去学习或传布的一种无偏私的企图"②。在称赞这个定义"精密确切"的同时，他们也借此对概念的目的、任务、趋向等进行了充分发挥，"批评的企图，在于学习和传布，可见批评家的任务在于积极—赞扬或评赏—方面，不在消极—指摘或批判—方面。近代的批评，这种倾向尤其明显"③。在他们看来，批评家正是在这种既评赏又指摘的过程中，完成了自己的使命、确定了自己的地位，"批评家的责任，一边是替读书人辨路径，一边又替著作家做向导，所以他的地位是很重要的"④。

有了这番分析，文学批评概念的建立也就有了较为稳固的基础。什么是文学批评？当然是上述批评精神加诸文学对象的文学活动。为了建立这种认识，他们提供了不少西方批评家的说法，如哥林士（Collins）："文艺批评之于文学，犹立法行政于国家。使操其事者为强干之才，忠实之人，进行必佳；若入卑劣欺诈者之手，则成捣乱与恶作剧"⑤；亨德（Hunt）："文学批评乃是'用于考验文学著作的性质和形式的艺术'"⑥；等等。值得注意的是，他们把文学批评也当作一种与创作并列的"艺术"，并指出其内涵与性质，"此处的'艺术'二字是指科学与艺术。文学批评的目的，在于采集及建立批评的法则，所以可算是一种科学；又要用了这种法则，把批评文学的自身，当作文学著作的标本，所以又可算是一种艺术"⑦。如此，

---

① 胡梦华：《文艺批评概论》，《东方杂志》21卷4号，1924年2月25日。
② 愈之：《文学批评——其意义及方法》，《东方杂志》18卷1号，1921年1月10日。
③ 愈之：《文学批评——其意义及方法》，《东方杂志》18卷1号，1921年1月10日。
④ 愈之：陈嘏《布兰兑司》"编后附识"，《东方杂志》17卷5号，1920年3月10日。
⑤ 胡梦华：《文艺批评概论》，《东方杂志》21卷4号，1924年2月25日。
⑥ 愈之：《文学批评——其意义及方法》，《东方杂志》18卷1号，1921年1月10日。
⑦ 愈之：《文学批评——其意义及方法》，《东方杂志》18卷1号，1921年1月10日。

文学批评被视为一种独立的学科。他们进一步确认，"文学上所谓'批评'，其实也是文学的一种"，其与文学的分别，不过是对象略有不同，"文学是批评人生的，批评乃是批评文学的。所以一个是直接的批评人生，一个是间接的批评人生，批评家把作品中的作者个性表现出来，也和文学创作家把小说或戏剧中人物的个性表现出来一般。一本有价值的文学著作，和一件有价值的人生事业，都可以当作文学的题材。艺术的过程，也和人生的活动一般，是繁复和多方面的，所以真的文学批评，在一方面是一种文学创作"①。这一席话，把文学与文学批评的区别以及文学批评的性质、特征、任务等，非常通俗、准确地揭示了出来。而关于文学批评的功能，有论者指出有"匡助作者"和"指引读者"两项，前者指"使知非而改，勉力达于完美之境"，后者指"提出注意之点，而增进其欣赏力"。考虑到当前国内"创作界之幼稚，群众欣赏力之薄弱，与整理国故文学者方法之谬误"②，因此他认为文艺界同时加强这两大功用显得尤为迫切。

早期的文学批评建设者还按照西方标准，提出了文学批评的分类原则，照他们的说法，文学批评有"读本式批评"、"传叙式批评"、"解释的文艺批评"、"训诲的文艺批评"、"唯美的文艺批评"五种，各种批评的宗旨和重点是不甚相同的，如"读本式批评"，旨在"订正作者原著之谬误"；"传叙式批评"重在"叙述作者之生平与其著作之关系，更从而推及作者之著作思想与其时代环境之关系，处于何种势力下，受何种思想之影响，其著作思想乃由产生，复旁证其所受于前人、时人、国

---

① 愈之：《文学批评——其意义及方法》，《东方杂志》18 卷 1 号，1921 年 1 月 10 日。
② 胡梦华：《文艺批评概论》，《东方杂志》21 卷 4 号，1924 年 2 月 25 日。

家、种族之熏陶为佐证，以资论断"；等等①。新文学批评的引进者还注意到了"美学批评"与"伦理批评"的不同，认为批评家虽然"不可忽视伦理学的人格"，但"正当对象"应该"为美学的人格"，"历来使用历史方法的批评家以为只要从作者的身世中窥出他的人格，懂透他的心理，便算尽了批评的能事。克罗齐颇不谓然。因为从寻常实用生活中所窥见的人格只是伦理学上的人格。伦理学上的人格虽亦与美学上的人格有关系，而真正研究美学上的人格，不能不求之于作品本身"②。淡化"历史批评"和伦理批评，注重美学批评和文本批评，这对素重"知人论世"的批评传统是一次具有革命意义的冲击。

在建立"文学批评"概念的过程中，建设者特意指出文学批评内涵的特殊性，在他们看来，并不是一切对于文学作品或作家诗人的批评，都称得上文学批评，那种"哲学的"、"科学的"、"神学的"、"政治的"批评，都不能称为文学批评。文学批评，必须是立足于文学兴味。上列这些批评，尽管批评对象是作家作品，但不是严格意义上的文学批评，"托尔斯泰是个文学作家，但是毛德的《托尔斯泰传》，却不全是文学批评，因为这书讨论文学的地方很少，所以只不过是宗教的批评、哲理的批评。反之，爱狄生的《悲剧与喜剧》和《托尔斯泰的莎士比亚论》却完全是文学批评，因为这两部书都是就文学的见地，来批评文学著作或文学作家的。钱玄同的《〈儒林外史〉新序》一部分可以算得文学批评，但是蔡元培的《〈石头记〉索引》却只是历史的批评。可见中国古来训诂之学，也只是字句的批评，不好算文学批评。又像现代西洋批评

---

① 胡梦华：《文艺批评概论》，《东方杂志》21卷4号，1924年2月25日。
② 朱孟实：《欧洲近代三大批评学者》（三），《东方杂志》24卷15号，1927年8月10日。

界最流行的审美批评，有一部分批评家也不承认为文学批评，因为这种批评方法完全是以艺术为本位的，不是以文学为本位的，但是像这一类的限制，未免过于严格了罢"[①]。在他们眼里，不仅批评对象要针对文学现象，而且批评标准要"以文学为本位"，显然，这是一种取义较为狭窄的批评概念。

三、文学批评"原理"和批评家的责任

《东方杂志》介绍西方文学批评传统，非常注重文学批评"原理"即方法的推介；而在不同的译介者眼里，批评方法的分类千差万别，有从历史发展来划分的，认为按照时代顺序可分为"因袭的批评"（即传统的）和"近代的批评"两类，从亚里士多德到文艺复兴之后的批评是因袭批评，其后的都是近代批评。因袭的批评，"是拿亚里士多德的法式来做标准的那种批评"，即以希腊文学为根据展开的批评（如悲剧里的三一律)[②]；近代批评则又可以分为归纳式批评、推理的批评、判断的批评和自由的批评四种，"把各种特殊的文学加以说明和分类，这便是归纳的批评，这种批评是一切批评法式的基础。用了这种归纳出来的结论，建立文学的原则和文学的哲学，这便是推理的批评；用了这种假定的文学原则，估量文学的价值，判断文学的优劣，这便是判断的批评，这种批评便是管领创作的批评。除这三种以外，还有一种法式，把批评的著作，当作独立的文学，把批评家认为作家，这种批评法式，就叫自

---

① 愈之：《文学批评——其意义及方法》，《东方杂志》18 卷 1 号，1921 年 1 月 10 日。

② 愈之：《文学批评——其意义及方法》，《东方杂志》18 卷 1 号，1921 年 1 月 10 日。

由或主观的批评"①。

当然，也有从批评手段划分的，按照不同的批评方法，批评可以分为三类："一名裁判法，一名印象法，一名历史法"，"裁判法创始于亚里士多德……印象法……批评一文的优劣，只看其文是否能感动他们的感觉，是否能引起他们的同情……历史法……批评的目的，并不是在评断文学作品，并不是要定其作品的价值，也并不是像印象派的批评家，要把他们所得的快乐传给阅者。这派批评家，是要解释文学作品，考证某作品作于何时，在怎样的环境之下，怎样会有这事的作品，与作家的时代有什么关系，与那时代别的作家有什么关系等问题"②。由于视角不同，划分标准各异，不同引介者对于"方法"的划分，也五花八门，各异其趣。

在推介"批评原理"的同时，他们还专门强调了批评主体的责任、态度，进而确定了现代批评的基本原则。在《东方杂志》17 卷 5 号，编者在陈嘏的《布兰兑司》文后面，编者附上了这样一段"感想"，借机阐发了对于批评家的责任和态度要求："什么叫批评家（critic）什么叫文艺批评（Literature Critic）恐怕现在中国人还没有这个概念呢。照阿诺尔（Matthew Arnold）所定的界说，批评就是'把世上所知所思最善的东西去学习去宣传的一种无利害的企图'……拣最善的知识和思想，去学习去宣传，便是批评家的职务。公平、正直、毫无利害观念，便是批评家的态度"③。

正因为立于公正、正直、无功利立场，批评家可谓是社会的良心，

---

① 愈之：《文学批评——其意义及方法》，《东方杂志》18 卷 1 号，1921 年 1 月 10 日。
② 华林一：《安诺德文学批评原理》，《东方杂志》19 卷 23 号，1922 年 12 月 10 日。
③ 愈之：陈嘏《布兰兑司》"编后附识"，《东方杂志》17 卷 5 号，1920 年 3 月 10 日。

他们不仅是具体文学现象的诠释者，还是社会大众的指导者、裁判者。在他们看来，这三种功能，仅仅是批评的前期准备，还不是批评本身，批评本身还需要更为细致的专业鉴别，朱光潜这样举例说明这种关系：

> 比方批评一首诗，处指导者地位的批评家说：这首诗寓意很深远，可惜缺乏古典的冲和；处裁判者地位的批评家说：这首诗第一句太平泛，第二句描写得深刻，比某某诗似还不及；处诠释者地位的批评家说：作者是这样一个人，那首诗在某时某地做的，某句是指某件事。这三个人对于了解这首诗虽都不无帮助，却都没有搔着痒处。美术是抒情的直觉，是意象的表现，是灵感的活动。批评家应该设身处地，领会到诗人作诗时的直觉意象及灵感。一般人以为批评无须天才，其实批评是创作的复演，所需天才正不亚于创作。你懂一首诗就好比做一首诗，所不同者做诗把直觉翻译成文字，懂诗把文字翻译成直觉；做诗先发见一种意境，后以文字做界石与路标，懂诗则循文字的路标，探访诗人所曾经过的意境。懂诗也是一种直觉作用，至于评诗，又须更进一步，把直觉变成知觉。直觉只发见意境，知觉则以概念推理断定此意境是否实在，是否没有夹杂泥实的情感偏见与功利观念。实在与不实在，在名学上叫做真伪，在经济学上叫做得失，在伦理学上叫做善恶，在美学上叫做美丑[1]。

---

[1]　朱孟实：《欧洲近代三大批评学者》（三），《东方杂志》24 卷 15 号，1927 年 8 月 10 日。

这段文字里内涵非常丰富，不仅阐述了文学批评的"内外"关系，描述了由感性到理性的批评路径，还特别强调了"直觉"与"经验"在文学批评中的作用。照此看来，一部文学作品的价值判断，没有"直觉"、"经验"的渗入是不可想象的。

文学批评要站在公正立场，对某一文学对象进行无功利的评判，这固然是没有问题的，然而任何一种批评都是由独立个体承担的，既然是个人意见，就无法逃脱个人认识局限以及视角、立场不同而造成的"偏见"，因此这意见对个人而言也许是完全真切的，但未必能做到对所有人的公允客观。"因为人们的性情、好恶、环境各有不同，所以同是一书，各批评家所下的判断，往往有很大的出入；各人的经验，亦有深浅之不同，他们的见解，自然又有高下之差异了。况且真理这样东西，我们无论如何，是不能获得的"①。如何做到真正的客观公正？那就需要公众的辩论。在他们看来，只有经过多数人的共同参与，个人偏见才会得到过滤，公众的视域才能得以重合，共识的形成才有可能。这种共识的形成，被称为不断"接近真理"的过程，"文学批评的最大、最重要的作用，并不是是想求得绝对的真理，只要我们能向真理的路上走，能日近真理，就算达到目的了"②。

要实现"日近真理"的批评目的，不同批评者的广泛参与，只是其中的实现路径，在他们看来，批评家还需坚持以下批评原则：

首先是立场纯正，"不志乎利"，坚持公正无私的批评态度。《东方杂志》在介绍阿诺德的批评成就时，特别强调了这一原则，认为那是文学批评的生命线，"无论什么批评家，——文学批评家尤然——他最重

---

① 华林一：《安诺德文学批评原理》，《东方杂志》19 卷 23 号，1922 年 12 月 10 日。
② 华林一：《安诺德文学批评原理》，《东方杂志》19 卷 23 号，1922 年 12 月 10 日。

要的一件事，是严守他的规则。这规则是什么？就是'不志乎利'——
和一己没有丝毫的利益关系。因为我们倘或'志乎利'，那么我们就不
能自由的批评，就不能要说我们要说的话了。这个意思，安诺德看得极
为重要。我们读他的书，处处可以看见他发挥这个意思的文字"①。其次
批评者的"无所为"精神，即"为学问而学问"，"纯讲学理，不粘落实
际问题"。朱光潜非常赞同阿诺德的这一批评原则，"他的批评定义是，
'心智自由运用于所论各科学问'，是'无所为而试求研究和传播世间最
好的知识与思想'。这种知识思想传播出去成为一种新潮流以后，静止
腐朽的旧思潮便会被它激荡，被它清化。久而久之，人的心理便在无形
之中彻底改变，这时好比水到渠成，理想自然易变为事实了"②。再次是
"论从史出"的批评程序和批评方法，华林一自述转译文阿诺德批评学
说的重点，就是寻求其"普通的文学批评原理"，在他的理解里，批评
家的最大忌讳就是"先入之见"，即"先有了一己的原理"，再根据自己
的原理，找些材料予以填充证实。什么缘故呢？"因为一个批评家，如
果先有了原理，他就不得不去找材料来，证明他的原理。他自己的原理
错不错，他却不讲，只勉强去找和他原理相合的材料，来做他的主张的
证据"，对于批评家而言，"这是最危险的一件事"③。最后是要辨别真伪
善恶，从而达到去伪存真、惩恶扬善的目的，"文学批评本来是一种工
具。批评家要辨别真伪，辨别善恶，使新鲜的意思，布满于人世，以达
最高的文化，使世人得享完全之人生的"④。

---

① 华林一：《安诺德文学批评原理》，《东方杂志》19 卷 23 号，1922 年 12 月 10 日。
② 朱孟实：《欧洲近代三大批评学者》（二），《东方杂志》24 卷 14 号，1927 年 7
月 25 日。
③ 华林一：《安诺德文学批评原理》，《东方杂志》19 卷 23 号，1922 年 12 月 10 日。
④ 华林一：《安诺德文学批评原理》，《东方杂志》19 卷 23 号，1922 年 12 月 10 日。

四、对现代文学批评流派的介绍

在对西方文学批评流派的分类方面，由于分类者理解不同所持标准不同，分类结果也五花八门，有从历时角度分为"古典批评"、"近代批评"的；也有按照批评方法分为"判断主义批评"、"印象主义批评"和"表现主义批评"的；还有从批评态度分为"科学主义批评"和"浪漫主义批评"的，诸如此类，不一而足。在介绍这些批评流派时，大家的目光不约而同地集中在几个主要批评家身上，这些批评家包括法国的圣伯夫（Sainte Beuve）、意大利的克罗齐（Croce）、英国的阿诺德（Arnold）[①]，当然还有美国的白璧德（Babbitt）、英国的泰纳（Taine）等。通过译介者的转述或翻译，这些西方批评大师鲜为人知的批评观念和独特的批评方法，被带到了中国读者眼前。

（一）从"判断的批评"到"诠述的批评"

据朱光潜的说法，"判断主义批评"一词是法国批评家圣伯夫所造，它是对欧洲古典主义批评的称谓。它肇始于亚里斯多德，强调以某种原则为标准，"以评判好丑为唯一任务"，批评的特点是以"评判的、主观的、讲义法的"为主。[②] 后来，美国人文主义批评家阿诺德接过这个衣钵，并加以改造，形成了一种所谓"试金石主义"（The Touchstone

---

[①] 朱孟实撰写了一篇《欧洲近代三大批评学者》，在《东方杂志》24卷13、14、15号上连载，三期文章分别介绍了三个批评大师，认为他们三人代表了"三国文艺批评的中心潮流"。

[②] 朱孟实：《欧洲近代三大批评学者》（一），《东方杂志》24卷13号，1927年7月10日。

Theory）批评方法，"通常试金的质，以试金石摩擦之，看它的痕纹如何。安诺德以为鉴别诗的优劣，也要有一种试金石。这种试金石是什么呢？就是大诗人的名句，他从荷马、但丁、莎士比亚、弥尔敦诸人作品选出几段实例……以为此等类的名词记在心头，遇着一首诗就拿来比较，就可以见出高低"①。显然，阿诺德虽然不以"理式"等观念为"试金"标准，但他心目中的批评标准仍然是先验的，其本质跟亚里斯多德是一致的。

在圣伯夫之前，欧洲大陆风行这种古典主义批评，因此着力改变这一局面，试图将文学批评转向"历史的心理的欣赏的和有表现的"批评。以此之故，圣伯夫被朱光潜称为"近代改进文学批评的始祖"，"我们可以说，文学批评在十九世纪以前是亚里士多德与浩越司（Horace）的世界，在十九世纪以后，是考老芮齐（Coleridge）和圣博甫的一般人的世界。但是考老芮齐的文学传记还是偏于谈玄理，到圣博甫才开始用历史的方法研究个别作品"②。圣伯夫丢弃了"以评判好丑为唯一任务"的亚里斯多德传统，开启了"用历史的方法研究个别作品"的批评新时代。在朱光潜看来，"批评"一词在圣伯夫之后，内涵也大为变化，变为"诠述"或"导解"，批评也分化为"判断的批评"（judicial criticism）和"诠述的批评"（interprertative criticism）两类。关于二者的区别，朱光潜总结为三点：

第一是态度的分别。判断的批评者好比法官，作者须受他

---

① 朱孟实：《欧洲近代三大批评学者》（二），《东方杂志》24卷14号，1927年7月25日。

② 朱孟实：《欧洲近代三大批评学者》（一），《东方杂志》24卷13号，1927年7月10日。

的审问，受他判断曲直。诠述的批评者好比律师，代诉讼人陈述意见，并且含有辩护的口吻。第二是目的的分别。判断的批评者用意在使读者明白文学上的是非，诠述的批评者用意在使读者彻底了解作者的思想性情和时代环境的关系。第三是方法的分别。判断的批评者先假定一种标准，用这种标准去测量作品，看看它是长是短。诠述的批评者研究作品，好比自然科学者研究一种生物，用精细的观察归纳，从遗传环境个性各方面搜罗因果关系，以构成一种生活史①。

由法官式的宣判到代诉人辩护、由教人明白是非到让人了解曲直、由标准的先验假定到判断的实际考察，这些具有明显近代色彩的变化，某种意义上可以说是现代民主批评和科学批评的嚆矢。

（二）"社会批评"或"环境批评"

"社会批评"对于中国读者来说并不陌生，中国素有"知人论世"的批评传统，这种通过了解作者身世、环境而理解作品内涵的方法，跟西方的"环境批评"颇为相似。早期的文学批评建设者注意到，西方的社会批评起源并不很早，大约在 19 世纪自然派文学兴起后才开始。以圣伯夫和泰纳为代表的批评家，受科学思潮影响，这类批评摒弃之前的主观批评，"竭力排斥从前的玩赏批评，排斥以艺术为本位的客室式批评，主张人生问题社会问题做文艺批评的本位"②。这种批评方法迅速被

---

① 朱孟实：《欧洲近代三大批评学者》（一），《东方杂志》24 卷 13 号，1927 年 7 月 10 日。

② 愈之：《布兰兑司》"编后附识"，《东方杂志》17 卷 5 号，1920 年 3 月 10 日。

人接受，形成一股批评潮流，造就了一批杰出的批评家，勃兰兑斯就是其中标志性人物。"他的批评全然是用科学的方法，批评一种作品，必先把著作年代和作家身世性情所处环境所受经验——考验出来，这种严密的科学批评方法是从来没有的"①。

看得出来，这类批评总的主张是"知人论世"即"读书要从知人入手"，"圣博甫是第一个人说，你如果不懂得作者的心窍，你决不懂得他的著作；你还没懂得他的著作，何以就能评判他的好坏？"②了解作者，阅读作品这是进行批评的前提。如何"知人"？批评者必须"以自然科学方法研究作者的心理"；如何批评作品？必须以"研究心灵的自然科学者"态度，从四个方面进行研究，"（1）作者必有群性，他和时代环境的关系如何？（2）作者必有个性，他所得诸遗传的如何？得于习惯的如何？（3）作者必表现其人格于作品，从作品中所看出的作者个性如何？（4）作者的各种著作必为完整的机体。……这四个问题解决了，批评者的责任便算了结。至于估定价值，判断美丑，则读者自有权衡，批评者不能以一个人的嗜好，做一切人的标准"③。以上是朱光潜对勃兰兑斯批评方法的总结。

（三）印象主义批评

1928年，《东方杂志》25卷2号刊登法郎士《印象主义的文学批评论》（华林一译）一文，对印象主义批评的指导思想、批评原则及批评方法

---

① 愈之：《布兰兑司》"编后附识"，《东方杂志》17卷5号，1920年3月10日。

② 朱孟实：《欧洲近代三大批评学者》（一），《东方杂志》24卷13号，1927年7月10日。

③ 朱孟实：《欧洲近代三大批评学者》（一），《东方杂志》24卷13号，1927年7月10日。

等进行了全面的介绍。虽然彼时已经有人在进行着"印象批评"的零星实践，但将印象批评作为一种"主义"即自觉的理论来进行提倡，在国内批评界恐怕还不多见。这篇文章首先指出昔日批评家迷信"客观知识"之非，认为其沉溺于书本，不顾实践，蔑视经验，不愿把眼睛"望到窗外去看过"："世上有一班迂儒，他们眼中的宇宙，不过是纸和墨。这类迂儒的一生光阴，完全费于他们的书桌以前，丝毫不顾实际……他们对于美人的美，只知道描写于文字的一部分，他们对于人类的工作、苦痛及希望的知识，只是从书本上边得来的。他们从来没有望到窗外去看过。"① 因此主张用眼睛感知世界，以获得对于世界的印象，眼睛就是感知，印象就是知识，"我们主张我们的知道事物，只是由于事物给我们的印象，……就事实而论，现象和实际，是一样东西。我们在这个世界乐爱和受苦，只要影像就够了，完全没有证明客观性的必要"②。可见，印象主义把个人感知、主观印象放在头等重要的位置。

以此种世界观看待文学批评，文章提出了迥异于传统批评的批评观念。它认为文学批评和哲学历史一样，"也是一种浪漫小说"，是为"有聪慧好奇的心的人作的"；而"一切浪漫小说，考其实际，都是自传"。因此一个好的批评家，会在他的批评里，"叙述他的心灵游览名著时的奇遇"。由于相信批评是对个人印象和感觉的记述，是一种纯粹主观的感受与印记，因此他不相信世界上有所谓"客观的文学批评"，"客观的文学批评，和客观的艺术一样，没有存在的余地，妄信不把一己的人格放到他们的著作里边的人，简直是自欺，简直是受欺于最虚妄的妄想的

---

① 法郎士：《印象主义的文学批评论》，《东方杂志》25卷2号，1928年1月25日。
② 法郎士：《印象主义的文学批评论》，《东方杂志》25卷2号，1928年1月25日。

人"①。如此看来，文学批评不仅要用自己的眼睛去看，用自己的感觉去感受，还要把自己的人格投放进去，所以在他眼里，所谓"批评"就是体验，就是感觉，就是把自己也"投放"进去，就是灵魂在杰作之中的冒险，"老实说，批评家应该说，'诸君，我现在预备讲我自己，便中讲到莎士比亚或拉辛或巴斯葛'"②。

客观地讲，以批评者主观投入为特征的印象主义批评，在向重感悟的中国文学批评传统里并不显得特别陌生；而在这些文章发表前后，中国新文学批评界已有不少人在进行着"印象批评"的实践。但是传统文学批评多是零星实践而无真正理论自觉，新文学界的印象批评更是如此，只有凌乱的印象而无系统的方法。在此背景上看，这篇译文的重要性就显露出来了。还有一点值得指出，在现代文学批评界，私淑法郎士并进行批评实践的不乏其人，有的还作出了不菲的成绩，如李健吾等，然在时间上他们明显地落后了一大截，如李健吾的《咀华集》就是在1936年出版的（文化生活出版社）。固然，我们没有证据确认这些批评家从这篇文章中受到了何种程度的滋养，但起码可以说《东方杂志》较早就系统介绍了印象主义的批评原理，对中国现代文学批评具有某种"引领"作用。

（四）表现主义批评

在《东方杂志》撰文介绍表现主义批评的主要有两篇文章，一是华林一翻译的《表现主义的文学批评论》（见《东方杂志》23卷8号），一是朱孟实撰述的《欧洲近代三大批评学者》（三）（见《东方杂志》24

---

① 法郎士：《印象主义的文学批评论》，《东方杂志》25卷2号，1928年1月25日。
② 法郎士：《印象主义的文学批评论》，《东方杂志》25卷2号，1928年1月25日。

卷 15 号）。前者着重介绍表现主义文学批评家斯滨加（Spingarn，斯宾格勒），后者重点推介表现主义美学家克罗齐（Benedetto Croce）。在《表现主义的文学批评论》译文之前，编者一个"译者附识"，说明译介此文的动机："斯滨加者，表现主义的文学批评论之代表也。……中国文学批评，尚极幼稚，吾人苟欲图谋发达，自当以西洋对于此方面之研究为参考；而最足以资吾之参考者，吾以为非亚里士多德之《诗学》，乃最近之表现主义的文学批评论也。"这篇译文对文学批评在西方的发展、各流派特征及其相互关系，都有比较详细的梳理，并概括了文学批评几个最关键的问题，"诗人想做的是什么东西？他对于他的志愿究竟达到什么程度？他竭力的想表现的是什么？他怎样表现？他的作品对于我们有点什么印象？我怎样才能最完善地表现这个印象？这些是近世批评家对着诗人作品所发的问题"①。译文还将表现主义文学批评的源头追溯到意大利美学家克罗齐那里，认为其"一切表现都是艺术"的观点是表现主义批评的理论基础，认定"表现的艺术"有"打破一切旧日的规则"、"打破文学的种类的分别"、"打破文笔暗喻明喻及希腊罗马的修辞学上的一切名词"、"打破文学的一切的道德的判断"、"打破方法和艺术分离的概念"等多方面的意义。它还特别肯定了其艺术自立、艺术非功利的观念，"舍表现以外，艺术没有其他目的；表现完全，艺术也就完全了；美是文艺存在的唯一原因，谋道德的社会的进步，不是诗的作用"②，应该说，这篇译文只是对表现主义的若干批评原则进行了初步的概括。

---

① 斯滨加著，华林一译：《表现主义的文学批评论》，《东方杂志》23 卷 8 号，1926 年 4 月 25 日。

② 斯滨加著，华林一译：《表现主义的文学批评论》，《东方杂志》23 卷 8 号，1926 年 4 月 25 日。

真正对表现主义批评进行详尽介绍的是朱光潜。他在《欧洲近代三大批评学者》（三）中，首先确立了美学家克罗齐对文艺批评的特殊贡献，"文艺为作者人格与时代精神的产品，所以要研究文艺，不能不了解哲学和历史。历来批评学者大半仅就文艺而言文艺，对于文艺背面的历史与哲学不甚注意，所以往往失之偏狭。以第一流哲学家而从事于文艺批评者，亚里士多德以后，克罗齐要算首屈一指。他从历史学基础上竖起哲学，哲学基础上竖起美学"[①]。在他看来，克罗齐的文艺批评之所以受到推崇，风靡一时，就是因为它是建立在历史、哲学和美学坚实基础之上的。

他认为克罗齐美学大厦的基石即是"美即直觉"。[②] 什么是直觉呢？克罗齐没有直接定义，而是用了逐步减除的办法，即通过把"物理的事实"、"功利作用"、"道德作用"、"真假是非"等排除，一步步凸显"直觉"的独立价值。通过这若干否定的最后，艺术只剩下"心灵现象"这一层肯定了。在这最后的肯定里，克罗齐浓墨重彩地描述了心灵作用的基础、机制和情景："在心灵的创造作用中，背面的支配力是情感。所以克罗齐又把'美术即直觉'一个定义引申为'美术即抒情的直觉'，换句话说，在美术的直觉中情感与意象融合成一体，这种融合就是所谓'心灵综合'，所谓'创造'，所谓'表现'，总而言之，就是美术"[③]。朱光潜认为，这个减法和定义之所以意义非凡，就在于它"打倒四种有悠

---

① 朱孟实：《欧洲近代三大批评学者》（三），《东方杂志》24卷15号，1927年8月10日。

② 朱孟实：《欧洲近代三大批评学者》（三），《东方杂志》24卷15号，1927年8月10日。

③ 朱孟实：《欧洲近代三大批评学者》（三），《东方杂志》24卷15号，1927年8月10日。

久历史的学说,美学上的唯物观、唯乐观、道德观和概念观都不能成立了"①,从而在历史上第一次确立了艺术审美的独立地位。朱光潜在详细介绍克罗齐表现说的同时,特别点出了其对中外文学批评的革命意义:在西方,是对柏拉图以降的伦理批评的反叛;在东方,则是对"文以载道"传统的颠覆。

总起来看,在20世纪20年代,《东方杂志》改版之后对世界文学思潮采取了积极的"拿来主义"态度,西方文学批评就是这主动"拿来"的东西之一。杂志调动各方面力量,不仅组织专家撰写相关文章,组织译者翻译相关文献,还通过加"注编者附识"的方法,提倡现代文学批评。不仅如此,编者还根据各自资料,亲自编写了不少介绍性的文章(胡愈之所编的这类文献就不在少数)。在译介西方理论的同时,这些编译者自觉不自觉地选择自己偏爱的学派,有的还成为这些批评大师的中国追随者,胡梦华自述"私淑于安诺德",并以安氏的论述为圭臬;② 朱光潜的情形也颇类似,在介绍克罗齐学说之时,自己也成了一个表现主义的中国信徒。此外,对西方各家各派的批评思潮,他们并不仅仅停留在对客观引进上,还特别注意对各种学派进行"折中"处理,所谓"折中"并不是简单地各取一半,而是一种充分消化后的能动处理,比如他们既不完全认同古典主义批评"完全非个人的标准",也不完全认可印象主义批评"完全个人的标准",而是想在这二者之间走出一条中间道路,"我以为解决这个问题的方法,在于各趋极端的两派之间,寻出一个折衷的地位;这个正确的中道,似在一个标准,这标准是个人的,而个人

---

① 朱孟实:《欧洲近代三大批评学者》(三),《东方杂志》24卷15号,1927年8月10日。

② 胡梦华:《文艺批评概论》,《东方杂志》21卷4号,1924年2月25日。

却觉得超脱他的自我，根据他和别人同具的那种共性"①。在对二者的选择过程中，自己的观念由此形成。这种善于在两种极端之间寻求"中道"的方法，跟《东方杂志》一贯的文化态度十分切近，也可以视为刊物传播西方批评思潮、建设新文学批评的落脚点。

---

① 华林一：《判断主义的文学批评论》，《东方杂志》25 卷 7 号，1928 年 4 月 10 日。

第十章 《东方杂志》对欧美"写实主义" 文学的引进

一、引进"写实文学",救"形式文学"之弊

《东方杂志》之引进"写实主义"文学思潮,无疑是深受新文学运动的强大感召,陈独秀大声呼吁建设"新鲜的立诚的写实文学"[①];周作人强调文学要"对于人生诸问题,加以记录研究"[②];文学研究会"为人生而艺术"的强力宣传及蓬勃展开的大量文学创作,使现实主义成为五四前后最为壮观的文学风景。在这股风潮的影响之下,不少人对"写实主义"进行了宽泛化理解,如胡适就把挪威表现派剧作家易卜生看成是批判现实主义的作家:"易卜生的文学,易卜生的人生观,只是一个写实主义……人生的大病根在于不肯睁开眼睛世间的真实现状。明明是男盗女娼的社会,我们偏说是圣贤礼仪之邦;明明是脏官污官的政治,我们偏要歌功颂德;明明是不可救药的大

---

① 陈独秀:《文学革命论》,《新青年》2卷6号,1917年2月。
② 周作人:《人的文学》,《新青年》5卷6号,1918年12月。

病，我们偏说一点病没有！却不知道，若要病好，须先认有病；若要政治好，须先认现今的政治实在不好；……易卜生的长处，只是他肯说老实话，只在他能把社会种种腐败龌龊的实在情形写出来叫大家仔细看"①。

1919 年《东方杂志》改版之后，一改过去的"旧文艺"趣味，逐步压缩宋诗派等"旧文学"的生存空间，及至改版后的第二年干脆撤掉专载旧文学的"文苑"栏目，"至第十七卷以后，本志更努力于新文艺的输入"②，在这些被输入的西方各种"新文艺"之中，"写实主义"是最受瞩目的一股潮流了。因为在他们看来，这股潮流不仅跟中国文学关系最近，而且可以作为反对"形式文学"、"非人文学"的有力武器，"翻译文艺和本国文艺思潮的发展，关系最大……今后最要紧的便是翻译近代写实主义的代表著作，因为新兴的象征主义神秘主义，和我国文艺思想，隔离尚远，惟有写实文学，可以救正从前形式文学、空想文学、'非人'的文学的弊病。所以像曹拉、莫泊三、斯特林堡、哈提等的小说，易卜生、霍德曼……剧本，以及俄国作家的作品，都应该拣要紧的翻译"③。

在这种翻译思想指导之下，西方真正的现实主义作家作品被大量介绍了进来，即使那些并不属于"写实主义"的表现派作家如斯特林堡、易卜生等，其中的"写实"要素也被放大而变成"写实主义"流派而加以引介。这里仅以改版后第一年的译作为例，略加说明：

① 胡适：《"易卜生主义"》，《新青年》4 卷 6 号，1918 年 6 月 15 日。
② 坚瓠：《本志的二十周年纪念》，《东方杂志》21 卷纪念号（上），1924 年 1 月 10 日。
③ 愈之：《近代文学上的写实主义》，《东方杂志》17 卷 1 号，1920 年 1 月 10 日。

表 10-1

作品名称	卷数、时间	国别、著译者	文体、流派	备注
《业障》	17卷1号，1920-1-10	瑞典斯特林堡；铁樵	小说	译者将其视为"写实派巨子"
《一个阔绰的朋友》	17卷1号，1920-1-10	俄国契呵夫；仲持	小说	写实
《学生》	17卷1号，1920-1-10	英国王尔德；愈之	小说	
《骷髅》	17卷2号，1920-1-25	印度台莪尔；雁冰	小说	
《一桩小事》	17卷2号，1920-1-25	俄国迦尔洵；愈之	小说	译者附言："深刻真实的心理描写"；转译自英文
《鬼》	17卷3号，1920-2-10	法国莫泊三；铁樵	小说	译者附言："最代表的自然派作家……这篇更是赤裸裸的现实描写"
《圣诞节的客人》	17卷3号，1920-2-10	瑞典罗格乎；雁冰	小说	译者："写实其形式，而理想其精神"
《唔唔》	17卷4、5、6号，1920-2-25	俄国都介涅夫；愈之，仲持	小说	写实
《铃儿草》	17卷4号，1920-2-25	法国莫泊三；铁樵	小说	写实
《沙漏》	17卷6号，1920-3-25	爱尔兰夏脱；雁冰	剧本	译者注"是表象主义的剧本"
《自残》	17卷7号，1920-4-10	法国鲍尔札克；铁樵	小说	译者识"一边可说是浪漫主义的殿军，一边又可说是自然主义的前驱"
《他是谁》	17卷7号，1920-4-10	俄国乞呵夫；CS生	小说	写实
《人与兽》	17卷8号，1920-4-25	英国华曾；恽震	小说	"专用深刻的笔意，描写自然的意境"
《莺和蔷薇》	17卷8号，1920-4-25	英国王尔德；愈之	随笔	唯美派、恶魔派、颓废派

作品名称	卷数、时间	国别、著译者	文体、流派	备注
《三死》	17卷9、11号，1920-5-10	俄国托尔斯泰；愈之	小说	写实
《蓝沙勒斯》	17卷10号，1920-5-25	俄国安德列夫；明心	小说	雁冰附识"全篇是象征主义"
《冷眼》	17卷11号，1920-6-10	俄国陀思妥耶夫斯基；铁樵	小说	记者识"描写多是堕落社会的事情，心理分析"
《撞钟老人》	17卷12号，1920-6-25	俄国柯洛涟科；济之	小说	译者识："取材于本地风光"
《为母的》	17卷12号，1920-6-25	法国巴比塞；雁冰	小说	"体裁算得是写实派，但思想决不是写实派，可说是新理想派"
《皇家的圣诞节》	17卷13号，1920-7-10	法国高贝原；冠生	小说	写实
《阴雨》	17卷13号，1920-7-10	俄国乞呵甫；济之	小说	写实
《赛根先生的山羊》	17卷14号，1920-7-25	法国都德；冠生	小说	译者："写实主义而兼印象主义"
《和平会议》	17卷14号，1920-7-25	美国佩克；雁冰	戏剧	
《诗人》	17卷15号，1920-8-10	俄国高尔基；仲持	小说	写实
《哲学教授》	17卷15号，1920-8-10	俄国高尔基；仲持	小说	写实
《母亲能够受多少苦》	17卷16号，1920-8-25	比利时康迅思；李妃白、胡天月	小说	
《遗帽》	17卷16号，1920-8-25	爱尔兰唐珊南(Dunsany)；雁冰	戏剧	（新浪漫主义）象征主义
《陆士甲尔的胡琴》	17卷17号，1920-9-10	俄国乞呵甫；愈之	小说	写实

续表

作品名称	卷数、时间	国别、著译者	文体、流派	备注
《市虎》	17 卷 17 号，1920-9-10	爱尔兰葛雷古夫人	戏剧	写实
《心声》	17 卷 18 号，1920-9-25	美国亚伦坡；雁冰	小说	译者"幻想的、非人间的"
《痴》	17 卷 18 号，1920-9-25	法国莫泊三；冠生	小说	写实
《一株棕树》	17 卷 19 号，1920-10-10	俄国迦尔洵；济之	小说	"寓言小说"，象征主义
《五千法郎》	17 卷 19 号，1920-10-10	法国莫泊三；冠生	小说	写实
《消极抵抗》	17 卷 20 号，1920-10-25	俄国高尔基；愈之	小说	写实
《婚姻掮客》	17 卷 20 号，1920-10-25	英国单维尔；仲持	小说	"字里行间充满着滑稽、忠实、热诚种种质素"
《革命党》	17 卷 21 号，1920-11-10	俄国阿采巴希甫	小说	
《海上公主》	17 卷 21 号，1920-11-10	法国罗思丹；冠生	戏剧	新浪漫主义
《父母之心》	17 卷 22 号，1920-11-25	法国缶友；冠生	小说	宗教文学
《旗》	17 卷 22 号，1920-11-25	俄国迦尔洵；仲持	小说	"寓言小说"，象征主义
《丧事承办人》	17 卷 23 号，1920-12-10	俄国布雪金；愈之	小说	"俄国最大的浪漫诗人……也是写实作家"
《海上》	17 卷 24 号，1920-12-10	西班牙伊白涅兹；愈之	小说	写实
《疯妇》	17 卷 24 号，1920-12-25	法国莫泊三；傅睿	小说	写实

上表显示，在改版头一年，共译作品约42篇，除了9篇作品为象征派、新浪漫派等，近八成作品为"写实主义"文艺（其中不乏"写实

主义而兼某某主义"的作品）。在译作的编辑过程中，编译者或以按语，或以加注的方式，提示读者，某篇作品"字里行间充满着滑稽、忠实、热诚种种质素"，某个作家"更是赤裸裸的现实描写"，某个流派"一边可说是浪漫主义的殿军，一边又可说是自然主义的前驱"，这样不仅向读者展示了写实主义的艺术面貌，提示了写实主义作品的艺术特质，还在文学史的框架内揭示了写实主义的历史位置。改版伊始的这种规模引进，不仅时间上与新文学运动相吻合，而且在指向上与新文学的写实主义风潮完全一致。

二、"近代的写实主义，是新旧文学中间的摆渡船"

《东方杂志》介绍"写实主义"思潮，一个显著的特征是抛弃静止、孤立看问题的历史观，善于在"进化的链条"中显示其来龙去脉。胡愈之有一篇重要论文《近代文学上的写实主义》，采取的就是这样一种进化史观。文章把近两百年来欧洲文学思潮分为古典主义、浪漫主义、写实主义和新浪漫主义四个时期，各个时期与前一时期具有一种"进步"关系，即浪漫主义是对古典主义的革命，"近代文学上的写实主义，是浪漫主义的反动"①，新浪漫主义无疑是对浪漫主义的否定。在《东方杂志》17 卷 22 号上，署名"冠生"所撰的《二十世纪法国文坛之新鬼》，其观察法国文学演变也是采用这种"进步"史观：

---

① 愈之：《近代文学上的写实主义》，《东方杂志》17 卷 1 号，1920 年 1 月 10 日。

半世纪来，法国之舞台，始倦于写实主义之平凡，中疲于心理主义之烦琐，后困于象征主义之沉闷，法国之人皆如久渴之思饮、久郁之思嚏，翘首企足，以望浪漫文学之复活，于此时也，乃有天生才人应运而出，奋其如椽之笔，起沉疴于积年，挽狂澜之既倒，使法国之舞台耳目一新、日月重光者，则罗思丹也。罗思丹之戏剧，其感情热烈，逼真高乃依之《亚拉共》；意象雄奇，脱胎于嚣俄之《吕孛拉》……又如象征主义而用意加深，形容世态、曲状人心……兼采写实主义与心理主义而感情加深，盖能运其天才，采各家之精华而陶铸之者也。世谓之新浪漫犹未足以概之也①。

在他们看来，一部文学发达史，就是文学中新因素对旧因素的"厌倦"、"反动"，就是文学中新因素对旧因素的超越、否定。

以此之故，他们观察文学发展时，认为写实主义是一种过渡状态的东西，它既带有"旧文学"的痕迹，又不乏新文学的印记，"是新旧文学中间的摆渡船"：

我们不要误会，以为新兴的文艺思潮，是和写实主义全没干系的。从文艺进化史上看去，近代的写实主义，是新旧文学中间的摆渡船。现代的新兴文艺，虽然和写实主义相比，另是一副面目，但比起浪漫派的旧文艺来，却也大不相同了。新浪漫派的文学和从前浪漫派的文学，虽都是以情绪主观为本位

---

① 冠生：《二十世纪法国文坛之新鬼》，《东方杂志》17卷22号，1920年11月25日。

的，但旧文学偏于空想，新文学却富于精微的观察力；旧文学所有的，只是空洞的"惊异"，却都是从现实生活上提出来的。新文学的介壳，虽和旧文学相像，但内容却比旧文学丰富得多了。这是因为新文学经过写实主义的洗练，淘去了许多没用的废物，加添了许多充实的材料，才能够放出灿烂的光辉。所以没有浪漫主义的文学，不会生出写实主义的文学，没有写实主义的文学，也不会生出新浪漫主义的文学，这是文艺进化的真相。不单是文艺，凡是文化各方面的进化，也都是这样的①。

那么，揭示"文艺进化"的这种"真相"具有什么意义呢？意义之一就是指出"新旧"文艺的区别所在，为现实主义新文艺指出努力方向。在译介者的进化逻辑里面，浪漫主义文艺必是"旧文艺"，现实主义文艺无疑是"新文艺"，按照进化的一般规律，现实主义是对浪漫主义的否定和发展，是对浪漫主义的某种革命性超越，具体而言，这种"新旧"差别体现在以下几个方面：

1.新文艺重理智，旧文艺重情感；2.新文艺重现实，旧文艺重理想；3.新文艺求真，旧文艺求美；4.旧文艺以艺术为最大目的，新文艺却以研究人生为目的；5.旧文艺的态度是主观的，新文艺却是客观的；6.旧文艺多描写惊心骇目的事迹，新文艺却不脱日常生活的事情。此外写实派和浪漫派也有相同的

---

① 愈之：《近代文学上的写实主义》，《东方杂志》17卷1号，1920年1月10日。

地方。就是同具自由的体裁，和不受约束的格调，这层也是近代写实主义和拟古主义的一大区别了①。

从上述几项指称可以看出，译介者区别"新旧"的标准主要落实在两个问题上，一是对于"事实"的态度，一是对于情感的态度。在他们看来，"写实主义"就是以客观的态度，将社会人生的真实景象和盘托出，以达到了解人生、批判社会的艺术功效。为此，他们专门罗列了不同文艺流派对于事实的不同态度：

> 自然派同科学家一样，他们把事实（fact）只当做事实给我们看，唤醒浪漫派时代底人，叫他们不要只顾向梦幻和空想里面钻，忘却眼前底事实，这是自然派底功劳。可惜他们不能再进一步，把这事实底存在，有什么意义，这事实的成立有什么理由，说个明白……主观主义底文艺里，虽然也把事实做基础，但是还要从这基础寻出花之所以为花底根本意义，探求那潜伏在这件事实里面底神秘的方面，依敏锐强烈的主观力，极力同这事实底真髓精神相接触。……新浪漫主义，所以和旧浪漫主义不同，就是因为含有现实感和科学底观察底分子，同自然主义一样。最近底新文艺，一面能够描写实人生底一件事情，而不受实人生底事实所束缚，一面又能抒写超自然，却决不是脱离实人生的文艺……新浪漫派所以喜欢用神秘底色、象征底笔，无非借了他来暗示潜伏在人生里面的物事，只是一种

---

① 愈之：《近代文学上的写实主义》，《东方杂志》17 卷 1 号，1920 年 1 月 10 日。

手段①。

以对待"事实"即社会人生现实的态度和手段，来区分浪漫主义与现实主义、现实主义与现代主义文艺之间的区别，无疑是抓住了问题的实质。

三、"科学洗礼"与"写实主义"

《东方杂志》向国内读者推广写实主义，非常注重介绍这种思潮发生的内部和外部原因。在他们看来，从文学内部的发展规律来看，现实主义文学是浪漫主义文学发展的必然结果，因为"叙情的源泉渐渐枯涸了，人心对于虚无缥缈的浪漫思想，也渐渐厌倦了，于是文艺上便生出写实主义的新运动"②，而从外部动因看，则是时代思潮综合作用的产物。胡愈之认为写实主义在西方四种思潮中之所以最占优势，原因就在于科学时代的实证论、政治上的民主主义和哲学上的唯物主义等起到了支配性的作用：

（1）那时哲学上的实证论、科学精神和物质文明骤然兴盛，浪漫主义的理想标准完全被毁；人心对于宗教信仰和神秘观念，都抱怀疑的态度；浪漫主义失却立脚地，因此也就被写实主义所征服了。（2）近代物质文明逐渐进步，生活压迫，日

---

① 昔尘：《现代文学上底新浪漫主义》，《东方杂志》17卷12号，1920年6月25日。
② 愈之：《近代文学上的写实主义》，《东方杂志》17卷1号，1920年1月10日。

甚一日，人类的实际生活，到处感着苦闷；但是浪漫主义的文学，却仍然迷恋着想象生活，把人世的现实生活，抛在脑后，正如叫花子挨着饥饿，只管在那里梦游仙境。可是生活的困难，一天天迫上前来，春梦是终于要醒的。所以到了十九世纪中叶，欧洲文艺界便从空想的感情方面，醒了过来；抛却神秘的倾向，归到现实的倾向；抛却理想的生活，来讲直接经验的生活。这便是写实主义勃兴的原因了 ①。

因此，从文学发生的思想机制来说，"写实文学，是受过科学洗礼的一种文学"。

文学既受科学思潮影响，而科学以客观真实为能事，因此这股"写实主义"文学就不可能不具备以下几项"科学"特征：

其一，以科学眼光观察社会，用实验方法表写现实。胡愈之指出，科学家研究物质现象，最要紧的是客观观察手段，"写实文学"也应该这样，他所看重的不应该是"想象"的，也不应该是"理想"的，而应该是其感知到的"直接经验"。为了做到这一点，他必须在落笔之前，对其所要描写的"人物"和"环境"进行一番实地考察，"若不是自己经历过的，便不算得真切"，他以法国作家左拉为例，说明了"写实主义"文学的"科学"标准：

> 法国的曹拉（Emile Zola）要算写实主义的渠魁，他所做的一部小说丛书，名叫 Les Rougon Maquarts，一共有二十卷，

---

① 愈之：《近代文学上的写实主义》，《东方杂志》17 卷 1 号，1920 年 1 月 10 日。

所描写的，都是拿破仑第三时代法国中流人士的生活状况，这部丛书里讲的，都是从当时的社会实地观察得来的。曹拉自己说，"我做小说的时候，必先把主人翁的性情写出后，再把主人翁的气质和所生的家族，所受的感化，所处的境遇，一一的考查；然后又把和主人翁有关系的人物的性质、习惯、职业、境遇都研究过了，才好做成一部小说"①。

按照这种"科学"标准，胡愈之认为自然主义作家左拉可谓是"写实主义"文学的圣手，其"最大杰作卢共马加丛书可算一部自然主义运动的宣言书"，二十大册的小说丛书，几乎将法国社会的方方面面网络殆尽：法国都市生活；商人生活；小菜场的生活；僧侣生活；上流社会政治社会生活；劳动社会生活；妇人情欲之生理的心理的解剖；游女生活；巴黎商人生活；巴黎劝工场生活；矿山生活；美术家生活；农夫生活；铁道生活；银行生活；普法战争中士兵生活；科学者生活……他认为这套百科全书式的丛书，在描写方法上的革命性变化，就是，"决不是凭空捏造，那怕一件极细微的事情，也都是用实验方法观察得来"②。在他看来，这种观察手段的革命正是其文学价值之所在。

其二，以病理学手段描写社会病象，"写实主义"文学成了社会病理解剖标本。"写实作家描写病的现象，本领最大，他对于个人或社会的病的现象，都用着分析法解剖法细细的描写，仿佛同矿物学者分析矿石，解剖学者解剖人体一样，全然是一种科学的方法。近代文学中更有借病的遗传现象，做剧本或小说的主题的；像易卜生所著的《群鬼》

---

① 愈之：《近代文学上的写实主义》，《东方杂志》17卷1号，1920年1月10日。

② 愈之：《近代法国文学概观》，《东方杂志》18卷3号，1921年2月10日。

（*Ghosts*），描写一个儿子受了父亲的病毒遗传，酿成很凄惨的悲剧。达尔文发明的遗传学说，竟可当做剧本的绝好资料，可见近代文学受着科学的恩典，是很不少了"①。

其三，去掉浪漫理想光环，以平凡的眼光，表写人们的日常生活。宋春舫在介绍自然主义戏剧时这样概括其特色："专以描摹人生表面之事实为能，以科学的眼光，悲观的态度，解释生命问题。且以为欲稽人群进化之原理，社会现象之危机，当于吾人平日举动中求之，即已足矣，不用他求。"② 胡愈之则认为，写实主义的这种特色完全受制于其"机械的唯物的"人生观，"把人世一切的事情，都看作必然的结果，所以都是平平淡淡，并没有一点奇异的地方"，以"平凡的眼光"，描写平凡的日常现实，是写实主义的最主要文学特征。他举了不少例子，说明这种客观主义的表现方法：

> 譬如一朵牡丹花，在从前的文人看见了，必定要发出许多的赞赏，说得如何华丽，如何美丽；但在写实派作家看来，不过是植物的一种器官罢了。又如一块金刚石，在从前文人看来，是何等珍贵的东西，但写实派作家，只当他作一种碳素化合物，和寻常黑炭没什么两样。像司各脱、嚣俄等所著的小说中，男的便都是英雄，女的便都是美人；但在写实派的小说里面，却只有几个"匹夫匹妇"，谁也找不出一个英雄美人来。因为写实派作家全不承认有什么英雄美人，只不过几个平凡的"人"罢了。从前荷马所做的叙事诗，描写 Troy 战争里面的英

① 愈之：《近代文学上的写实主义》，《东方杂志》17卷1号，1920年1月10日。
② 宋春舫：《近世浪漫派戏剧之沿革》，《东方杂志》17卷4号，1920年2月25日。

> 雄和美人，何等的超群出众，但近代托尔斯泰所做的《战争
> 与和平》记载拿破仑战争，把一个轰轰烈烈的拿破仑大帝，
> 写得平淡无奇，同写一个平常的农夫一样。这是旧文学中所
> 没有的①。

让事物回到事物，让人回到人，去掉文学描写里面过多的激情与想象，这种过于注重"客观真实"的文学思潮，虽然有不少偏颇之处，但对于滥施想象、过纵情感的浪漫派文学来说，未必不是一次必要的矫枉过正，从这种意义上讲，将"写实主义"视为对浪漫派"旧文艺"的一次革命，并不显得过分。

其四，是对社会人生倾注极大兴趣。胡愈之转述勃兰兑斯的观点，认为写实文学有三个特色："一、科学化，二、长于丑恶描写，三、注重人生问题"；并以易卜生戏剧为例，说明了写实文学对"人生"的重视。在他看来，易卜生的戏剧所涉及的四大问题，即宗教问题、老年与青年、新思想与旧思想的冲突问题、阶级问题及两性问题等，都是典型的"人生剧"："易卜生的戏剧，因为能把上面的各种人生问题，一一的写出，把现实社会的一切病症，细细的讲出，所以近代人心，感动得很厉害。"②

四、介绍"写实主义"，为新文学开辟道路

《东方杂志》译介"写实主义"，具有很强的比较意识和借鉴意识，

---

① 愈之：《近代文学上的写实主义》，《东方杂志》17卷1号，1920年1月10日。
② 愈之：《近代文学上的写实主义》，《东方杂志》17卷1号，1920年1月10日。

就是要用西方发达国家的文学经验，为方兴未艾的中国新文学提供学习样板，为新文学的发展开辟道路。在杂志 18 卷 23 号上，刊登有一篇关于福楼拜与陀思妥耶夫斯基的比较文章，文章不仅比较了俄法两大写实小说家的"方向"、"作风"等异同，还提炼出两位伟大作家的创作活动对于"心灵涣散、能力消亡的民族"所具有的凝聚人心、开启民智的巨大作用：

> 他们在文学上所走的方向，也可以说大致是相同的。他们都是打破幻想描写生活的作家；他们所描写的都是近代人的暗黑方面；他们一样喊出近代生活的不安。但在他方面看来，却又可以说他俩是全然不同的。福罗贝尔是艺术的忠臣，他发明"一语说"，他对于文章的格调、音节，曾耗去无数的心血；陀斯妥以夫斯基却是绝对脱去艺术的束缚的⋯⋯都是把心底里要说的话，随意说了出来，绝不加以艺术的雕琢，而且陀斯妥以夫斯基描写的是下级社会的生活，是"抹布生活"，他的小说中的人物，不是堕落的罪犯，便是愚蠢的低能儿，不像福罗贝尔所描写的，却大半是些第三阶级的奢侈轻浮的生活。⋯⋯他们的作风怎样不同，且不必去管他，我们只觉得在这两个大小说家的作品里，却一样的具有活跃的时代性，一样的含有伟大的生命之力。这两件东西是艺术中最可宝贵的质素，而在心灵涣散、能力消亡的民族中，能代表时代精神而具有生命之力的艺术家，更是何等的需要！①

---

① 记者：《俄法两大写实小说家》，《东方杂志》18 卷 23 号，1921 年 12 月 10 日。

因此，译者对"写实主义"文学的引进，目的并不仅仅局限于向中国读者提供多一种的西方文学思潮，而更是为中国新文学的成长树立一种可供镜鉴的摹本。

那么，这种译介活动为中国新文学提供了哪些经验或对于中国新文学具有哪些启示意义呢？总结起来，至少有三点：

一是对"问题文学"的倡导。五四时期是社会问题、人生问题爆发的时期，也是"问题文学"繁荣滋生的时期。科学、民主等大潮的鼓涌，社会主义思想的流入，加之俄国文学、东欧文学、北欧文学特别是易卜生等关心社会现实问题文学的出现，造成了以文学揭示世相、表现人生的启蒙主义文学热潮。"问题文学"正是对这种思潮的直接回应。易卜生《玩偶之家》、《人民公敌》被译进中国后，中国戏剧、小说界掀起了仿效易卜生、创作社会问题剧的热潮。胡适的《终身大事》、汪敬熙的《谁使为之?》、罗家伦的《是爱情还是苦痛?》、叶绍钧的《这也是一个人?》、冰心的《两个家庭》、《斯人独憔悴》、《去国》等，都是以社会人生"问题"为题旨的，或揭示男女问题，或表达劳工问题，或反映子女问题，或质疑伦理宗教问题，不一而足。《东方杂志》在引进西方现实主义思潮时，似乎也颇受国内这种取向的影响，如胡愈之在论述小仲马的戏剧创作时，就指出其写实剧本就是十足的"问题剧"："取材于时事问题的居多数，他实在可算法国问题剧的最大剧作家。"[①] 实际上，不论是对于大小仲马、易卜生、斯特林堡，还是巴尔扎克、雨果、左拉，杂志在介绍他们的文学成就之时，都是针对两个问题来进行的，要么赞其针对社会人生"问题"有感而发，要么感叹其对"中国问题"的镜鉴价

---

① 愈之:《近代法国文学概观》，《东方杂志》18 卷 3 号，1921 年 2 月 10 日。

值,"翻译文艺和本国文艺思潮的发展,关系最大……今后最要紧的便是翻译近代写实主义的代表著作,因为新兴的象征主义神秘主义,和我国文艺思想,隔离尚远,惟有写实文学,可以救正从前形式文学、空想文学、'非人'的文学的弊病。所以像曹拉、莫泊三、斯特林堡、哈提等的小说,易卜生、霍德曼……剧本,以及俄国作家的作品,都应该拣要紧的翻译"[1]。

二是对"人生文学"的倡导。五四时期新文学的一个重要指向就是要建立真实健康的人生文学,周作人强调文学要"对于人生诸问题,加以记录研究"[2];《新青年》上的作者差不多都认为,"文学的本领,是要把人生如实的表现出来"[3];文学研究会更是将"为人生而艺术"作为自己的文学旗帜。与新青年派作家相呼应,《东方杂志》自觉意识到,要建设中国式写实文学,第一步要做的工作就是要大量翻译欧美现实主义文学流派,以便开阔中国作家的世界视野,为新文学创作提供可资借鉴的蓝本:

> 我国的文艺界直到如今,总不脱古典主义的时代,比起西洋近代文学来,既缺少狂放的情绪,又没有写实的手段,始终被形式束缚着,没有一点振作的气象,唐人的说部,虽略带浪漫的气味,宋元以后的章回小说,也颇有写实的风格,但都不见得十分发展,哪里好和西洋近百年中的文艺思想相提并论呢?这固然是由几千年来思想束缚太甚的缘故,但因为我国文

---

① 愈之:《近代文学上的写实主义》,《东方杂志》17卷1号,1920年1月10日。
② 周作人:《人的文学》,《新青年》5卷6号,1918年12月15日。
③ 知非:《近代文学上戏剧之位置》,《新青年》6卷1号,1918年1月15日。

艺思想向来不和列国接触，文艺的潮流太平静了、太单调了，
所以不会进步，这也有一层。到了现在，思想渐渐地解放了，
西洋的精神物质科学，渐渐输入进来了，文艺进化的两种阻
碍，不久便可除去。偌大的中国，将来不愁没有创作的天才，
文艺思想的前途很有可望。但要走向新文艺的路上去，这写
实主义的摆渡船却不能不坐。因为我国旧文艺的最大病根，
是太空洞、太不切人生，恰和写实主义相反背。若是不经过
写实主义文学的一个时期，我国的新文艺，不用说是不会发
展，就是会得发展，也是不充实的、不精练的，不能切合现
代需要的①。

显然，在胡愈之眼里，写实主义不仅是中国作家值得汲取的文学资源，
也是中国文学从"旧"到"新"的"摆渡船"，是中国新文学发展的必
经之路。只有用它才能克服旧文学的种种弊端，创作出一种充实、切合
人生现实的崭新文学。

基于这种视角，胡愈之对西方文豪的文学价值进行了重新检讨，在
给《托尔斯泰的莎士比亚论》译文所做的评语中，他认可托尔斯泰攻击
莎士比亚的两大要点——"不近自然，不切人生"，并把这两点看成是
"西洋近代文学和古代文学的区别"，大概古代文学重形式，尚雕琢，他
那种结构的严密和辞藻的富丽，就令我国古文家选学家做来，也不过如
此……近代文学所注意的是人生方面，不重形式，不讲雕琢，文体上一
切不自然的束缚都要除去。从 19 世纪中叶以后，这种趋势非常强大，

---

① 愈之：《近代文学上的写实主义》，《东方杂志》17 卷 1 号，1920 年 1 月 10 日。

托尔斯泰就是其中的代表作家，所以他和主义相反的莎士比亚是绝不相容了。① 借助这个话题，胡愈之将自己所谓"人生艺术"的含义表露无遗，"什么叫人生艺术呢？是说艺术是专为人生而设的，凡是不切人生的东西，都不算好的艺术。馆阁体的诗赋，空想的绘画，不接近日常生活的戏剧，只配给富贵人赏玩，却不是大多数人所需要的真艺术品；真艺术品须用通俗的方法，来表现多数人的生活、多数人的思想，使多数人都能领会都能感化才好。托尔斯泰抱着这种民主主义的艺术思想，所以遇见贵族式绅士式的莎士比亚，不免要根本冲突了"②。用社会文学代替贵族文学、用写实文学代替山林文学、用通俗文学代替馆阁文学，这个方案显然延续了陈独秀的文学革命思路。

三是对"平民文学"的倡导。在《戏曲上的德模克拉西之倾向》一文中，宋春舫曾站在历史的宏阔角度，以戏剧发展为例对西方文学的"民主"趋势做了大致描述。该文从古希腊戏剧一直谈到现代戏剧，认为古今戏剧演变的规律是逐步走向民主的过程。古希腊戏剧家沙福克耳的《安提白王》等不仅代表了古希腊戏剧，而且代表了欧洲戏剧的最高成就，但这些戏剧取材于希腊神话，剧中所演也是人神交战的故事，所以"以历史的社会学的眼光而评沙福克耳之杰作，其迷信神权万能之点，正为'天人交战'时代一种文学上之表示。吾无以名之，名之曰'神权时代'的戏剧"；这种神话戏剧一直演到 13 世纪。直到十六七世纪，法国戏剧家高乃依、拉西纳悲剧和莫里哀喜剧的出现，这种状况才发生变化，但这些戏剧家虽已脱离神权万能的思想，"而剧中之离合悲欢，尽是帝王家事。即如《加西》一剧……其剧中情节，亦惟知描写两贵族之

① 愈之：《托尔斯泰的莎士比亚论》，《东方杂志》17 卷 2 号，1920 年 1 月 25 日。
② 愈之：《托尔斯泰的莎士比亚论》，《东方杂志》17 卷 2 号，1920 年 1 月 25 日。

仇爱而已";莎士比亚为"亘古未有之第一大戏剧家",然其剧本,"亦尽脱胎于史乘,沧海桑田,说尽兴亡恨事,故十六七世纪时代之戏曲,当名之曰'贵族戏曲'"。在他看来,由"贵族戏曲"而变为"社会戏曲",离不开法国戏剧家巴马显(Beaumarchais),其剧本"均可代表中等社会与贵族相争之起点而以奴胜,则贵族之势衰可知矣。此为'中等社会戏曲'发展之起点";逮至19世纪末,法国白里安(Brieux)的《梅毒》等剧作出现,"对于社会之恶习惯,痛下针砭,萧伯纳因称之为莫里安后第一人,而是时之戏曲已渐归向德模克拉西,殆以世界大势所趋",此时的戏剧"以提倡人道主义为解决人生问题之关键,而吾之所谓平民戏曲者,乃出现于舞台之上矣"。他认为这种"平民戏曲"约可分为四种,一是"研究资本家与劳动家之问题",二是"改良法律问题",三是"描写人类堕落状况",四是"解放妇女问题",其他如宗教种族等问题也划入其中。这种戏剧"要皆具不平则鸣之趣旨,而为平民一吐气扬眉也"①。他的这种"民主文学"也好,"平民文学"也好,不正是对周作人"人的文学"、"平民文学"号召的进一步落实和具体化吗?

总起来看,《东方杂志》改版之后,在"文学改良"问题上以实际行动响应新文学运动号召,大量介绍西方现实主义思潮,广泛翻译各国写实主义文学作品,不仅使新文学作家眼界大开,而且为其创作提供了可供借鉴的广泛资源。更为可贵的是,这些译介者引进各种现实主义思潮时,往往将写实文学视为克服"旧文学"各种积弊的利器而加以提倡,号召新文学作家创作出"写实的"、"人生的"、"社会的"崭新文学,以

---

①　宋春舫:《戏曲上的德模克拉西之倾向》,《东方杂志》17卷3号,1920年2月10日。

代替阿谀雕琢的贵族文学、形式铺张的古典文学、迂回艰涩的山林文学，这并不单是对新文学运动的思想策应，更是对新文学建设的实际支持。

第十一章　《东方杂志》对西方现代文艺思潮的译介

1920 年,《东方杂志》易主后紧跟世界进步潮流,加大了对西方文艺思潮的引介力度。17 卷 1 号的改版社评这样表明译介取向:"本志以为能描写自然之美趣,感通社会之情志者莫如文学,而国人之治西洋文学者尚鲜,即有少数译籍,亦往往不能脱古文辞赋之结习,其与西洋文学将弥失其真,故今后拟以能传达真相之白话文,移译名家之代表作,使国人知文学之果为何物。"① 从 1919 年改版到 1926 年(22 卷)②,在短短数年时间内,几乎每期都有译介最新文艺思潮文字。要么梳理现代派思潮,要么翻译现代派作品,要么详评现代派作家,一时间,《东方杂志》成了引进西方先锋文艺的前沿阵地。这些引进思潮成分驳杂,有传统的现实主义及浪漫主义文学,有前卫的现代主义文学,也有介乎二者之间的"新浪漫派"文学。西方历时百年的文艺潮流,在一个凝缩的空间里被共时地呈现出来。

---

① 坚瓠:《本志之希望》,《东方杂志》17 卷 1 号,1920 年 1 月 10 日。

② 《东方杂志》22 卷之后,很少再有介绍西方文学思潮的专文,但仍然保留每期两篇翻译作品的传统。

一、对表现主义文艺的介绍

《东方杂志》对表现主义艺术潮流的引介，主要从两个维度上进行，一是表现主义文艺理论，二是表现主义文学创作。而系统介绍表现主义艺术理论的，则主要有两篇文章，一是 18 卷 8 号藤若渠所撰《柯洛斯美学上的新学说》，一是 24 卷 15 号朱光潜撰写的《欧洲近代三大批评学者》（三）。这是国内较早推介的意大利美学家克罗齐（Bendetto Croce，1866—1952）"表现"学说的两篇专文。

什么是"表现"？在解释这个概念之前，首先要解释什么是"美"。两个译介者不约而同地抓住了克罗齐理论的关键——美即直觉，认为"表现"是一种迥异于伦理的"知识"，它与"从知识而得知识"的普遍"伦理学"完全不同，"前者便是想象的产物，后者便是概念的产物"[①]。这就是说，世间"知识"有两种形式，一种是直观的知识，一种是伦理的知识，前者以直观认识事物，后者借助概念认识事物，而"表现"是属于前者，即美的范畴的。

在朱光潜的理解里，克罗齐的美学大厦就是建筑在"美即直觉"这个基础上的。他向中国读者介绍了克罗齐排在"美"前的四种"不是"——美不是物理的事实，不是功利的活动，不是道德的活动，不是"善"和"真"的活动。"美术即是直觉"一个定义，"打倒四种有悠久历史的学说，美学上的唯物观、唯乐观、道德观和概念观都不能成立了"[②]。从"美术

---

① 藤若渠：《柯洛斯美学上的新学说》，《东方杂志》18 卷 8 号，1921 年 4 月 25 日。

② 朱孟实：《欧洲近代三大批评学者》（三），《东方杂志》24 卷 15 号，1927 年 8 月 10 日。

即直觉"定义出发，朱光潜进一步分析了克罗齐定义的内在机制。认为，克氏之所以将美术与道德、伦理等分开别论，是因为其意识到了美术背后的情感作用，"美术即直觉"可以引申为"美术即抒情的直觉"，因为"在美术的直觉中情感与意象融合成一体，这种融合就是所谓'心灵综合'，所谓'创造'，所谓'表现'，总而言之，就是美术"①。

朱光潜向中国读者介绍表现说，并不限于忠实地译介原文，更多时候还注意结合中外文艺实践，进行创造性发挥。例如，他在阐述表现说的"正面意义"时，结合中外"文以载道"的现实，认为其最大功绩在于使文艺从伦理学、社会学的重重束缚中解放了出来。在他看来，在中国，"文以载道"的金科玉律束缚了文艺两千多年；在西方，以"道德"眼光论艺术的余波，不仅并未断绝，反有强化之势。在这种情势之下，克罗齐大胆倡导"美术超道德"，是有革命性意义的——它借精神活动的分工，把"美术"从"名学"、"经济"和"伦理"之中分离出来，赋予艺术以独立的地位。

朱光潜还向中国读者介绍了克罗齐关于内容与形式关系的重要观点。在朱光潜看来，克氏"美即直觉"的重要意义，不仅在于解决了聚讼纷纭的美术与道德关系问题，还抹平了内容和形式的长期争执。内容派美学家强调内容，形式派美术家强调形式，这两种主张都是对美术性质的误解，"单是内容不能成为美术；单是形式，世间就没有无内容的形式。美术之所以美，不在内容，也不在形式，而在内容与形式所发生的关系"②。这些观

---

① 朱孟实：《欧洲近代三大批评学者》（三），《东方杂志》24卷15号，1927年8月10日。

② 朱孟实：《欧洲近代三大批评学者》（三），《东方杂志》24卷15号，1927年8月10日。

念对执着于内容与形式二分的中国文化界而言，具有十分重要的启发价值。

除了理论译述之外，刊物还发表描述表现主义艺术源流的文字。在18卷8号上，署名"幼雄"的《表现主义的艺术》一文，着重介绍了表现主义绘画在欧洲的起源、发展及意义：

> 表现主义是代表后期印象派以后造形美术的一种新倾向，而尤以绘画上为最盛。表现主义的绘画是移住德国门占的一个俄国画家康定斯基等人所创立。大战以来，康定斯基在德国组织"新美术协会"……表现主义是和自然主义及印象主义极端反对的。自然派印象派都用印象来再演自然，表现派虽仍借自然及印象来表现自己的内界，然重在表现自然的"精神"，而不重自然的外观。他们感到自然为艺术的妨害物，谓模仿自然，实足以促成艺术的屈服与灭亡……印象派的画家，其心目完全受自然的支配，而表现派的画家为着表现其内界的意思，却要战胜自然，屈服自然，破坏自然，而以自然的破坏碎片组成自己的艺术品①。

这段文字不仅揭示了表现主义绘画的肇始地点，而且从绘画层面回答了表现主义发生的深层动因，即对客观的自然主义的反动，点出了表现主义的艺术精髓："回到灵魂去"。这和人们理解的文学表现主义是有很大相似性的，陈嘏在介绍19世纪德国作家滋德曼时，就把他视为一

---

① 幼雄：《表现主义的艺术》，《东方杂志》18卷8号，1920年8月10日。

个表现主义作家，认为表现派文学是对客观写实派文学的超越："他也是十九世纪末自然派文学者里面底一个人，他底著作态度也很尊重写实，但他不是莫泊三那一派完全客观自然主义底写实作家……他对于浓粗的写实主义实不满足，他觉得文学上底作物，不是仅仅写实就了事的。"文章介绍了滋德曼主要作品，如《名誉》（1890）、《梭托姆之最后》（1892）、《故乡》（1893）、《隐幸》（1896）、《约哈涅之火》（1900）、《生存之乐》（1902）等。认为其作品"大都取寻常家庭间事件为材料"，艺术上"只是以诗人直觉见解，描写世界，可以说他是个真面目的艺术家"①。

　　表现派艺术涵盖范围甚广，有绘画、诗歌、戏剧、小说等，但《东方杂志》介绍得最为充分的是表现派戏剧。相关文章有从整个流派发展着眼的，也有分国别（如意大利、德国等）出发的，不管是整体介绍还是个别介绍，都十分注重对这个艺术流派的追根溯源。概括起来，有社会背景上是对战后"唯物"倾向的反动，思想基础上是对科学主义的反拨，艺术上是对自然主义、写实主义的超越等特征：

　　　　自然主义和写实主义所做到的，不过是自然的再现，只要是忠实的描写、是纯客观的再现，因而应该是创造的艺术，却把创造的本体藏起来，而一心于苦虑如何做成一张"照片"……表现主义便是反对这一种艺术而起的，至少表现主义的精神是在这一点，就是要从外界的印象、自然的模仿、纯客观的自然再现等境地中跳出，而注重自我、尊崇主观，把

---

① 陈嘏：《十九世纪末德国文坛代表者》，《东方杂志》17卷15号，1920年8月10日。

自然及现世的实在，在自己的心内改造、变形而再表现出之。
想把为自然奴隶的人解放出来，在艺术的世界成为自然的支
配者，所以不是印象，是表现，不是自然及人生的再现而是
表出①。

超越客观说和再现说，超越自然主义与现实主义，专注于主观自我、倾
心于心灵直觉和艺术变形，这种艺术表现上的重要变化被很多论者所注
意。章克标在《德国的表现主义剧》一文中，结合魏特金（Wedekind）
和斯德林堡（Strindberg）的戏剧艺术，对表现主义戏剧的艺术倾向和
重要价值，做过精辟概括：

　　表现派是提出对象中最深奥的部分，显示最本质的所在，
他们是超越现象的世界，进入 Ding an sich 的，永远的世界，
以富有热情的灵魂为肯定的、积极的活动。所以他们对于心理
学的解剖所得到的各个人的运命、境遇、环境可以不顾，对于
表面所发现的事项，可以置之度外……没有个别的描写，没有
外形的束缚，只有纵横活动，向核心向本质的所在，跃进灵魂
的底奥。他们所趋向的，不单是个人的特殊的运命，是人类全
体的运命，是全人类所共通的本质，普遍的世界理想……他们
追求本质，更要直接表现，所以把一切特殊的、第二意义的东
西毫不顾惜的加以舍弃，由各别向全体，由特殊向普遍、向类
似、向典型再到象征②。

---

① 章克标:《德国的表现主义剧》,《东方杂志》22 卷 18 号, 1921 年 4 月 25 日。
② 章克标:《德国的表现主义剧》,《东方杂志》22 卷 18 号, 1921 年 4 月 25 日。

用"典型"和"象征"等手段，表现超现象世界，追求事物的本质，关注人类普遍命运，这段文字概括了表现主义价值追求和艺术手段的核心内容。

《东方杂志》所刊文章，还将"不主张考究布景，甚至连演剧台都可以废掉"的"专尚剧中人人物的表现的新艺术运动"介绍给中国读者："近代的剧场，经过多次的改革，和希腊的剧场，面目已是不同；但是戏剧上一切的革命，最大胆最奇特的，却要数最近的表现主义运动了。表现主义（Expressionismus）是专尚剧中人人物的表现的新艺术运动，所以不主张考究布景，甚至连演剧台都可以废掉。这一派的新艺术运动，目前在德国极为发达，有许多剧场都已把演台实行废除，这真要算演剧艺术上的一大变动了"[①]。该文描述柏林主演王尔德《朋步雷》（Bunbury）的情景是，整个德利本大剧场，没有舞台，只在观众席中，放一张茶桌，四只椅子，算做舞台布景。它还指出这种剧场艺术，跟我国旧剧场完全不同。"平常的剧场大概分为二部，前方是观剧座，后方是演台，以台前的环拱为界。在新剧场中这种设置完全废掉，观剧座就是演台，演台就是观剧座。演员和看客杂坐，他不是剧中的人物，不过是看客注意集中的人罢了。"[②]文章认为，当时柏林的德利本戏院、维也纳戏院等，都曾受表现主义影响，在小剧场创新方面作出了许多前卫的尝试，并指出这种先锋艺术已经过了试验期，被广泛传播到世界各地了。文章还借用伦敦《观察报》剧评家之言，对表现主义戏剧的编剧原则进行如下总结："世界便是个剧场，除世界以外便没有什么剧场，人并不是什么现象世界中反映出来的，人自己便足以代表现象世界。在人

---

① 马鹿:《戏剧上的表现主义运动》,《东方杂志》18卷3号, 1921年2月10日。

② 马鹿:《戏剧上的表现主义运动》,《东方杂志》18卷3号, 1921年2月10日。

的当中包含着'一切'。所以人是演剧的中心，不论什么东西来做装饰都是无用的。换句话说，作家、编剧家、演员的职务，都只是表现出新意义的人来。"① 这种新潮思想对于当时中国话剧艺术的发展无疑是有很大的启发意义的。

二、对象征主义文艺的译介

象征主义文学在中国的传播几乎与新文学成长同步进行。早在新文学萌蘖初期，陈独秀在《青年杂志》发文，将"俄罗斯之托尔斯泰。法兰西之左喇。那威之易卜生……为世界三大文豪。或称易卜生及俄国屠尔格涅甫。英国王尔德。比利时之梅特尔林克……为近代四大代表作家"②。他把王尔德、梅特林克、安德列夫等具有象征主义因素的作家一概称为自然主义作家。稍后，《新青年》4卷3号（1918年3月15日）发表周作人译作《童子 Lin 之奇迹》（小说）。周氏在译文前附有一段译者注，对小说的主题意蕴、作者象征手法有简略解说："Sologub 以'死之赞美者'，见称于世。书中主人，实唯'死'之一物……"，"Sologub 著作，意义多晦涩"，点出了其小说象征主义的若干特质。次年，周氏有意进行了象征主义的诗歌试验，在《新青年》6卷2号（1919年2月15日）上，他发表长诗《小河》，自觉地进行了象征尝试，他在小序中这样说：有人问他，这诗是什么体，连他也回答不出只是有点像法国波特来尔（Baudelaire）提倡起来的散文诗。"这里，他老实地点出了此诗

---

① 马鹿：《戏剧上的表现主义运动》，《东方杂志》18卷3号，1921年2月10日。
② 陈独秀：《现代欧洲文艺史谭》，《青年杂志》1卷3号，1915年11月15日。

与法国象征主义诗歌的渊源关系。实际上，在此前后新文学阵营已经在非常自觉地介绍象征主义文学了，如《新青年》4卷5号（1918年5月15日）发表陶履恭《法比二大文豪之片影》，初次将梅特林克的文学旨趣称为"表象主义Symbolism"；《新潮》1卷2号（1919年2月1日）在介绍鲁迅《狂人日记》时，也非常明确地指出其"用写实笔法，达寄托的（Symbolism）旨趣"。此后，新文学阵营对于"表象主义"文学的介绍逐渐多了起来。

改版之后，《东方杂志》也加入了象征主义的引进队伍。不过仔细比较起来，《东方杂志》介绍的重点，跟新文学派还是有所不同的。新文学派虽也比较全面地介绍象征主义，但兴趣所在似乎多限于诗歌领域；而《东方杂志》介绍的重心则在戏剧艺术方面。《东方杂志》改版之后，积极支持新文学，大力译介世界文学，但在诗歌改良即对新诗发展问题上，态度仍然暧昧不清。一个典型的事实是，从改版后的第二年即1921年（18卷）起，杂志撤下专载旧体诗词的"文苑"，然并没把这个阵地就此转给新诗。不仅如此，《东方杂志》似乎未刊一首新诗作品，更不要说象征派的诗歌了。

然而对于戏剧其态度就不是这样了。改版之后，《东方杂志》对西方戏剧情有独钟，象征主义戏剧被大量引进。通过作家介绍、作品译介，《东方杂志》将象征主义的若干特征揭示出来。首先是透过表象探讨深层意蕴。茅盾在翻译叶芝作品《沙漏》时，做了一段附言，详细介绍作品透过表象以达深层意核的象征主义旨趣，他说："《沙漏》一篇，是表象主义的剧本……夏脱主义是不要那诈伪的、人造的、科学的、可得见的世界，他是主张'绝圣弃智'的……这篇剧本的智叟即是表象理性的知识，愚公即是表现直觉的知识，照智叟的办法，大家所得的是怀

疑，决无真实，照愚公的办法——所谓赤子似的信仰心——才可以得到
'真'。篇中写智叟的生徒儿子和妻子，实在都没有彻底明白'可见'与
'不可见'，哪个是真哪个不是真，只因蔽于'理性的知识'，硬做出不
信，反正是盲从罢了，所以夏脱极端指斥。"① 王统照在《夏芝的生平及
其作品》一文中，也就《康台司凯则琳》一剧，借助叶芝之口，道出了
象征主义心物"契合"的特征："夏芝自己说，'此剧纯粹是象征，两个
恶魔，是世界。金子是单纯的眼的骄傲。农夫是在我们的心里。凯泽琳
仅仅是个灵魂，或是人的精神。她常常不断做出的牺牲来，且不断的良
好的原因的贡献，使自己束缚起来。而到末后，是胜利的和平，因为每
个高尚的运动，是在实在的和平中。'我们刊夏芝自己的话，这一剧的
主义所在，可以不用再为赘写了。"②

实际上，《东方杂志》译介者在戏剧文学上所发现的物我"契合"特
征，正是包括诗歌在内的所有象征派艺术的神髓。刘延陵在介绍法国象
征派始祖波特莱尔、凡尔伦、马拉梅时，曾这样概括象征的含义："用客
观事物抒写内心情调，用客观抒写内心就是以客观为主观的象征。"③ 高
蹈也认为象征的"主要意义，是用客观的物象描写主观的情调，这就是
以客观做为主观的征象，象征之名即由是而起"④。朱光潜也坚持这种观
点，"所谓象征就是以甲为乙底符号。……象征最大用处，就是把具体的
事物来代替抽象的概念……象征底定义可以说：'寓理于象'"⑤。

---

① 雁冰：《沙漏》"译者注"，《东方杂志》17 卷 6 号，1920 年 3 月 25 日。
② 王统照：《夏芝的生平及其作品》，《东方杂志》21 卷 2 号，1924 年 1 月 25 日。
③ 刘延陵：《法国诗之象征主义与自由诗》，《诗》月刊第 1 卷第 4 号，1922 年 4 月 15 日。
④ 高蹈：《近代欧洲文艺思潮史纲》，北平著者书店 1932 年版，第 320—325 页。
⑤ 朱光潜：《谈美》，转引自梁宗岱：《诗与真》，中央编译出版社 2006 年版，第
68 页。

理解了客观 / 主观、物 / 我、具象 / 抽象这种二元对位原理，早期现代派文学译介者在翻译外国作品的同时，结合具体文本为中国读者进行了关于象征派文学的引导解读。在《东方杂志》17 卷 10 号上，刊有一篇安得列夫的《蓝沙勒司》，沈雁冰在"编者附识"上提示读者，"这篇蓝沙勒司，是安得列夫杰作之一，是讨论'死'的，全篇是象征主义，篇中的蓝沙勒司，便是象征'死'的"。他还把这层意思充分展开，具体阐释为：

> 篇中写一切人见了"死"的瞪视，生命的机械便停止了；哲人见了"死"的瞪视，也无所施其智慧了；哲人见了"死"，方知在"无穷"之前，智愚是没有什么分别了。只有超人的力量，抱超乎众人的志愿的人，能够不被"死"的瞪视所慑；篇中所说的奥格斯德王，便是用以表象这一类人的。我们若单从表象主义一面，看这篇"蓝沙勒司"，可说蓝沙勒司是表象"死"，"死"又表象恐怖和冷酷——也就是表象一切世上无人道无理性的事①。

东方译介者不仅阐释了象征主义戏剧的物我契合特征，还注意到了其神秘主义的艺术趣向。实际上，神秘——作为象征主义艺术的核心要素，中国诗人很自然地接受了这一点。他们认为，象征的"特征是神秘的色彩，象征的手法，超自然的材料。"②甚至认为象征诗学的第一特征

---

① 雁冰：《蓝沙勒司》"编者附识"，《东方杂志》17 卷 10 号，1920 年 5 月 25 日。

② 馥泉：《文艺上的新罗曼派》，《民国日报·觉悟》1922 年 7 月 9、10 日。

就是"追求神秘"①。因此，中国译介者普遍同意将"神秘倾向"列为象征诗学的根本特征，"所谓文艺上的象征主义，乃是意识地用象征当作品底中心的根本主义，他有神秘的倾向，追念神秘的世界暗示恍惚幻境"②。在《东方杂志》上，一些译者在推介西方戏剧文学时也注意到了这些作品的"神秘"倾向。他们把人物背后的支配性因素称为"超人"力量：

> 梅德林克的戏剧常常叫做"象征派""静力派"和别的名称。他不喜欢人家拿他来归类……他在写给克拉克的信里说，"你不要把这个静力（statie）字看得太重。这是我年轻时发明的一个学说，同别的文学上的学说一样的没有价值。一篇戏剧无论他是静力的，动力的，象征的或是写实的，这是完全没有关系的。最要紧的是这戏写得好不好，思想好不好，是不是属于人生的，或者——如果做得到——属于超人的。""超人"是梅德林克最得意的见解，除了《摩娜娃娜》外，他的剧本，都带有超人的色彩③。

他们将这种"超人"的东西称为戏剧艺术的"第四量"，意为它是"长"、"阔"、"深"之外的第四个因素，我们可以称它为"神"。在他们看来，这种艺术特质不仅仅体现在梅特林克等现代派戏剧家身上，也体现在

---

① 穆木天：《什么是象征主义》，收入傅东华编：《文学百题》，上海生活书店 1935 年版。

② 洁苏：《艺术上的象征主义》，《京报》副刊《复活》，1933 年 9 月 20、21 日。

③ William Lyon Phelps 著，孔常译：《梅德林克评传》，《东方杂志》18 卷 4 号，1921 年 2 月 25 日。

易卜生等现实主义剧作家身上，是一种普遍的倾向，"无论那一个人的好著作，总有三个量：长，阔，深；便是；若使这是一个有天才的著作，那就包含第四量了。在易卜生的戏剧里就看得出这第四量"①。因此，中国的译介者特别强调象征派戏剧的"晦"，即晦暗朦胧的艺术特质。他们进一步揭示，造成艺术旨趣之"晦"的深层根源，在于"神秘环境"的"压迫"，"梅德林克的晦，和别人的晦不同，不是由于文字结构上的不明；他的晦是由于他时常觉得他被周围的神秘所压迫。他想用简明的言语给读者一种双重的印象——无穷的远和狭隘的囚居"②。

三、对未来主义文艺的介绍

除了弗洛伊德主义，未来主义艺术也是其重点介绍对象。对于这个涉及绘画、舞蹈、雕刻、诗歌、戏剧等多个艺术领域色彩的先锋文艺思潮，新文学界的介绍也少之又少，《东方杂志》的引介可谓补了新文学的一大缺漏。不过，它的译介最初是转自东瀛的。《东方杂志》11卷2号上，转录了《新日本杂志》的《风靡世界之未来主义》，成为《东方杂志》介绍未来主义的第一篇文章。该文对未来主义的产生背景、发生缘由、艺术旨趣等做了全面的介绍，指出其主要特征一是倡导"旧文明之破坏"及"现代机械文明之赞美"，二是对战争的赞美，对现代之"力"

---

① William Lyon Phelps 著，孔常译：《梅德林克评传》，《东方杂志》18卷4号，1921年2月25日。

② William Lyon Phelps 著，孔常译：《梅德林克评传》，《东方杂志》18卷4号，1921年2月25日。

的礼赞。杂志转型后，相关介绍专文渐渐多了起来，在 18 卷 20 号上，宋春舫发表《现代意大利戏剧之特点》，除介绍意大利未来派戏剧的发展情况外，还指出产生的内外两种原因。从内部看，是古代文化对新生力量的压抑，"盖有鉴于意人之活泼理想，太为古代文化所束缚，春蚕作茧，解脱无由，反对之来，固其宜也。"① 从外部说，是由于法国艺术的影响，"意法两种族相同"，艺术趣味的相近，盛行于法国的独幕剧法国戏剧深刻影响意大利，并在意国衍生出独具一格的新艺术形式 ②。

除了发表专文予以介绍之外，杂志还辟出版面发表未来派剧作。在 18 卷 13 至 14 号上，《东方杂志》连续两期连载意大利未来派的五个剧本(13 号有《换个丈夫》、《月色》、《朝秦暮楚》、《只有一条狗》；14 号有《眼睛闭了》)，并约请戏剧专家结合案例概括特色。宋春舫在剧本前提示读者，"未来派的学说，以及他们对于戏剧改良的表示，完全是一种'狂人'的学说。他们所刊的剧本，也是'狂人'的剧本"③。对于国人并不熟悉的剧种，他结合作品总结出四条规律：其一，它是"一种'没理由'的滑稽剧"："你想死过了的人，哪里还能活转来呢？即使活了过来，哪里还有胆量叫别人去死呢？……据未来派的意思，全世界无非是一个大游戏场罢了。无论怎样严重的悲惨的事，他们看起来，总是一种玩笑的好题目。病院里的病人，不应该躺在床上呻吟，应该身上穿了红红绿绿的衣服，脸上涂了青黄黑白的颜色，给旁的病人看"。其二，从篇幅上来看，"大多是单幕短剧……有时候短的简直不成样子，只有一只狗那一出戏，连题目也不过三十多个字，演的时候，一定也只要几秒钟罢

---

① 宋春舫：《现代意大利戏剧之特点》，《东方杂志》18 卷 20 号，1921 年 10 月 25 日。
② 宋春舫：《现代意大利戏剧之特点》，《东方杂志》18 卷 20 号，1921 年 10 月 25 日。
③ 宋春舫：《未来派戏曲四种》，《东方杂志》18 卷 13 号，1921 年 7 月 10 日。

了"。他解释说，未来派之所以崇尚短剧，跟其奉行的人生哲学有关，"要晓得未来派的人，是崇拜'速力'的，一辆八匹马力的汽车，是比维纳司圣马可的礼拜堂美得多呢。他们这种见解，也无非是反对现时通行的戏曲，少则三幕，多则五幕，内中一定有许多人物及说白。都是戏剧家拿出来敷衍我们的，与剧中的情节，简直是'风牛马不相及'……人寿至短，吾们哪里有功夫来看这种无聊的东西呢"。其三，未来派戏剧反对神秘主义，也没有宗教观念，注重的是"现在"，是看得见的东西，"《月色》中的那个极肥胖、肚子凸出的老先生，并不是个鬼，不过那两位情人接吻接得太起劲了，所以没有看见他。……要晓得未来派是丝毫无宗教观念的，他所注意的是'现在'，是'看得见'的。'鬼神'两个字，未来派字典中是没有的"。其四，未来派之所以产生于意大利，是有其特殊的历史缘由的，就是前面已说的传统力量过于强大，未来派艺术家想借助这种新潮艺术，对强固的传统惰性来一次新的洗礼，"意大利除了希腊以外，是欧洲最古的国，国人的脑筋跟我们中国人差不多，只晓得崇拜古人，新思想都被那历史观念吸尽了……所以引起了这一种反抗力"[1]。

戏剧之外，《东方杂志》还向中国读者推介未来派艺术在舞蹈、音乐等领域的渗透。概括起来看，未来派对舞蹈艺术的影响，是把舞蹈变成对机械文明的一种"模拟动作"；对音乐艺术的影响，是把音乐变成了一种"用固形物体，流质，或压榨气体震动所成"的"喧声"[2]。总之，未来派艺术是一种旨在打碎旧秩序，对现存艺术秩序怀有强烈质疑与抵制的先锋文艺潮流。"总之未来派的艺术方法，主旨是在于反对一切因

---

① 宋春舫：《未来派戏曲四种》，《东方杂志》18 卷 13 号，1921 年 7 月 10 日。

② 马鹿：《未来派跳舞》，《东方杂志》18 卷 9 号，1921 年 5 月 10 日。

袭的东西凡是从前人说'是'的，未来派便说'否'；从前人说'否'的，未来派便说'是'"①。

四、对精神分析学说的推介

《东方杂志》成为中国引进精神分析学说的首批重要阵地，有以下几个明显的标志，一是率先对弗洛伊德学说的全面介绍。早在18卷14号（1921年7月）上，就刊载朱光潜撰写的文章《福鲁德的隐意识说与心理》，从潜意识与梦的心理、潜意识与神话、文艺、教育、宗教以及神经病之间的关系等八个方面，对精神分析学说做全方位描述，其中特别提到了其与文艺的关系："我们的心境简直是一个战场：一方面习俗教育宗教法律所范围的意识处于防守地位，时时坚壁固垒，以备不虞；一方面被压制到隐意识里去的童心兽欲，又时时枕戈待旦，相机而动。"将人的意识分为潜、隐两个层面，从隐意识层面探讨文艺发生的心理机制，这种理论不仅颠覆了周公解梦式的旧有解梦方法，而且冲破了从社会历史角度单一地理解文艺产生根源的藩篱，这对于中国文艺理论界而言，无疑吹进了一股清新的空气。

二是比鲁迅等更早地译介厨川白村。鲁迅是现代中国较早系统介绍厨川白村文艺理论的翻译家，但据先生自述，在他前面译介厨川氏理论的至少有两个人，一是文学研究会的丰子恺，一是《东方杂志》上的"仲云"。依先生日记，1924年12月30日鲁迅尚在"校《苦征》印

---

① 马鹿：《未来派跳舞》，《东方杂志》18卷9号，1921年5月10日。

稿"，直到 1925 年 2 月"校讫"，① 同年 3 月作为《未名丛刊》之一，"由北京大学新潮社代售，后改由北新书局出版。"② 不过，《东方杂志》所刊并不是全译本，而是属于精选核心内容的节选本。仲云节译内容主要是《苦闷的象征》中若干"根本问题"，如白日梦、潜意识、二重人格等，当然，重点所在是它们与文艺的内在关系。关于潜意识，它以莫泊桑《项链》为例，具体分析了"作家无意识心理的底下是潜伏着何种东西"，并由此提出了文艺创作中象征的来源问题，"凡对于所描写的事，能美妙地加以象征的；或者其事虽系间接经验，甚至是虚构的，只要能如直接经验或实有其事般描写得出来，都可以说是有伟大的艺术价值。因为文艺是和梦一样，全在其象征的表现法的"③。关于双重人格，它以历代高僧的生活为例，指出其矛盾人格的根源所在："从前归心于道而度其极端的禁欲生活的高僧，常有歌颂恋爱的诗文；因是，一般人遂多致疑于他的行为，以为必有不可告人之隐。夫僧侣既名为人，则在其直接经验上虽无恋爱事件，在其体验的世界，亦岂能无美女、无恋爱？他不过对于性欲加以压抑作用罢了。当然，这在其心坎上是有损伤的。故我以为他们的所以表现为如梦般的诗歌，也是在意中事"④。历代高僧的恋爱诗歌，被其视为"二重人格与人格之分裂"："人性之所以有矛盾，盖即由于我们有人格之分裂与二重人格。申言之，即一面具着罪恶性，惟有平日的压抑作用，故多被压入无意识中不能现于意识的表明。然而一旦

---

① 《鲁迅全集》（14），人民文学出版社 1995 年版，第 524 页。

② 《鲁迅全集》（10），人民文学出版社 1995 年版，第 233 页。

③ 厨川白村：《文艺上几个根本问题的考察》，仲云译，《东方杂志》21 卷 20 号，1924 年 10 月 25 日。

④ 厨川白村：《文艺上几个根本问题的考察》，仲云译，《东方杂志》21 卷 20 号，1924 年 10 月 25 日。

入于催眠状态或至于如歌咏那样自由创造的境地时，则此罪恶性与性的渴望常突然跃出意识的表面，一般善人或高僧之所以有与平日意识状态绝不相似的行为或歌咏，便是这个缘故”①。

特别引人注目的是杂志自觉将精神分析理论运用于文学创作方面。在《东方杂志》21 卷 20 号上，排在厨川白村的译文后页的，便是张资平的创作小说《梅岭之春》。编辑在处理这两篇稿件时，有意对二者进行了空间上的对等编排，编辑意图非常明显。我们知道，《梅岭之春》是具有浓厚弗洛伊德主义色彩的作品，它写了少女保瑛对堂叔的不伦之恋。保瑛是一位情窦初开的少女，当她初到堂叔父家帮他带小孩时，听仆人章妈说，“吉叔是个正正经经的、脸色很可怕的人”，她不禁产生了一种敬畏的心理。见面后，看见吉叔是个三十多岁的教书先生，又乐意与她攀谈，逐渐由敬畏、戒备而变为喜欢与亲近。随着时间的推移，保瑛晚上带小孩，白天与叔父同上学、同回家，被同学们讥笑为“就像两夫妇般”。在新的环境面前，保瑛的心理状态便产生了微妙的变化。她觉得叔父有一种“怪力”在吸引着她。小说揭示了保瑛对叔父由敬畏到爱慕的心理发展过程，这是典型的恋父情结症候。杂志后来还有意编发了郭沫若的小说《喀尔美萝姑娘》等。这些作品都是新文学初期以精神分析学说套作小说的典型范例。

以上简单梳理了四种文艺思潮的译入情况，其实杂志引进的远远不止这几种，达达主义、超现实主义、意象主义等，都有零星涉及。需要指出一点，当时杂志对这些先锋艺术，归类是比较笼统、模糊，甚至是错误的，例如他们多将现代派与“新浪漫派”画上等号，“新浪漫派之

---

① 厨川白村：《文艺上几个根本问题的考察》，仲云译，《东方杂志》21 卷 20 号，1924 年 10 月 25 日。

戏剧，可分析如左：（一）象征主义（比国之梅德林克等）；（二）纯粹浪漫派（法之落司唐）；（三）心理派（法之 Croisset 等）。顾象征派与写实主义未尝不可相合。如易卜生固为写实派者，而其 *When We Dead Awaken* 一剧，纯乎玄妙主义。进而言之，司脱林保（Strindberg）反对妇女也最酷，持自然主义也最力，而于 Swanwhite 等剧，更何尝不浸润于象征主义之说哉！"[1] 实际上"新浪漫主义"仅是浪漫派与现代派之间的过渡形式，二者不论出现时间还是思想艺术都不在一个层面。

当然也有将二者分得很清楚的，例如宋春舫就认为现代派是出现在新浪漫派之后，是对后者的超越与反动，他以德国表现派与新浪漫派为例，说明了前者与后者的区别：

> 表现派所反抗者，为新浪漫派、神秘派及其他种种。新浪漫派之人生观，以为人类之躯壳，直同"鸽巢"，故其环境，亦无足重轻。夫尘世虚空，本为一般理想家宗教叫所承认，然此种观念，足以使"势力""情感""争斗"，无存在之余地，而人类将归灭绝。然则清净无为，直毁灭人类之代名词耳。故表现派一方面承认世界万恶，一方面仍欲人类奋斗，以剪除罪恶为目的。吾人对于外来之影响之印象，宜抱主动之态度，正不必如新浪漫主义派，以人类永处客观之地位，而为被动之目的物也[2]。

这就是说，出现在新浪漫派之后的现代文艺，不论思想观念，还是

---

① 宋春舫：《近世浪漫派戏剧之沿革》，《东方杂志》17 卷 4 号，1920 年 2 月 25 日。
② 宋春舫：《德国之表现派戏剧》，《东方杂志》18 卷 16 号，1921 年 8 月 25 日。

艺术追求，都是全新的。

《东方杂志》编撰对现代文艺的归类，虽然不太切合文学史的事实，却比较符合其剪裁文学史的观念——进化主义。自然派、浪漫派与现代派的关系，在他们心中不仅是一个时间系列，而且也是一个价值系列，是后者对前者的超越秩序。他们认为，三种艺术流派之相异，固然各因对"事实"处理方式的不同，但在时间系列上的先后也是一种"进步"关系：自然派像科学家一样，"把事实（fact）只当做事实给我们看"；浪漫派前进一步，"把这事实底存在，有什么意义，这事实的成立有什么理由，说个明白"；新浪漫派则更进一步，不仅要揭示"事实"、还要找出"事实"的意义，探求"探求那潜伏在这件事实里面底神秘的方面"："新浪漫主义，所以和旧浪漫主义不同，就是因为含有现实感和科学底观察底分子，同自然主义一样。最近底新文艺，一面能够描写实人生底一件事情，而不受实人生底事实所束缚，一面又能抒写超自然，却决不是脱离实人生的文艺……新浪漫派所以喜欢用神秘底色、象征底笔，无非借了他来暗示潜伏在人生里面的物事，只是一种手段"①。可以说，他们是用一种"进化史"的眼光来观察文学演化进程的：写实主义是对古典主义的进步，浪漫主义是对写实主义的超越，"新浪漫主义"无疑是对浪漫主义的革命，西方文艺发达史就是从古典到现代的辩证运动史。其所谈对象看起来是欧美文艺，总结的也是西方文艺发展规律，但言外之意不言而喻——中国文艺是否也应超越古典主义、跨越写实主义、超越浪漫主义，而走向一种新的综合辩证的高度呢？

---

① 昔尘：《现代文学上底新浪漫主义》，《东方杂志》17 卷 12 号，1920 年 6 月 25 日。

结语：反思、对话与策应、充实

——《东方杂志》与新文化运动关系的两个面相

作为近代中国颇有影响的综合性文化刊物，《东方杂志》最有神采的时期是在杜亚泉时期（1911—1919）和后杜亚泉时期（1920—1932）。这两个时期有"变"的一面，也有"通"的一面。从"变"的方面看，放弃"特殊国情说"，拥抱现代文明，其文化态度和编辑方针，确实发生了很大的变化；而从"通"的一面看，其稳健、持重的文化态度以及务实、建设的作风又一以贯之，因此，其前后变化并非"断裂性"的变化，而是一种策略性的变化。

杜亚泉下野之后，钱智修主持笔政，胡愈之等辅助编务，整体上刊物文化态度更为开放，编辑视野更为广阔，一时之间译介了大量的海外现代思潮，不仅对五四新文化运动进行了有力策应，而且对新文学向纵深发展提供了思想资源。然而，检视细节时我们会发现，他们在处理西方思潮、提出建设方案时，还是与新文化派有不小的差异。因此，"后杜亚泉时期"也只是《东方杂志》的"修正期"而已，它与新文化运动是一种既"同心"又"离心"的关系：一方面积极响应新文化派号召，大量引进西方现代文学思潮，译介西方各派作家作品，为新文学建设提供足够的摹本资源；另一方面则以隐晦或迂回的方法，坚守自己的文化主张和变革策略。

集聚在《东方杂志》周围的是一个具有传统人文情怀的知识分子群体，有蔡元培"顾问"、张元济"把关"、梁启超等"襄助"、杜亚泉"主持"，中庸思维的深入骨髓，决定了这个团体在"古今中外"关系问题上与新文化派的冲突不可避免。1919 年杜亚泉下野，看起来刊物态度发生了很大变化，但"调和"的思想方法并没有发生根本性改变，对西方三大西哲的译介及处理就是典型的例子。选择罗素、泰戈尔和杜威等对中国文化有着明显偏爱的三位"西哲"并进行浓墨重彩的绍介，本身就是编辑群体文化态度的显现，更何况带有如下倾向性的点评："此外尚有一椿值得回忆的事，就是：欧战以后，伧父先生继续发表的东西文化论。此事虽曾经引起论坛的反驳，而且在今日时代落伍的中国，是不是可以提倡东方文化，也是一个问题，但是西洋文明的已露破绽，要为不可掩的事实。伧父先生在罗素尚未来华之前，即已有此种大胆的批评；而其批评的观点，基于中国正统派的儒家思想，亦较罗素之仅能窥见老庄一派的皮毛，更为切题：就文字的本身而言，终是可以佩服的"①。这段文字至少说明了两个问题：一是关于东西文化问题，"伧父先生"早就有先知先觉的高论，罗素等人的论述无非再次印证了伧论的正确性而已；二是"伧父"先生（杜亚泉）的衣钵仍然存在，并不因为他的下野而有所改变，不过在编辑和表达方面更为隐晦和含蓄罢了。

当然，其与新文化运动除了这种紧张对话，还有一种策应和充实关

---

① 坚瓠：《本志的二十周年纪念》，《东方杂志》21 卷纪念号（上），1924 年 1 月 10 日。

系。《东方杂志》对新文学的贡献，最主要的方式是凭借雄厚的人才和知识资源，广泛翻译介绍外国文学各种思潮，为新文学运动全面发展提供滋养材料，为新文学建构提供学习范本。"后杜亚泉时期"（1920—1932），正是新文学运动从萌蘗到发生再到发展的关键时期，《东方杂志》翻译的外国文学作品之多、引进的作家之众、介绍的流派之全、持续的时间之长，在当时国内期刊界称得上首屈一指。杂志明确宣告引进西方各种流派思潮的目的："翻译文艺和本国文艺思潮的发展，关系最大……今后最要紧的便是翻译近代写实主义的代表著作，因为新兴的象征主义神秘主义，和我国文艺思想，隔离尚远，惟有写实文学，可以救正从前形式文学、空想文学、'非人'的文学的弊病"①。通过大量翻译引介，为中国新文学提供有力范本，这也是胡适等新文学家所反复强调的译引原则。

除了策应，还有充实。《东方杂志》对新文学成长做了两件实实在在的事情，一是引进批评概念，建立现代文学批评。《东方杂志》系统介绍西方各派批评方法，对尚在起步阶段的中国现代文学批评起到了重要的示范作用。二是大量翻译西方戏剧，促进中国戏剧改良。杂志不仅大量翻译现实主义和浪漫主义戏剧，还广泛绍介包括象征主义、未来主义等在内的先锋戏剧，为中国现代戏剧发展输入了新的观念、提供了新的经验。

总起来看，在新文化、新文学发生发展的关键时期，《东方杂志》以特有的方式参与、介入了这场文化革命活动，它以独立的反思、对话活动，对新文化运动的偏失进行有力纠正；它以切实的译介和引进活

---

① 愈之：《近代文学上的写实主义》，《东方杂志》17 卷 1 号，1920 年 1 月 10 日。

动，对新文学运动进行了适时的策应和落实。这种对话关系连同对话内容，一起构成了中国新文化伟大的复调传统；这种策应关系也连同策应内容，一起成为中国新文学丰富内涵的一部分。

附录:《东方杂志》翻译外国文学作品一览 (1920—1931)

17 卷 1–24 号

作品名称	卷数、时间	国别、著译者	文体、流派	备注
《业障》	17 卷 1 号, 1920-1-10	瑞典斯特林堡; 铁樵	小说	译者将其视为"写实派巨子"
《一个阔绰的朋友》	17 卷 1 号, 1920-1-10	俄国契呵夫; 仲持	小说	写实
《学生》	17 卷 1 号, 1920-1-10	英国王尔德; 愈之	小说	
《骷髅》	17 卷 2 号, 1920-1-25	印度台莪尔; 雁冰	小说	
《一桩小事》	17 卷 2 号, 1920-1-25	俄国迦尔洵; 愈之	小说	译者附言:"深刻真实的心理描写";转译自英文
《鬼》	17 卷 3 号, 1920-2-10	法国莫泊三; 铁樵	小说	译者附言:"最代表的自然派作家……这篇更是赤裸裸的现实描写"
《圣诞节的客人》	17 卷 3 号, 1920-2-10	瑞典罗格孚; 雁冰	小说	译者:"写实其形式,而理想其精神"
《唔唔》	17 卷 4、5、 6 号,1920- 2-25	俄国都介涅夫; 愈之,仲持	小说	写实
《铃儿草》	17 卷 4 号, 1920-2-25	法国莫泊三; 铁樵	小说	写实

续表

作品名称	卷数、时间	国别、著译者	文体、流派	备注
《沙漏》	17卷6号，1920-3-25	爱尔兰夏脱；雁冰	剧本	译者注"是表象主义的剧本"
《自残》	17卷7号，1920-4-10	法国鲍尔札克；铁樵	小说	译者识"一边可说是浪漫主义的殿军，一边又可说是自然主义的前驱"
《他是谁》	17卷7号，1920-4-10	俄国乞呵夫；CS生	小说	写实
《人与兽》	17卷8号，1920-4-25	英国华曾；恽震	小说	"专用深刻的笔意，描写自然的意境"
《莺和蔷薇》	17卷8号，1920-4-25	英国王尔德；愈之	随笔	唯美派、恶魔派、颓废派
《三死》	17卷9、11号，1920-5-10	俄国托尔斯泰；愈之	小说	写实
《蓝沙勒斯》	17卷10号，1920-5-25	俄国安德列夫；明心	小说	雁冰附识"全篇是象征主义"
《冷眼》	17卷11号，1920-6-10	俄国陀思妥耶夫斯基；铁樵	小说	译者识"描写多是堕落社会的事情，心理分析"
《撞钟老人》	17卷12号，1920-6-25	俄国柯洛涟科；济之	小说	译者识"取材于本地风光"
《为母的》	17卷12号，1920-6-25	法国巴比塞；雁冰	小说	"体裁算得是写实派，但思想决不是写实派，可说是新理想派"
《皇家的圣诞节》	17卷13号，1920-7-10	法国高贝原；冠生	小说	写实
《阴雨》	17卷13号，1920-7-10	俄国乞呵甫；济之	小说	写实
《赛根先生的山羊》	17卷14号，1920-7-25	法国都德；冠生	小说	译者："写实主义而兼印象主义"
《和平会议》	17卷14号，1920-7-25	美国佩克	戏剧	
《诗人》	17卷15号，1920-8-10	俄国高尔基；仲持	小说	写实

作品名称	卷数、时间	国别、著译者	文体、流派	备注
《哲学教授》	17卷15号，1920-8-10	俄国高尔基；仲持	小说	写实
《母亲能够受多少苦》	17卷16号，1920-8-25	比利时康迅思；李妃白、胡天月	小说	
《遗帽》	17卷16号，1920-8-25	爱尔兰唐珊南（Dunsany）；	戏剧	（新浪漫主义）象征主义
《陆士甲尔的胡琴》	17卷17号，1920-9-10	俄国乞呵甫；愈之	小说	写实
《市虎》	17卷17号，1920-9-10	爱尔兰葛雷古夫人	戏剧	写实
《心声》	17卷18号，1920-9-25	美国亚伦坡；雁冰	小说	译者"幻想的、非人间的"
《痴》	17卷18号，1920-9-25	法国莫泊三；冠生	小说	写实
《一株棕树》	17卷19号，1920-10-10	俄国迦尔洵；济之	小说	"寓言小说"，象征主义
《五千法郎》	17卷19号，1920-10-10	法国莫泊三；冠生	小说	写实
《消极抵抗》	17卷20号，1920-10-25	俄国高尔基；愈之	小说	写实
《婚姻掮客》	17卷20号，1920-10-25	英国单维尔；仲持	小说	"字里行间充满着滑稽、忠实、热诚种种质素"
《革命党》	17卷21号，1920-11-10	俄国阿采巴希甫	小说	
《海上公主》	17卷21号，1920-11-10	法国罗思丹；冠生	戏剧	新浪漫主义
《父母之心》	17卷22号，1920-11-25	法国缶友；冠生	小说	宗教文学
《旗》	17卷22号，1920-11-25	俄国迦尔洵；仲持	小说	"寓言小说"，象征主义
《丧事承办人》	17卷23号，1920-12-10	俄国布雪金；愈之	小说	"俄国最大的浪漫诗人……也是写实作家"

续表

作品名称	卷数、时间	国别、著译者	文体、流派	备注
《海上》	17卷24号，1920-12-10	西班牙伊白涅兹；愈之	小说	写实
《疯妇》	17卷24号，1920-12-25	法国莫泊三；傅睿	小说	写实

18卷1-24号

作品名称	卷数、时间	国别、著译者	文体、流派	备注
《知事下乡》	18卷1号，1921-1-10	法国杜德；冠生	小说	译注"写实与自然主义之折衷"
《捉迷藏》	18卷1号，1921-1-10	俄国梭罗古勃；配岳	小说	译注"神秘派代表作家"
《爱情的胜利》	18卷2号，1921-1-25	印度台莪尔；邓演存、朱朴	小说	
《欢乐的家庭》	18卷2号，1921-1-25	德国滋德曼；愈之	小说	
《三堆口沫》	18卷2号，1921-1-25	俄国梭罗古勃；愈之	寓言	
《试验》	18卷3号，1921-2-10	法国莫泊三；瘦鹃	小说	
《那怎么样呢》	18卷3号，1921-2-10	俄国梭罗古勃；愈之	寓言	
《房屋出卖》	18卷4号，1921-2-25	法国都德；翟毅夫	小说	
《一个老公公和一个老婆婆》	18卷4号，1921-2-25	俄国梭罗古勃；愈之	寓言	
《退位》	18卷4-5号，1921-2-25	俄国普塔班古原；配岳	小说	
《归家》	18卷5号，1921-3-10	印度台莪尔；仲持	小说	
《投票》	18卷6号，1921-3-25	日本菊池宽；仲持	小说	用心理分析手法描写历史
《旧制服》	18卷6号，1921-3-25	法国高贝原；真常	小说	

续表

作品名称	卷数、时间	国别、著译者	文体、流派	备注
《牧羊人亚利》	18卷6号，1921-3-25	俄国托尔斯泰；锡麒	小说	
《小间谍》	18卷7号，1921-4-10	法国杜德；瘦鹃	小说	
《二月花的故事》	18卷7号，1921-4-10	法国佛郎西，李玄伯	小说	
《一个庄主的女儿》	18卷8-9号，1921-4-25	俄国布雪金；仲持	小说	
《巨汉与小孩》	18卷8号，1921-4-25	英国王尔德；朱朴	童话?	
《哥力尔师傅的秘密》	18卷9号，1921-5-10	法国杜德；真常	小说	
《玛莎》	18卷10号，1921-5-25	印度台莪尔；邓演存	小说	
《台谋卡耶》	18卷10号，1921-5-25	俄国库普林；仲持	小说	
《残花》	18卷11号，1921-6-10	俄国安德列夫；仲持	小说	
《美发与圣诞节的礼物》	18卷11号，1921-6-10	美国欧亨利；俞长源	小说	
《飞翼》	18卷12号，1921-6-25	俄国梭罗古勃；郑振铎	小说	
《村之光荣》	18卷12号，1921-6-25	俄国高尔基；秋心	小说	
《金钱》	18卷13号，1921-7-10	意大利邓南遮；范邶	小说	
《久米仙人》	18卷13号，1921-7-10	日本武者小路实笃；蕴玉	小说	
《平等》	18卷13号，1921-7-10	俄国梭罗古勃；愈之	小说	
未来派戏剧四种	18卷13号，1921-7-10	宋春舫	戏剧	
《B的自述》	18卷14号，1921-7-25	日本武者小路实笃；伧叟	小说	

续表

作品名称	卷数、时间	国别、著译者	文体、流派	备注
《芳名》	18卷14号，1921-7-25	俄国梭罗古勃；愈之	小说	
《眼睛闭了》	18卷14号，1921-7-25	意大利西康陀；宋春舫	戏剧	
《那个可怜的办事员是怎样死去的》	18卷15号，1921-8-10	俄国乞呵夫；宋春舫	小说	
《一死一生》	18卷15号，1921-8-10	法国曹拉；瘦鹃	小说	
《瞎子》	18卷16号，1921-8-25	法国莫泊三；孟侃	小说	
《利他主义》	18卷16号，1921-8-25	德 国 Karl Ettlinger；仲持	小说	
《神父所孚罗纽斯》	18卷17号，1921-9-10	希腊蔼夫达利阿缔思；周作人	小说	
《老妇人》	18卷17号，1921-9-10	俄国都介涅夫；松山	散文诗	
《复活节的前夜》	18卷20号，1921-10-25	俄国乞呵夫；范郇	小说	
《秋之火》	18卷20号，1921-10-25	瑞典淮特；愈之	戏剧	
《娜耶》	18卷21号，1921-11-10	匈 牙 利 Xaver Sander Gjalki；仲持	小说	
《途中》	18卷21号，1921-11-10	日本德田秋声；蕴玉	小说	
《雕的心》	18卷22号，1921-11-25	俄国爱罗先珂；鲁迅	童话	
《带王冠的妇人》	18卷22号，1921-11-25	俄国梭罗古勃；松山	小说	
《劳动家的金表》	18卷22号，1921-11-25	日本金子洋文；俞寄凡	小说	
《圣诞树前的贫孩子》	18卷23号，1921-12-10	俄国陀斯妥以夫斯基；仲持	小说	

作品名称	卷数、时间	国别、著译者	文体、流派	备注
《亚米尔加怎样救他的儿子》	18卷23号，1921-12-10	法国福罗贝尔；冠生	小说	
《金鱼》	18卷24号，1921-12-25	日本铃木三重吉；周作人	小说	
《潮水涨落底地方》	18卷24号，1921-12-25	爱尔兰唐珊南；余愉	小说	

19卷1—24号

作品名称	卷数、时间	国别、著译者	文体、流派	备注
《为人类》	19卷3号，1922-2-10	俄国爱罗先珂；鲁迅	小说	
《幸福的船》	19卷4号，1922-2-15	俄国爱罗先珂；丏尊	小说	
《这是一个梦吗?》	19卷4号，1922-2-15	法国莫迫三；高远公	小说	
《五月里》	19卷4号，1922-2-15	俄国 Zygmunt Niedzwiecki；曹冰岩	小说	
《枯叶杂记》	19卷5号，1922-3-10	俄国爱罗先珂；愈之	寓言小品	
《莫须有》	19卷5号，1922-3-10	日本古狂言；仲持	小说	
《恩宠的滥费》	19卷7号，1922-4-10	俄国爱罗先珂；丏尊	小说	
《巴托华拉末次行猎记》	19卷7号，1922-4-10	亚非利加马兰；仲持	散文	
《爱斯霞英斯的爱》	19卷7号，1922-4-10	希腊 Theocritus；李玑	剧本	
《接吻》	19卷8号，1922-4-25	俄国乞呵夫；伧叟	小说	
《泉上的幻影》	19卷9号，1922-5-10	美国 Nathaniel Hawthorne；丰仁	散文	
《御父样和御母样》	19卷10号，1922-5-25	法国皮儿鲁第；邓演存	小说	

续表

作品名称	卷数、时间	国别、著译者	文体、流派	备注
《光明的早晨》	19 卷 10 号，1922-5-25	西班牙 Quintero 兄弟著；王靖	小说	
《老年》	19 卷 11 号，1922-6-10	俄国乞呵夫；耿式之	小说	
《两副面孔的奴隶》	19 卷 11 号，1922-6-10	美 国 M.C.Davies 女士；子贻	寓言剧	
《兽的先导》	19 卷 12 号，1922-6-25	俄国梭罗古勃；周建人	小说	
《下乡》	19 卷 13 号，1922-7-10	法国莫迫三；韩奎章	小说	
《小梦》	19 卷 13 号，1922-7-10	英国高尔斯华绥；邓演存	剧本	
《出了一册诗集的人》	19 卷 14 号，1922-7-25	捷 克 Svatopluk Cech 著；愈之	小说	
《渡船》	19 卷 14 号，1922-7-25	法国杜德；翟毅夫	小说	
《两条的血痕》	19 卷 15 号，1922-8-10	日本石川啄木；周作人	小说	
《她爱我吗?》	19 卷 15 号，1922-8-10	波兰 B.Prus 著；愈之	小说	
《失望的心》	19 卷 15 号，1922-8-10	俄国爱罗先珂；愈之	诗歌	
《月夜底美感》	19 卷 16 号，1922-8-25	日本高山樗牛；丏尊	小品	
《百分之十》	19 卷 16 号，1922-8-25	AidlineTrommer；仲持	小说	
《生命的恩物》	19 卷 16 号，1922-8-25	南非须林娜女士；愈之	散文	
《生与死》	19 卷 17 号，1922-9-10	瑞典 OttomarEnking；济之	小说	
《夫妇》	19 卷 18 号，1922-9-25	日本国木田独步；丏尊	小说	
《街头人》	19 卷 19 号，1922-10-10	英国 Alfred Sutro；赵惜迟	独幕剧	
《一夜》	19 卷 20 号，1922-10-25	俄国迦尔洵；韫玉	小说	

续表

作品名称	卷数、时间	国别、著译者	文体、流派	备注
《第一畦沟》	19卷23号，1922-12-10	南斯拉夫格列失克；仲持	小说	
《礼拜六的太阳光的传说》	19卷24号，1922-12-25	俄国Dombrovsky；仲持	小说	

20卷1–24号

作品名称	卷数、时间	国别、著译者	文体、流派	备注
《街之歌者》	20卷1号，1923-1-10	日本小泉八云；愈之	随笔	
《质地》	20卷2号，1923-1-25	英国高尔斯华绥；子贻	小说	
《在昆仑山中》	20卷3号，1923-2-10	保加利亚跋佐夫；波云	小说	
《熊》	20卷3号，1923-2-10	俄国乞呵甫；济之	剧本	
《钟》	20卷4号，1923-2-25	法国莱美德尔；愈之	小说	
《一件稀奇的控诉》	20卷4号，1923-2-25	美国勃莱脱哈；子贻	小说	
《怀中册里的秘密》	20卷4号，1923-2-25	西班牙倍那文德；愈之	剧本	
《乞丐》	20卷6号，1923-3-25	法国Level；王靖	小说	
《好的预兆》	20卷6号，1923-3-25	德国Roderick Benedix；余芷湘	剧本	
《诺厄尔节之前一日》	20卷7号，1923-4-10	法国歹里野；李劫人	小说	
《和解》	20卷8号，1923-4-25	法国蒲莱浮斯德；李劫人	小说	
《圣诞的新食品》	20卷8号，1923-4-25	捷克斯洛伐克海尔曼；仲持	小说	
《生命之河》	20卷9号，1923-5-10	俄国库卜林；济之	小说	
《王后纸牌》	20卷11号，1923-6-10	俄国普希金；傅潽	小说	

续表

作品名称	卷数、时间	国别、著译者	文体、流派	备注
《蓝花》	20卷11号，1923-6-10	美国范大克；樊仲云	小说	
《加兑拉再见》	20卷12号，1923-6-25	西班牙Leopoldo Alas；行叔	小说	
《盲人与驴》	20卷12号，1923-6-25	Mathurin M.Dondo；旅魂	剧本	
《西行法师》	20卷13号，1923-7-10	日本长与善郎；周作人	小说	
《矛盾中的灵魂》	20卷13号，1923-7-10	西班牙Picon；行叔	小说	
《叶子园》	20卷14号，1923-7-25	印度太戈尔；钱江春	小说	
《喀布尔人》	20卷14号，1923-7-25	印度太戈尔；钱江春	小说	
《隐士》	20卷14号，1923-7-25	印度太戈尔；梁宗岱	剧本	
《幸福童子》	20卷15号，1923-8-10	瑙威般生；王希和	小说	
《不走的钟》	20卷16号，1923-8-25	日本有岛武郎；夏蕴玉	小说	
《波跛雷太》	20卷18号，1923-9-25	南斯拉夫S.Matavulya；胡伯恳	小说	
《死及其前后》	20卷19号，1923-10-10	日本有岛武郎；张定璜	剧本	
《这便是人生》	20卷20号，1923-10-25	何尔定夫人；仲云	小说	
《偏激》	20卷20号 1923-10-25	俄国万雷萨夫；济之	小说	
《文学教员》	20卷21号 1923-11-10	俄国乞呵甫；仲持	小说	
《坎地亚的沉冤》	20卷22号 1923-11-25	意大利邓南遮；仲持	小说	
《海滨别墅》	20卷23号 1923-12-10	保加利亚斯太马安夫；鲁彦	小说	
《爱》	20卷24号 1923-12-25	法国莫泊三；仲云	小说	

21 卷 1—24 号

作品名称	卷数、时间	国别、著译者	文体、流派	备注
《爱的教育》	21 卷 2、3、10 号，1924-1-25	意大利 Edmondo de Amicis；夏丏尊	小说	
《少奶奶的扇子》	21 卷 2、3、4、5 号，1924-1-25	英国王尔德；洪深	剧本	
《亡妇》	21 卷 4 号，1924-2-25	法国莫泊三；李青崖	小说	
《上帝的声音》	21 卷 5 号，1924-3-10	德国 Rudolf Lindau；仲持	小说	
《墓地》	21 卷 7 号，1924-4-10	保加利亚亚斯太马安夫；鲁彦	小说	
《加丝伦尼霍立亨》	21 卷 7 号，1924-4-10	爱尔兰夏芝；芳信	剧本	
《娜莎丽》	21 卷 8 号，1924-4-25	法国莫泊三；李青崖	小说	
《腊伯赤克》	21 卷 9 号，1924-5-10	犹太阿来汉姆；鲁彦	小说	
《美术家》	21 卷 9 号，1924-5-10	俄国迦尔洵；济之	小说	
《爱的教育》	21 卷 10、14、15、16、17、20、22、23 号，1924-5-25	意大利 Edmondo de Amicis；夏丏尊	小说	
《灵魂》	21 卷 11 号，1924-6-10	希伯来俾莱芝；鲁彦	小说	
《没有能力者》	21 卷 11 号，1924-6-10	日本武者小路实笃；仲云	剧本	
《妖术》	21 卷 12 号，1924-6-25	意大利邓南遮；仲持	小说	
《爱艺术的国王》	21 卷 13、14 号，1924-7-10	俄国卢那却尔斯基；耿济之	剧本	
《伯爵夫人的轶事》	21 卷 18 号，1924-9-25	法国莫泊三；李青崖	小说	

续表

作品名称	卷数、时间	国别、著译者	文体、流派	备注
《在贵族长家里的晨餐》	21卷19、20号，1924-10-10	俄国都介涅夫；曹靖华	剧本	
《为他人的生活》	21卷21号，1924-11-10	法国鲍多；张人权，成绍宗小说	小说	
《心刑》	21卷23号，1924-12-10	英国斯替芬孙；蔡受百	小说	
《迦留夷陀》	21卷24号，1924-12-25	日本武者小路实笃；汤鹤逸	小说	

22卷1-24号

作品名称	卷数、时间	国别、著译者	文体、流派	备注
《艺林外史》	22卷1、2、3、4号，1925-1-10	法国佛朗士；李青崖	小说	
《两个青年的悲剧》	22卷5、6号，1925-3-25	英国哈代；傅东华	小说	
《牛肉与马铃薯》	22卷7号，1925-4-10	日本国木田独步；丐尊	小说	
《斫树》	22卷8号，1925-4-25	波兰雷芒德；仲云	小说	
《未婚妻》	22卷9号，1925-5-10	Marguerite Audoux；金鲁章	小说	
《爱与死》	22卷10、11、12号，1925-5-25	俄国都介涅夫；樊仲云	小说	
《不幸的男子》	22卷13、14号，1925-7-10	日本武者小路实笃；张资平	小说	
《生存的时间》	22卷13号，1925-7-10	奥国显尼志劳；杨袁昌英	小说	
《诃夏懦腊婆的奇迹》	22卷15号，1925-8-10	希伯莱Solom-Abhem；鲁彦	小说	
《橄榄园》	22卷16、17号，1925-8-25	法国莫泊三；樊仲云	小说	

作品名称	卷数、时间	国别、著译者	文体、流派	备注
《迁士录》	22 卷 18 号，1925-9-25	英国高尔斯华绥；傅东华	小说	
《梅迪法堪》	22 卷 19 号，1925-10-10	法国梅礼美；周慧专	小说	
《最后的光芒》	22 卷 20 号，1925-10-25	俄国科罗连珂；韦素园	小说	
《芭莎柴》	22 卷 21 号，1925-11-10	法国佛朗士；顾德隆	小说	
《寒蝉》	22 卷 22 号，1925-11-25	俄国柴霍甫；赵景深	小说	
《一个穷的绅士》	22 卷 23 号，1925-12-10	英国葛辛；朱湘	小说	
《仓房里的男子》	22 卷 24 号，1925-12-25	法国米尔博；马宗融	小说	
《最后的假面孔》	22 卷 24 号，1925-12-25	奥国显尼志劳；杨袁昌英	剧本	

23 卷 1-24 号

作品名称	卷数、时间	国别、著译者	文体、流派	备注
《棉被》	23 卷 1、2、3 号，1926-1-10	日本田山花袋；夏丏尊	小说	
《三封遗书》	23 卷 4 号，1926-2-25	日本武者小路实笃，汤鹤逸	小说	
《茂娜凡娜》	23 卷 4、5、6 号，1926-2-25	比利时梅特林克；徐蔚南	剧本	
《女子》	23 卷 5 号，1926-3-10	法国巴比塞；仲云	小说	
《圣太卢栖》	23 卷 6 号，1926-3-25	英国高尔斯华绥；颜德隆	小说	
《嵌克庇尔》	23 卷 7 号，1926-4-10	法国法郎士；马宗融	小说	
《女郎爱里沙》	23 卷 8、9、10、11、12 号，1926-4-25	法国 Edmond de Gonoourt；李劼人	小说	

续表

作品名称	卷数、时间	国别、著译者	文体、流派	备注
《时间之神》	23 卷 8 号，1926-4-25	日本菊池宽；葛绥成	剧本	
《幸福》	23 卷 11 号，1926-6-10	英国殊斐尔；仲云	小说	
《学艺的保护者一鹰》	23 卷 12 号，1926-6-25	俄国萨尔铁可夫；仲云	小说	
《波纳尔之罪》	23 卷 13、14、15、16、17、18、19、20 号，1926-7-10	法国法郎士；李青崖	小说	
《爱欲》	23 卷 14、15、16、17 号，1926-7-25	日本武者小路实笃；章竞标	剧本	
《恶魔的黄金》	23 卷 19 号，1926-10-10	英国 Sarah Jefferis Curry；钦榆、芳信	剧本	
《战斗》	23 卷 21 号，1926-11-10	朝鲜朴怀月；翠生	小说	
《老人》	23 卷 22 号，1926-11-25	日本志贺直哉；汤鹤逸	小说	
《他可来了》	23 卷 23 号，1926-12-10	保加利亚 Lvan Vavoff; 黄仲苏	小说	
《村中的画家》	23 卷 24 号，1926-12-25	匈牙利 G.Gardony；黄仲苏	小说	
《黑蝴蝶》	23 卷 24 号，1926-12-25	葡萄牙 Olave Bilac；钟显谟	剧本	

24 卷 1-24 号

作品名称	卷数、时间	国别、著译者	文体、流派	备注
《英雄》	24 卷 3 号，1927-2-10	意大利邓南遮；仲持	小说	
《一个警察》	24 卷 4 号，1927-2-25	法国米尔波；宅梓	小说	

续表

作品名称	卷数、时间	国别、著译者	文体、流派	备注
《学生》	24 卷 5 号，1927-3-10	保加利亚 St.Runevski；鲁彦	小说	
《大丈夫》	24 卷 6 号，1927-3-25	法国 Henry Duver-nois；黄仲苏	小说	
《和解》	24 卷 7、8、9号，1927-4-10	日本志贺直哉；张资平	小说	
《佳日》	24 卷 10 号，1927-5-25	Un Beau Four；黄仲苏	小说	
《农夫》	24 卷 11、12号，1927-6-10	俄国契诃夫；张友松	小说	
《弃儿》	24 卷 13 号，1927-7-10	德国克莱斯特；李和庭	小说	
《快乐的人》	24 卷 14 号，1927-7-25	俄国柴霍甫；赵景深	小说	
《保姆》	24 卷 15 号，1927-8-10	奥国支魏格；济之	小说	
《烟》	24 卷 17、18、19、20、21、22、23、24号，1927-9-10	俄国都介涅甫；仲云	小说	
《"是谁?"》	24 卷 20 号，1927-10-25	印度太戈尔；仲彝	小说	
《可怜的妇人》	24 卷 21 号，1927-11-10	俄国柴霍甫；赵景深	小说	
《麦忒毕朵的忧愁》	24 卷 23 号，1927-12-10	法国米尔博；马宗融	小说	
《祭夜的意外》	24 卷 24 号，1927-12-25	日本加藤武雄；黎烈文	小说	

25 卷 1-24 号

作品名称	卷数、时间	国别、著译者	文体、流派	备注
《饿》	25 卷 1、2、3、4 号，1928-1-10	俄国赛米诺夫；傅东华	小说	
《教堂杂务员口中的英雄》	25 卷 5 号，1928-3-10	英国格斯克尔夫人；张友松	小说	

续表

作品名称	卷数、时间	国别、著译者	文体、流派	备注
《灵魂的一隅》	25 卷 6 号，1928-3-25	保加利亚斯泰马托夫；钟宪民	小说	
《狡猾的医生》	25 卷 7 号，1928-4-10	法国莫泊三；董家濚	小说	
《我的旅伴》	25 卷 8、9 号，1928-4-25	俄国高尔基，济之	小说	
《失了影子的人》	25 卷 10、11、12 号，1928-5-25	德国嘉米琐；鲁彦	小说	
《甘酒》	25 卷 13 号，1928-7-10	日本加能作次郎；黎烈文	小说	
《结婚的一天》	25 卷 14 号，1928-7-25	Arnold Bennett；顾仲彝	剧本	
《绿鹦鹉》	25 卷 15、16 号，1928-8-10	奥国 Arthur Schnitzler；赵伯颜	剧本	
《马德奥凡尔歌纳》	25 卷 18 号，1928-9-25	法国梅侣米；黄运初	小说	
《恶魔》	25 卷 19 号，1928-10-10	日本谷崎润一郎；章克标	小说	
《齿轮》	25 卷 21、22 号，1928-11-10	日本芥川龙之介；沈端先	小说	
《贫穷世界的第一次发现》	25 卷 22 号，1928-11-25	挪威恩特赛夫人；愈之	小说	
《油画像》	25 卷 23 号，1928-12-10	法国 Paul Bourget；方于	小说	
《乡下人遇见官的故事》	25 卷 24 号，1928-12-25	俄国沙尔太可夫；朱大楠	小说	

26 卷 1-24 号

作品名称	卷数、时间	国别、著译者	文体、流派	备注
《南风》	26 卷 1、2 号，1929-1-10	法国 Maurice Andubert-Boussat；傅东华	小说	
《紧礼服》	26 卷 1 号，1929-1-25	皮蓝德娄；徐霞村	小说	

续表

作品名称	卷数、时间	国别、著译者	文体、流派	备注
《森林的微语》	26卷3号，1929-2-10	俄国科洛伦科；朱大相	小说	
《大伏罗笛亚与小伏罗笛亚》	26卷4号，1929-2-25	俄国柴霍甫；哲生	小说	
《筏夫》	26卷5号，1929-3-10	俄国高尔基；董壁	小说	
《火》	26卷6号，1929-3-25	瑞士妥福；唐鸣诗	小说	
《丁香》	26卷7号，1929-4-10	俄国 P.Romanov；蒙生	小说	
《将军的那辆汽车》	26卷8号，1929-4-25	伊本纳兹；李青崖、吴且冈	小说	
《错过了的姻缘》	26卷9、10号，1929-5-10	英国哈代；顾仲彝	小说	
《谎话》	26卷11号，1929-6-10	俄国安特列夫；王偶然	小说	
《伊萨亚的皮外套》	26卷12号，1929-6-25	罗马尼亚亚勃拉太斯古；孙用	小说	
《同乡朋友》	26卷13、14号，1929-7-10	英国哈代；顾仲彝	小说	
《决斗》	26卷15号，1929-8-10	波兰显克微支；梁指南	小说	
《草堆》	26卷16号，1929-8-25	保加利亚跋佐夫；浦行帆	小说	
《复仇以上》	26卷17、18，号1929-9-10	日本菊池宽；胡宜闲	剧本	
《马拉基海湾》	26卷19、21号，1929-10-10	英国德罗洛泼；林汉达	小说	
《立志》	26卷22号，1929-11-25	日本片冈铁兵；章克标	小说	
《在地心里面》	26卷22号，1929-11-25	俄国库卜林；何公超	小说	
《可敬爱的萝拉》	26卷23号，1929-12-10	英国哈代；顾仲彝	小说	
《到处有的蛾》	26卷24号，1929-12-25	日本横光利一；章克标	小说	

27 卷 1–24 号

作品名称	卷数、时间	国别、著译者	文体、流派	备注
《苦蓬》	27 卷 3 号，1930-2-10	苏联波里斯·毕力涅克；鲁迅	小说	
《小小的王国》	27 卷 4 号，1930-2-25	日本谷崎润一郎；张我军	小说	
《黑衣男子和我》	27 卷 5 号，1930-3-10	日本浅元六郎；查士骧	小说	
《书》	27 卷 6 号，1930-3-25	俄国高尔基；映波	小说	
《倔强的人》	27 卷 7 号，1930-4-10	保加利亚跋佐夫；蹇先艾	小说	
《寡妇杜克德夫人的海行》	27 卷 8 号，1930-4-25	美国斯多克顿；哲生	小说	
《少年》	27 卷 9、10 号，1930-5-10	日本谷崎润一郎；李士元	小说	
《两个奇迹》	27 卷 11 号，1930-6-10	意大利戴丽黛；卢世延	小说	
《因了单调的缘故》	27 卷 11、12 号，1930-6-10	俄国高尔基；巴金	小说	
《红泥》	27 卷 13 号，1930-7-10	捷克私伏波多伐；孙用	小说	
《北欧之夜》	27 卷 13、14 号，1930-7-10	法国保尔穆杭；徐霞村	小说	
《无可奈何的医生》	27 卷 15、16 号，1930-8-10	法国莫里耶；王了一	剧本	
《冬枯》	27 卷 16 号，1930-8-25	日本吉田弦二郎；孙百刚	小说	
《Ah Oho 与 Ah Ohow》	27 卷 17 号 1930-9-10	美国贾克伦敦；蒯斯曛	小说	
《斯得纳做了农民的妻》	27 卷 18 号，1930-9-25	丹麦湘杜尔夫；柔石	小说	
《某自杀阶级者》	27 卷 19 号，1930-10-10	日本浅元六郎；查士骧	小说	

续表

作品名称	卷数、时间	国别、著译者	文体、流派	备注
《人类的呼声》	27 卷 20 号，1930-10-25	法国哥克多；王了一	独幕剧	
《伊凡的厄运》	27 卷 21 号，1930-11-10	俄国利亚诺夫；秋洪	小说	
《井傍》	27 卷 22 号，1930-11-25	南斯拉夫赖谢洛维克；胡伯恳	小说	
《绝交的乐趣》	27 卷 23 号，1930-12-10	法国勒纳尔；王了一	小说	
《W 镇的贞操》	27 卷 24 号，1930-12-25	日本武田麟太郎；查士骥	小说	

28 卷 1—24 号

作品名称	卷数、时间	国别、著译者	文体、流派	备注
《洞窟》	28 卷 1 号，1931-1-10	俄国萨弥亚丁；隋洛文	小说	
《花》	28 卷 2 号，1931-1-25	奥国显尼志勒；钟宁民	小说	
《巴黎的回音》	28 卷 3、4、5 号，1931-2-10	英国郝士曼；饶孟侃	小说	
《野莓子》	28 卷 5 号，1931-3-10	高尔斯窝绥；侍桁	小说	
《旧恨》	28 卷 6 号，1931-3-25	日本永井荷风；方光寿	小说	
《生之恋》	28 卷 7、8 号，1931-4-10	奥国显尼志劳；施蛰存	小说	
《经济基础》	28 卷 8 号，1931-4-25	新俄罗曼诺夫；映波	小说	
《一夜之宿》	28 卷 10 号，1931-5-25	日本佐藤春夫；查士元	小说	
《漂泊的人们》	28 卷 11 号，1931-6-10	罗马尼亚 Sado-mann；席涤尘	小说	
《母亲》	28 卷 12 号，1931-6-25	美国安徒生；钱歌川	小说	
《强果尔河畔》	28 卷 12 号，1931-6-25	高尔基；适夷	小说	

续表

作品名称	卷数、时间	国别、著译者	文体、流派	备注
《谎》	28 卷 13、14 号，1931-7-10	H.A.Jones；汪梧封改	剧本	
《往雾中》	28 卷 15、16 号，1931-8-10	俄国都介涅夫；朱企霞	小说	
《托皮、敏台尼堪尔》	28 卷 16 号，1931-8-25	汤姆斯曼；朱谱萱	小说	
《一个姑娘的住室》	28 卷 17 号，1931-9-10	英 国 H.Harland；梁镇	小说	
《农夫》	28 卷 20 号，1931-10-25	俄国雅珂芙莱夫；适夷	小说	
《赶路是出门人的本分》	28 卷 21 号，1931-11-10	罗马尼亚亚勃拉太斯去；孙用	小说	
《波兰的夜景》	28 卷 22 号，1931-11-25	波兰莱芒特；侍桁	小说	
《团长的疑虑》	28 卷 23 号，1931-12-10	薄尔多；李青崖	小说	
《舅与甥》	28 卷 24 号，1931-12-25	法国阿蒲；杨彦劬	小说	

参考文献

一、报刊类

1.《晨报副镌》

2.《东方杂志》

3.《大公报》

4.《国粹学报》

5.《国语月刊》

6.《国语周刊》

7.《教育杂志》

8.《甲寅周刊》

9.《民报》

10.《每周评论》

11.《民国日报·觉悟》

12.《少年中国》

13.《申报》

14.《新潮》

312

15.《新世纪》

16.《新青年》

17.《小说月报》

18.《学衡》

二、书籍类

1.[美] 爱德华·萨丕尔:《语言论》,商务印书馆2007年版。

2.[美] 艾恺:《世界范围内的反现代化思潮》,贵州人民出版社1991年版。

3. 陈赟:《中庸的思想》,三联书店2007年版。

4. 丁文:《"选报"时期〈东方杂志〉研究(1904—1908)》,商务印书馆2010年版。

5. 丁文江、赵丰田:《梁启超年谱长编》,上海人民出版社1983年版。

6. 方汉奇:《中国近代报刊史》,山西人民出版社1981年版。

7. 戈公振:《中国报学史》,三联书店1955年版。

8.[美] 郭颖颐:《中国现代思想中的唯科学主义》,江苏人民出版社1998年版。

9.[德] 洪堡特:《论人类语言结构的差异及其对人类精神发展的影响》,商务印书馆2008年版。

10. 洪九来:《宽容与理性》,上海人民出版社2006年版。

11.《胡适全集》,安徽教育出版社2003年版。

12. 胡先骕:《胡先骕文存》,江西高校出版社1995年版。

13. 梁漱溟:《东西文化及其哲学》,上海人民出版社2006年版。

14. 黎锦熙:《国语运动史纲》,上海书店影印版(民国丛书第二编)

1990 年版。

15.《鲁迅全集》，人民文学出版社 1995 年版。

16. 倪海曙编：《拉丁化新文字运动的始末和编年纪事》，时代出版社 1949 年版。

17. 倪海曙：《中国拼音文字运动史简编》，时代书报出版社 1947 年版。

18. 倪海曙编：《中国语文的新生》，时代出版社 1949 年版。

19. 庞朴：《儒家辩证法研究》，中华书局 2009 年版。

20.《梁启超全集》，北京出版社 1999 年版。

21. 钱连冠：《语言：人类最后的家园》，商务印书馆 2005 年版。

22.《钱玄同文集》，中国人民大学出版社 1999 年版。

23. 任重编：《文言·白话·大众话论战集》，民众读物出版社 1934 年版。

24. 申小龙：《汉语与中国文化》，复旦大学出版社 2003 年版。

25. 吴稚晖：《吴稚晖先生全集》，（中国台湾）中国革命党中央委员会 1969 年版。

26. 宣浩平编：《大众语文论战》，上海启智书局 1935 年版。

27.《严复诗文选》，人民文学出版社 1959 年版。

28. 余英时：《文史传统与文化重建》，三联书店 2004 年版。

29. 赵家璧编：《中国新文学大系》，良友图书有限公司 1935 年版。

30.《章太炎全集》，上海人民出版社 2018 年版。

31. 章念驰：《章太炎先生生平与学术》，三联书店 1988 年版。

32. 郑师渠：《晚清国粹派》，北京师范大学出版社 1993 年版。

责任编辑：王怡石

责任校对：杜凤侠

图书在版编目（CIP）数据

《东方杂志》与中国新文化运动／赵黎明 著 . —北京：人民出版社，
　2019.10

ISBN 978－7－01－020939－5

I.①东… II.①赵… III.①期刊－研究－中国－民国②五四运动－
　研究 IV.① G239.296 ② K261.107

中国版本图书馆 CIP 数据核字（2019）第 118819 号

《东方杂志》与中国新文化运动

DONGFANGZAZHI YU ZHONGGUO XINWENHUA YUNDONG

赵黎明 著

人民出版社 出版发行
（100706　北京市东城区隆福寺街 99 号）

北京汇林印务有限公司印刷　新华书店经销

2019 年 10 月第 1 版　2019 年 10 月北京第 1 次印刷

开本：710 毫米 ×1000 毫米 1/16　印张：20

字数：310 千字

ISBN 978－7－01－020939－5　定价：69.00 元

邮购地址 100706　北京市东城区隆福寺街 99 号

人民东方图书销售中心　电话（010）65250042　65289539